公共关系与战略传播丛书

看庄浪

KAN ZHUANGLANG

赵爱莲　韩亮　编著

读者出版社

图书在版编目（CIP）数据

看庄浪 / 赵爱莲，韩亮编著. -- 兰州：读者出版
社，2023.5
ISBN 978-7-5527-0738-0

Ⅰ．①看… Ⅱ．①赵… ②韩… Ⅲ．①新闻学－教育
研究－中国－文集 Ⅳ．①G210-4

中国国家版本馆CIP数据核字（2023）第081827号

看庄浪

赵爱莲　韩 亮　编著

责任编辑　漆晓勤
装帧设计　雷们起

出版发行　读者出版社
地　　址　兰州市城关区读者大道568号（730030）
邮　　箱　readerpress@163.com
电　　话　0931-2131529（编辑部）　0931-2131507（发行部）

印　　刷　兰州银声印务有限公司
规　　格　开本787毫米×1092毫米　1/16
　　　　　印张19.25　插页2　字数319千
版　　次　2023年5月第1版
　　　　　2023年5月第1次印刷
书　　号　ISBN 978-7-5527-0738-0
定　　价　98.00元

公共关系与战略传播丛书
编委会

公共关系与战略传播丛书简介

"公共关系与战略传播丛书"是兰州大学公共关系与战略传播研究中心推出的系列教学、科研和社会服务成果。系列成果汇集该中心多年来在新闻传播学界尤其是在公共关系与战略传播领域积累的丰富成果，通过不断沉淀和打磨，出版一批研究专著和系列教学案例集、实践成果集、优秀论文集，以此系统盘点中心家底，拓宽中心科学研究和社会服务边界，努力将中心打造成为新时代中国西部卓有影响的新型公关学术智库。

总　序

如果以"公共关系之父"爱德华·伯内斯（Edward Bernays）1923年在纽约大学开设公共关系课程并于同一年出版公关专著《舆论的结晶》（Crystallizing Public Opinion）算起，现代公共关系学诞生至今刚好满一百年。

在国外，公共关系研究机构起步早、种类多、发展快。早在1939年，公共关系专家雷克斯·哈洛（Rex F. Harlow）就创立了美国公共关系理事会（ACPR）；1948年ACPR与全美公共关系顾问协会（NAPRC）合并，组成美国公共关系学会（PRSA）；1955年国际公共关系协会（IPRA）在伦敦成立，被视为现代公共关系国际化的重要标志。近年来，国际传播学会（ICA）设立公关分会，为推动公共关系学术研究的国际化做出了贡献。在我国，1987年成立中国公共关系协会（CPRA，当前业务主管单位是中共中央宣传部），是我国成立最早的全国性公共关系行业社会团体；1991年成立中国国际公共关系协会（CIPRA，当前业务主管单位为外交部），旨在推动中国公共关系业的职业化、规范化和国际化发展。2015年中国新闻史学会公共关系专业委员会（PRSC）成立，为中国公共关系学科发展、专业建设和学术研究搭建了重要平台。

我国高校和科研机构中以公共关系为主的学术组织不少，最早可以追溯至中国社会科学院新闻研究所明安香研究员1984年成立的公共关系课题组。作为国内第一个公共关系研究组织，他们于1984年12月26日在《经济日报》上推出著名的长篇通讯《如虎添翼——记广州白云山制药厂的公共关系工作》，同时发表了社论《认真研究社会主义公共关系》，成为中国公关史上的一件大事。1986年，由明安香研究员主编的《塑造形象的艺术——公共关系学概论》在科学普及出版社出版，系我国内地第一本公共关系学著作。几年之后的1988年，在大西北的兰州大学，时任教务处处长杨峻组织协调，新闻系刘树田、李东文给予关心支持，由来自新闻、哲学、历史、经济、管理、外语、电信、物理、马列、文化中心与学校党政部门等不同学科和专业背景的一批青年学者和骨干教师组织发起，经时任兰州大学校长胡之德批准，于1988年底正式同意成立兰州大学公共关系研究中心。这批青年骨干教师以杨魁、段京肃、戴元光、张克非、甘晖、徐敬章、王维平、陈文江、穆建刚、李映洲、李文、曹孟勤、马建国、乔健、江波、胡元新、李磊、孙明贵、陈春丽、于永俊等老师为代表。他们开风气之先在全国率先开办公共关系辅修专业，在新闻系、夜大学和自学考试开办公共关系学专业（大专），同时面向社会开展大规模的公共关系、市场营销、广告培训教育，为政府、企事业单位和媒体开展公关策划和商业咨询服务，为兰州市首届丝绸之路节、条山集团、黄河集团、民百集团、滨河集团、皇台集团、广东宏远集团、TCL集团、椰风集团、兰州电力、兰州电信及兰州移动等提供咨询策划服务，取得广泛的社会影响。1989年，兰州大学公共关系研究中心联合深圳大学、杭州大学、中山大学、复旦大学等高校发起主办"全国高校公共关系教学研讨会"，在中国公关学界影响深远。1994年，兰州大学公共关系研究中心成功主办了"第三届全国高校公共关系教学研讨会"，其中提出的产学研一体化的"大公关"理念，得到了与会专家学者们的高度认同，也奠定了兰州大学公共关系研究在全国"西部学派"的重要地位，成为"改革开放以来高校文科成功服务社会典范的'兰大现象'"，被《科技日报》《甘肃日报》《公关世界》等新闻媒体及社会高度关注。此外，中心还参与编撰《公共关系学》（主编熊源伟，该书1990年由安徽人民出版社出版，曾被评为全国优秀畅销书，又称公关"红宝书"）和《公共关系案例》（系"红宝书"配套的案例教学参考书籍），组织编写"高校公关专业用书"系列书籍，编撰《公共关系大辞典》，组织出版"现代企业策划丛书""公共关系－营销－广告丛书"等。1997年，该中心组织申报的教学研究成果《中国特色公共关系教学体系建立的研究与实践》荣获甘肃省教学成果一等奖。

1997年，为了顺应社会对公共关系及咨询策划服务的新需求与发展新趋势，在兰州大学社科处的支持下，同意在原有兰州大学公共关系研究中心的基础上，成立"兰州大学现代咨询策划研究所"，实行两块牌子一套人马的运作机制。这一时期，由于人员流动及学科发展形成的人员分流等原因，核心成员主要以杨魁、段京肃、李惠民、穆建刚、樊得生、石束、王芳、杨宏伟等为代表。他们组织策划了"现代企业创新研究丛书"，承担了春天酒业、佛慈制药等商业咨询策划服务，并将研究和服务视野与大众传播领域相结合，先后完成"《读者》现状研究与创新""《兰州广播电视报》创新方案""《兰州晨报》新版策划方案""《西部商报》创新发展白皮书""《天水晚报》品牌创新与整合营销系统策划""《都市天地报·城市周刊》整体策划方案""甘肃省广播电视总台品牌文化提升工程"等咨询策划服务项目，同时积极推动"西部欠发达地区大众传播事业发展与社会进步""西部农村地区互联网发展实证研究"等纵向课题的研究工作，逐步将传统商业公关策划引向多元战略传播领域。

近年来，以新闻与传播学院老师为主体的各种研究团队依然活跃在公共关系与战略传播研究的舞台上。相关团队依托各类课题项目的支持，组织出版"风险社会与危机传播研究丛书"，并逐渐加强对危机传播、舆情治理、对外传播、政策传播、科学传播等专题的研究工作，不断丰富发展了公共关系与战略传播研究的边界。2016年，由王芳教授牵头成立的"兰州大学社会舆论调查与舆情研判中心"获批甘肃省级高校新型智库，在危机传播管理和舆情研判应对方面承担了大量政府委托项目，撰写大量舆情研判报告，受到中宣部舆情局，甘肃省委宣传部、网信办、办公厅等单位的支持肯定。

2020年10月，PRSC第五届学术年会暨第十三届公关与广告国际学术论坛（PRAD）在兰州大学召开。会上，不少专家和领导回忆起兰州大学公共关系学科的发展历史，认为很有必要恢复设立公关研究中心，系统梳理兰州大学30多年来在公共关系领域开展的各项工作和成功经验，为新闻传播学一级学科博士点建设提供新的增长点。为此，我们在上述团体的基础上重新梳理家底并整合资源，于2021年5月20日成功获批成立兰州大学公共关系与战略传播研究中心。新中心为兰州大学校内人文社会科学类非实体性研究机构，挂靠新闻与传播学院，聘任刘晓程同志担任中心执行主任。

新中心在"公共关系"的基础上增加"战略传播"有如下考虑：一是避免公共关系的污名化标签限制。长期以来，"公共关系"被简称为"公关"，经常被贴上"搞关系"之类的世俗标签，成为一个说不清、道不明的领域，很难在学界获得重视。为避免这种尴尬，新中心需要去除人们对传统公关形成的狭隘理解，以新促新。二是顺应时代发展的需要。不可否认，老公关中心是改革开放初期的时代产物，尽管在学术上他们很早就提出了公共关系的"社会－文化说"和"21世纪大交融·大市场·大公关"的深刻思想，但在教学和社会服务上，主要还是以企业公关与商业策划为主。而在当今时代，公共关系显然不再仅仅是传统商业领域的一种专业工具，早已渗透在包括新闻宣传、政策传播、科学传播、对外传播、边疆传播在内的各种战略传播应用领域之中，并以此不断丰富新闻传播学的内涵。三是考虑中心团队现有的资源整合和学科建设需要。尽管中心团队中的很多成员与老公关中心以及相关研究机构有不少渊源，但真正深耕公关基础理论研究的同仁并不多。大家多在战略传播相关地带开展教学、科研和社会服务工作。因此有必要通过战略传播的牵引，把大家聚集到一起，开展更加多元而深入的合作。

然而，不论作何考虑，新中心都将始终抱持对老中心优良传统的继承学习并发扬光大。比如，老公关中心的前辈们一直致力于公关人才培养和基础理论研究，一直坚持教学、科研、社会服务"三位一体"的发展模式，一直强调各种类型成果的持续积累和迭代产出……这些成功经验都值得我们在今天接续继承并发展创新。"公共关系与战略传播丛书"的提出，就是这样一种最朴素的构想。作为新中心成立以来的第一个标志性工作，这套丛书将主要汇集中心成员多年来在公共关系与战略传播教学、科研、社会服务等方面积累形成的丰富成果。其主体内容包括如下三种类型：一是公共关系与战略传播有关的各类研究著作，以公共关系基础研究、不同类别的战略传播专题理论研究或专题应用研究为主。主要依托中心团队成员已经或正在开展的各类研究课题，争取把每个课题都孵化成一本专著，从而以系列成果的形式保存下来。二是公共关系与战略传播有关的案例成果，以教学案例集的方式统一结集出版。多年来，中心成员在广告、公关、舆情、咨询等领域积累了十分丰富的社会服务案例（有的还是非常成功的商业案例），这些成功案例既是相关实战课题的产品，也可作为公关与战略传播教学的资料。三是公共关系与战略传播有关的作品集。多年来，中心老师指导学生开展了大量形式多样的业务教学实践或社会服务实践工作，一大批优秀的实践作品值得整理出版，这既是对各类指导工作的一种梳理，也是对业务问题的再次交流，同时也符合当下人才培养和专业建设的基本要求。

总之，"公共关系与战略传播丛书"是对兰州大学公共关系30多年学科建设的一种传承、一种沉淀、一种发展。我们希望通过这样一个相对开放的出版计划，让更多从事相关教学、研究、实践的同仁能以"公共关系与战略传播"的名义再度结集起来，不论我们选择扎根基础研究或专题研究，还是选择投身社会服务或致力于专业教学，都能用更加多元灵活的方式促进我们的工作，积累我们的成果。以此为基础，我们再一次站在新的历史起点上，对标国家战略和区域经济社会发展，对标人才培养实际和新闻传播学科发展要求，努力书写兰大新传人的新篇章。

刘晓程

2022 年 10 月 28 日

兰州大学一分部

前　言

　　站在西北看中国。

　　这里是历史与现实纵横交织的新闻富矿，我们的"大篷车"课堂在这里行走，我们用"准新闻"人的眼睛观察这里的土地和土地上的人民。越过高高的山岗，越过层层叠叠的梯田，我们的目光望向祖国更广阔的田野。

　　站在西北读中国。

　　西北，仿佛它的基因中就带着质朴和博大，带着坚韧和奉献。我们行走，种下青春的种子、痛感的种子，收获爱的种子、责任的种子。我们从这里出发，用脚步丈量祖国大地，在田间地头、街头巷尾，在距离普通人最近的地方读懂中国。

　　站在西北写中国。

　　我们来自祖国的四面八方，我们走出历史和地理课本，走出"象牙塔"，去触摸西北这块多民族、多元文化交汇的地区，在行进中写作，用笔尖刻画每一份触摸与温暖、每一份真实与感动，记录并传播中国西北角的新故事。

　　连续两年的国庆节，兰州大学新闻学子来到中国甘肃庄浪——被誉为"梯田王国"的西北大地。黄土高原上的乡村振兴又有哪些新人物、新措施？坚守在这块土地上的人们又有哪些新梦想……这本书的内容是"兰大新闻学子国庆采风庄浪行"的实践作品，它与时代同频共振，为小人物立传，记录时代新变化。从这本书的字里行间，你能读到庄浪，读到西北，读到中国。

一、一门采编课的"大篷车"课堂

春节写家，国庆写国。

"兰大新闻学子国庆采风庄浪行"活动是韩亮老师为专业硕士研究生开设的"广播电视新闻采编实务课"的田野拓展。这个"大篷车"课堂，利用 2020 年和 2021 年国庆长假，由韩亮、赵爱莲、张华、白如金、王晓红、张硕勋等 6 位老师带队指导，100 多位研究生同学作为采访主力，传承"重走中国西北角接力采访"与"新春采风万里行"两个兰大新闻教育实践品牌，走进全国梯田化模范县——甘肃省平凉市庄浪县，与庄浪县融媒体中心全方位合作，走乡串户，深入庄浪县各乡镇，采写庄浪故事。连续两年的庄浪行采风活动，从理论到实践，又从实践到真正无缝对接的实战，边采写、边刊发，实现了新闻教育实践品格的跨越式提升。两次实践活动共采写图文稿件 46 篇，视频 8 部，采访手记 46 篇，采访随笔 4 篇。稿件首发在新华社客户端，浏览量都超过 100 万，《甘肃农民报》《平凉日报》和中国甘肃网等媒体转载了部分作品，传播效果良好。

"兰大新闻学子国庆采风庄浪行"活动，在采写、刊发方面，创造了新模式。

第一，利用课堂提前三周进行培训。利用国庆节前的 12 节课，以"兰大韩亮"微信公众号的系列网课为基础，进行分解训练，内容包括：新闻报道策划、新闻标题拟定、新闻写作的开头与结尾、新闻写作"四元素"、新闻引语使用等。事实证明，这个提前的训练为我们出快稿、出好稿奠定了扎实的基础。不然，学生作品不会在一周内全部刊发。

第二，24 小时的全媒体动态生产流程。带队老师做好采访中每天 24 小时跟踪指导与监督，学习业界的"大编辑部前移"，在现场指导并完善，创新教学互动实践模式。系统科学的流程产生新闻生产力。我们与庄浪融媒体中心（以下简称"庄浪融媒"）全方位合作，做到了"策划先导，编辑主导，现场云直播，动态采访，动态刊发，前端采访一体化、后端编辑多样化，移动优先"的统一流程机制。实践出真知，新闻教育在现场。这是一次充分利用平台优势的矩阵传播，是系统的、持续的与融媒体联动的新闻实践课，是全媒体时代学子新闻生产的一次真正实训。

第三，修改、多次修改是新闻实践的重要"战术"。多修改，是新闻写作实践的重要"战术"环节，也能促进师生互动，更能出好稿。很多稿件的修改，都在7次以上，修改的重点也是我们前期培训的重点：标题、分标题、开头、结尾、结构、场景描写、细节呈现、引语使用、图片文字说明、标点符号等。

第四，同步刊发，充分利用庄浪融媒的新华社客户端订阅号平台，既契合新华社平台的"外宣"定位，又解决了以往学生作品刊发出口不畅的问题。同时，新华社的刊发平台牵引着我们采访的深入，点化了我们对融媒体的理解，也推动着我们全媒体形态的采访。

二、未被"打扰"的新闻专业本能与情怀

结合连续12年的"重走中国西北角接力采访"和"兰大新闻学子国庆采风庄浪行"的采写实践来看《看庄浪》中的作品，有以下特征：

第一，小人物，大时代，讲好普通人的故事。新闻学子本能地贴着地面走，爱着百家事，在行进中写作，用个性的眼光去呈现时代的变迁，讲述大时代背景下一波三折的普通人的新故事。新闻学子的眼光，其实就是个性鲜明的"看家人"的眼光，似懂非懂，总有很多话要在笔下说，这更能让平常人们熟视无睹的题材呈现在图文与视频之中。相对于写事，学生更善于写人，平常人的非常事是学生容易驾驭的。此外，他们敏感又有同理心，本能地愿意靠近普通的采访对象，并时常为采访对象的闪光点而感动。两次庄浪行，他们用生动、真实的语言和具有现场感的图片呈现了一个个有意思、有故事的人。《庄浪梯田上的"活愚公"》就是同学们在采访李堡村支部书记时发现并挖掘出来的平常人的非常事。稿件《卖苹果 做灯笼——庄浪女强人宋小霞的双行线》的采写过程中，同学们似乎不是采访者，更像朋友或者亲人。他们在采访行程中，跟随宋小霞到苹果

园、到宫灯厂，偶尔和宋小霞聊聊天，陪她说说话。同学们贴近人物，读懂他们的欢乐和无奈，和他们一同欢呼，和他们一同期待未来。正因为如此，同学们的作品里，人物的表情、动作、语言等自然会在故事中鲜活起来。

第二，拓展题材，填补被忽略的"中场空间"。国家级媒体和地方媒体之间，有一个巨大的、被忽略的"中场空间"。这个空间具有丰富的新闻资源，但是国家级媒体不会持续地大规模地关注，地方媒体也因为受制于种种因素，未特别关注。这个空间的弹性大，门槛不高，隐蔽性强。一句话，"中场空间"采访不采访、报道不报道，不会影响全年的宣传与报道任务。学生的采访正好切中了新闻采访资源的"中场空间"，因此，他们的作品相对具备了"题材新、角度新、语言新"的可贵品质。《500平方米里的时代变迁——记庄浪农民王积稼和他的嘉禾博物馆》记录了一个普通人怀揣梦想，对爱好的坚持和纯粹。《庄浪朱店镇："苹果西施"杨晓菲和她的10亩果园》让我们看到一个农村普通女子身上的坚毅与柔情。《扎根梯田的外乡人和她的养牛生意经》，在行走中发现并记录了庄浪梯田上一个普通农村女人洪彦玉的新故事。

第三，贴地气的"学生气"。相对于媒体的专业记者，"学生气"是另一种优势。首先是采访的优势，学生在采访中是示弱的、柔和的。采访对象反而容易接受。其次，写作相对自由。个性化的写作使作品无套路、不刻板，呈现出新鲜感与亲切感。在庄浪，我们的学生被当地人亲切地称呼为"娃娃"，他们收获了新闻，也收获了来自采访对象的暖意。他们和采访对象一起，坐在土炕上聊天。同学们感到温暖亲切，采访对象坐在自家的热炕上不会拘束，说起话来也自然。庄浪融媒的编辑杨璇，负责"兰大新闻学子国庆采风庄浪行"活动稿件的审核与刊发工作。她说，我们的稿件大多是稚嫩的，没有太多修饰，但恰恰是这些朴素的文字，最打动她。

第四，陌生化采访与叙事。陌生化的采访具有新鲜、活泼与亲切的特征，学生的采访实践大多为陌生化的采访——去的地方是陌生的，采访的题材和人物是陌生的。也正因为这陌生，让学生记者更敏感，在无意中、直觉中触及了采访的新鲜、场景描写的新鲜、语言表达的新鲜。也因了这新鲜，大部分作品的叙事是活泼的、有趣的。《庄浪小伙与上海姑娘的浪漫结合》《紫荆山下"铁姑娘"再聚首》等作品，原本就是一闪而过的"生活即景"，在他们的笔下，现场新鲜，故事与背景勾连，呈现了人物和时代的关系。

第五，带"露珠"的作品，呈现眼皮子底下的新鲜事。从"重走中国西北角"的采访到"国庆采风庄浪行"的融媒采访，学生的作品备受关注。部分媒体同行说："你们学生写出了我们眼皮子底下的新鲜事，写出了我们忽略了的、熟视无睹的、想写但没写的人与事。"我们专业媒体人可以自问：有哪些是熟视无睹的？如何做到不熟视无睹？这方面，应该向学生学习！同学们在采访的过程中，常常会发现"眼皮底下的新鲜事"。例如，一个小组的同学在采访致富带头人宋小霞时，见到董小兵和他的父亲董尚红，他们一个是回乡"务苹果"的焊接工程师，一个计划在抖音上开直播卖苹果，同学们马上采写，完成报道《庄浪梯田上：擅长"务苹果"的焊接工程师》《庄浪县朱店镇:63岁老党员的电商梦》。一位媒体朋友说："我从事新闻工作10年了，也当过记者，自己听过、看过、写过太多，常常在工作中感觉自己已经麻木了，当看到同学们写的一些小细节的时候，还是很感动。"

第六，在采访实战中交流、写作。初生牛犊不怕虎，庄浪行活动中，同学们勇于坚持自己的新闻观点，这是一种未被"污染"的新闻情怀。他们在采写过程中，有讨论，有比对，有暗自竞争，有"亮剑"，有短时间内的专业提升；他们谦虚好学，珍惜每一次采写机会；因为实践过程中没有太多条条框框的限制，他们具有个性化表达的空间；因为师生同策划、同采访、同写、同修改，他们作品质量有基本保证。外乡姑娘洪彦玉扎根梯田养牛的故事，因为小组两位同学在写作上意见不一致，最后她们写出各有亮点的两篇稿件《梯田上的风雨丽人和她的养牛致富梦》和《扎根梯田的外乡人和她的养牛生意经》。在实践教学中，我们鼓励同学们个性化地写作并思考不同表达的效果。

三、国庆采风庄浪行的意义

国庆采风庄浪行颇受好评，有示范意义，总结起来有三个：

第一，践行记者"四力"，提升新闻采写水平，让新闻教育实践落地生根。庄浪行活动中，同学们走在庄浪的土地上，走进新闻现场、仔细观察新闻对象、立足乡村振兴等时代背景写出了一篇篇有思想、有温度、有品质的报道。原甘肃电视台副台长苏锐钧用诗句"壮士关山行，莘子披秋月。满目一腔爱，脚底出新闻"评价这次活动。

第二，为小人物立传，与时代同呼吸，在田野上扩展思政大课堂。庄浪行实践课程始终引导学生把人物放在时代发展的大背景中讲好"中国故事"，选题契合国家政策和社会发展，不仅呈现人物和故事，也要呈现国家政策在基层实施后的效果。付帅同学在手记中写道："这次庄浪之行，不仅让我们深入采访一线，真正实现将课堂上学到的理论知识应用到实践中去，而且也让我们真切感受到了党和政府对乡村振兴的投入，这种与民众同呼吸、共命运的鱼水之情才是陈堡村所有村民的福音。"同学们在采写过程中与人物和国家发展"共命运"，我们以此作为立德树人的突破口和新抓手，在田野上扩展思政大课堂。

第三，国庆采风庄浪行教学方法的延伸效应。目前，兰州大学新闻与传播学院的教学实践活动包括"重走中国西北角"接力采访实践教学活动（暑假）、兰大新闻学子新春走基层活动（寒假）、五一采风行活动、国庆采风行活动，实现了以时间线为轴，涵盖春、夏、秋、冬四个时间节点的新闻实践课堂。这些活动在空间上把课堂从校园延展到了田间地头、街头巷尾，实践教学与课堂教学紧密配合，实现了新闻理论与实践的互动结合，提升了学生的新闻实践能力。国庆采风行活动是兰大新闻学子教学实践活动的重要一环，已经形成较为成熟的教学方法并取得良好的教学效果。

四、编著体例

这是一本兰大新闻学子自己采写的实践作品成果集，也是由老师和学生共同完成的案例集。是理论与实践结合的教学成果，是新闻学子走出课堂到田野再返回课堂的经验总结，全书根据稿件主题和类型分为乡村振兴、城乡巨变、幸福图景、梯田故事、红色故事等十个篇章。篇章中的每一篇稿件都配有采写手记和指导老师点评。

稿件是两年庄浪采风行活动中同学们采写的新闻报道，同学们带着陌生感和真情实感，以自己的视角把采风过程中见到的人和事写出来，虽然文笔比较稚嫩，写作技巧方面不够娴熟，但是，当你读这些作品时，一定能够感受到蕴含其中的真诚与温暖。

手记是同学们对采写过程的呈现。手记中有选题过程中的困惑和意外收获，有采访中的小故事、小温暖，有写作过程中的讨论和坚持，有对新闻业务的总结和思考……

点评部分由编著者和部分研究生参与完成。点评紧密结合稿件和新闻采写规范，从写作特点和不足两个方面对稿件进行评析，点评的着眼点主要是新闻价值、主题、角度、结构和叙事方式等。

新闻学子在行走中采访，与乡村乡土乡情对话，讲出真实动人的庄浪故事，也让外界听见了庄浪乃至甘肃的美好声音。在这个意义上，"国庆采风庄浪行"活动不仅是新闻学子的生动新闻采写实践课堂，也是广大师生坚持"贴近实际、贴近生活、贴近群众"的社会服务。多年来，兰州大学公共关系与战略传播研究中心团队秉持产学研用一体化发展模式，坚持把科学研究、人才培养和社会服务有机结合起来，知行合一、学以致用。《看庄浪》正是这种模式最好的注脚之一。期待这本书的出版能让更多人看到我们这个团队的坚持和努力。

目　录

第六篇章　乡村新事

第七篇章　文化传承

第八篇章　最美劳动者

第九篇章　庄浪特稿

第十篇章　庄浪随笔

第一篇章

乡村振兴

卖苹果　做灯笼
——庄浪女强人宋小霞的双行线

"哎呀，我一看到这些苹果就真的很开心！"一进到果园，宋小霞就冲到果树旁，手里举着苹果，滔滔不绝地向我们介绍她的"宝贝"。

初秋的山上带着几分凉意，灰蒙蒙的云聚在头顶，小雨淅淅沥沥。我们的车沿着山路行驶，路两旁是漫山的苹果红，望不到尽头。到达果园后，门前牌子上的"乐村淘苹果基地"几个大字格外引人注目，这里是宋小霞的60亩苹果园。

"你看，别人家的苹果是不是没有我家的好！"刚进到苹果园，宋小霞兴奋地对我们说。

新一步：60亩苹果园

"我们的苹果都说能吃出AD钙奶的味儿！好不好吃，您先买一箱尝一下！""梯田上的直播间"里，主播关训兵咬了一口庄浪"红元帅"，笑呵呵地给观众介绍苹果。在他旁边，贴着不同地址的苹果箱，垒得比人还高，庄浪苹果在"梯田上的直播间"里通过线上销售的方式走向全国各地。

今年，宋小霞把更多的精力放在了自家的苹果基地上，她计划扩大基地规模，"庄浪的苹果园已经有60万亩了，我才60亩……"

庄浪是全国的苹果优势产区之一，庄浪梯田通风透光、昼夜温差大，产出的苹果含糖量高、口感好、色泽鲜艳。庄浪县也瞄准了这一优势，将苹果发展成为庄浪的特色产业。

"起初的时候，我们这里没有人愿意种苹果。政府给我们种好了，晚上就有人拔了，或者折断了，又去种粮食。"3个小时的山路，她不停地和我们聊着苹果，"哎，你们看，这片苹果还在套袋呢！……这应该是新树，5年左右……"从车窗外看去，挂满了苹果的树木飞速掠过，沿着山岭连绵不绝。

到达槿源果蔬贸易中心后，宋小霞领着我们一行人参观保鲜库。为了延长苹果的保鲜时长，宋小霞特地从山东"请"来了最先进的果库保鲜设备，一间果库可以放1400个架子，一个架子可以存放700斤苹果，贸易中心约有30个果库，宋小霞的苹果只是这里的冰山一角。

槿源果蔬贸易中心不远处，七八家鲜果库的苹果也正蓄势待发。正在包装苹果的阿姨告诉我们："要是订单多，我们一天可以包装200箱哩！"

"再等几天，这里就热闹了！进进出出的都是拉苹果的车。"宋小霞的手在空中比画着，向我们描述即将到来的大丰收。

再出发：第七间宫灯厂

宋小霞的苹果园在梯田上，她喜欢爬上高高的梯田，站在高处看成片成片的苹果园，每到这时，她总是笑得很欢畅："哎呀，你看看这些苹果！多好看呀！"她的宫灯厂也坐落在这梯田之间。

刚走进宫灯车间的包装库，手里还拿着灯笼穗的阿姨眉开眼笑地迎上来，用家乡话跟宋小霞打招呼。"我们觉得宋小霞可好了，我们能赚钱，她对我们也好。"阿姨凑到我的耳边偷偷说。

2019年，宋小霞在水洛镇吊沟村创办了庄浪县第一家宫灯厂，宫灯厂的劳动力主要来自附近乡村的村民和留守老人。目前，她有水洛吊沟、卧龙孙河、韩店石桥、南坪唐山、郑河上寨、朱店西街6个宫灯厂。

"再困难我也要把这件事情做下去，我要把它做成。我的梦想才实现了一半。"2020 年，受疫情影响，宫灯的原材料价格不断上涨。为了控制成本，抓住价格底线，宋小霞毅然购买了宫灯半成品制作的设备机器。

丰农宫灯厂是宋小霞正在建设的第七个宫灯厂，位于韩店镇石桥村一个旅游度假区的河道旁。"这个厂区，机器设备加上土地，差不多 200 万元吧。未来我们也会买能给灯笼印花的机器，那时候我们就可以像宋小霞想的那样，设计一些体现庄浪特色和庄浪文化的灯笼了。"丰农宫灯厂负责人李昌斌说。

丰农宫灯厂只是宋小霞庄浪宫灯畅想中的一小步，它可以让每个宫灯的成本价减少 5 毛，在正式投产后能够满足附近宫灯厂半成品材料的供应，宋小霞对这个新工厂充满了期待。"我相信不久的将来，咱们不要说西北，就全国也会知道我们庄浪有做灯笼的。"

"我是'小产业，大志向'。我非要做到这个境界，我不会放弃的。"宋小霞朝我们点着头，目光中充满坚毅。

要传承：一颗"庄浪心"

庄浪是一座建在梯田上的县城，地形沟壑纵横。50 多年前，数百万亩良田被掩盖在山脊里。"那时候，我们的土地留不住水，山是斜的，一下雨水就跑了。我们种的麦子就这么点长。"宋小霞用手给我们比画着。

1964 年，庄浪县 5 万多名干部群众上山修梯田，拉开了全县长达 30 多年梯田建设的序幕。"我记忆中梯田一修就修了 38 年。刚开始还是自家修自家的，后来就整体规划一起修，大家也不分是谁家的，哪个村的。每次到饭点的时候，我们就把馍馍、粥、面担过去，吃的也不分谁家的。很遗憾那个时候没有手机来记录，真的很震撼。对我们小孩子来说，这就是指引。"宋小霞回忆着自己和庄浪梯田的故事。

一路走来，从"乐村淘"帮助村民销售农副产品，到宫灯车间亮起大红灯笼，再到现在尝试建立生产链，宋小霞的每一步都像祖辈一样踏踏实实，身上烙上了庄浪精神。

宋小霞说："我办这个厂，不是为了我自己，是为了我们的父老乡亲。我想把产业链建成，有我们自己的生产线，想让家家户户都能挣到稳定的收入。"在被问及是否有想过放弃时，宋小霞叹了口气，说道："有时候我也想过不做了吧，但是这个念想就是一瞬间的事情。"过了一会儿，她又立刻抬高嗓门坚定地说："所有的人来我这里干活，他们都是信任我。我们就是要往前走！"

"我们就是要往前走！"这不仅是宋小霞的心声，也是祖祖辈辈庄浪人民的心声。

（徐姝敏　张成祐）

手记：

贴着泥土的采访

不得不说这是一篇"意外"的稿件。

在变动了采访地点后，我们抽到了宋小霞的选题。收集完她的资料后，我觉得她的身上没有什么采写点了——她的采访稿在网上随便一搜就搜到十几篇。在和小张商量后，我提出了最初的选题方向——通过宋小霞苹果园的一天来反映庄浪的变化：苹果采摘——就业机会；苹果运输——高速通车；苹果储存——乡村振兴……

之后的采访，虽然没有按照我的预想走下去，但是依然成功写出了满意的稿件。这一次的采访经历也让我明白，在采访的过程中脚力、眼力、脑力和笔力，是新闻写作不可分离的过程。

"脚力"跑新闻——最好的老师是脚下的大地

本科四年我为了嵌入式单片机熬夜头秃，研究生我为了写稿改稿头秃。这不是我的第一次采访——我在北京的胡同里穿梭听老北京人聊聊北京城；在郊区的寒气里了解一所特殊教育学校；在街道上问问路人"北漂"的生活……

在进入兰大新闻学院之前，我没有专业的"老师"，但也有很多"老师"。我奔跑过的大地是最耐心的老师——晨光教会我出发，晚星教会我坚持，灼灼阳光教我步履不停赶紧奔向街头的烟火。我也在秋天学会了装起玉米棒子，在冬天里学会记录飞雪。

三天的庄浪之行，我在紫荆山里第一次触摸到庄浪，在苹果园里感受到庄浪人那颗敢于改变的心，在3小时的山路中惊讶于梯田人家的坚守。淋过雨，踩过泥坑，爬山，行路，赶车……"脚下沾泥土，脑中才有料"。

在奔跑的过程中，会发现很多线索，很多细节。老闫一组暴雨中参观苹果园，找到了董尚红一家，写了父子两代人的创业故事。小于一组3个小时的山路之行，了解了庄浪苹果的电商流程，而我也在这段旅程中看到了宋小霞对苹果的热爱。

采访就是一个奔跑的过程。走过多少路，你的稿子就会有多厚重。

"眼力"观细节——眼睛离采访对象远一些，心离他们近一些

其实，我10月4日完全没有采访。是的，我和张同学对于宋小霞并没有进行一次真正意义上的"采访"。我不是一个"采访者"的身份，而是一个"旁观者"。在10月4日一整天，我偶尔和宋小霞聊聊天，陪她说说话。

就是这样普普通通的过程，没有刻意的采访，没有主观的询问。宋小霞和我们3个小时的山路之行，我看到了庄浪层层叠叠的梯田，我听出了宋小霞对苹果的期待。从我们身边驶过的拉满苹果的大卡车，还没有装满果蔬的果库，半山腰上分装苹果的小厂……我似乎离采访对象很远，但是一切细节都与她有关。

10月5日上午，应我们的请求，宋小霞带我们参观她的宫灯厂。来到宫灯厂后，我印象中最深的就是厂里的爷爷奶奶的笑容。"我都76岁了，一个月还可以赚2000块钱。"看着老人家的笑，我想，光是她能给这么多老人带来满足和笑容就值得称赞了，她身上的故事不值得记录吗？

之后，我和宋小霞聊了 20 分钟。我原以为她会不停地说"高大上"的话，可是她很真实地告诉我，她也怕失败，她也有世俗的想法，她也会抱怨——她不是一个"完美"宣传榜样，她是一个有血有肉、有缺点、有委屈的鲜活的人。20 分钟的采访结束了，我问她，我是否可以抱抱她。我抱着她，仿佛抱着我的母亲，仿佛抱着我自己。

采访就是要把目光放得更远一些，看看采访对象的生活环境，他们走过什么样的路，使用什么颜色的桌子，院子里开着什么品类的花。但是心要离他们近一些，更近一些，读懂他们的欢乐和他们的无奈，和他们欢呼现在，和他们期待未来。

"脑力"助思考——一颗随时迎接变化的心

10 月 4 日的凌晨，我梦到庄浪下暴雨，我的采访被搁置。7 点醒来后，我赶紧拉开窗帘，外面阴沉沉的，云层特别厚。我心想：只是阴天而已，说不定她们还是会采摘的。宋小霞和她的丈夫来接我们一行人。路途中，我得知她们今天不会采摘苹果了，这也意味着我们小分队的选题"流产"了。

我跟随着宋小霞的丈夫往上爬了一层，他急匆匆地要带我去看苹果园最深处那几棵红得最漂亮的果树。远处，今年初刚开通的高速公路上偶尔几辆车驶过。我心想：这是一片生机勃勃的土地。就在这一瞬间，我想到小视角大故事，宋小霞的故事不就是庄浪人民的故事的缩影吗？

回到车上，我掏出手机，在备忘录上写下：黄土地上的"红灯笼"；（1）山上的"红灯笼"——苹果；（2）山下的红灯笼——宫灯。晚上去韩亮老师的房间讨论选题，韩亮老师直接说我的落脚点太小，提出来让写宋小霞的事业心。改成写人物通讯，那我的结构该怎么写呢？

10 月 5 日上午硬着头皮去了宋小霞的宫灯厂。她的宫灯厂坐落在梯田之间，车窗被小雨打花，我看着车外蒙蒙烟雨笼罩下的梯田，听着宋小霞说她和梯田的故事。"这就是指引。"宋小霞说完她和梯田的故事后，说了这样一句话。是的，这就是指引——难道梯田精神不是每一个庄浪人与生俱来的特质吗？

车辆驶进一条小路，道路两旁高高地挂着红色的灯笼。我静静地看着在雨中轻轻摇动的灯笼。车外小雨淅淅沥沥，车内偶尔传来几声低语。采访稿的结构在我的脑中清晰起来，我轻轻叹了一口气，心情舒畅起来。

真正的采访就是这样，永远不会按部就班地契合采访提纲。记者要有一颗随时迎接变化的心，要有一个灵活变通的头脑，在变化中思考。

"笔力"出佳作——贴着泥土采访才能写出好稿件

本科的搭档说："做好一个记者，不是说我们要有多好的文笔，而是一颗真实的心，你去爱万物，万物才爱你。"所以我用真实去弥补文笔的不足，去抛却那些浮夸的赞扬，撇下那些宣传式的口号，"他们在那里，本来就是一个故事。"

写稿的过程中，我又一次回到了采访的一天半中。写作时，宋小霞的表情、动作在故事中变得鲜明起来，我做的，只是呈现。——"哎呀，我一看到这些苹果我就真的很开心！"一进到果园，宋小霞就冲到果树旁，一手举着苹果，口中滔滔不绝地向我们介绍她的"宝贝"。

我想起宋小霞一进到她的果园就冲过去举起那个红苹果。她对着我笑："你看！它多好看呀！"肖哥赶忙跑过去给她打伞，伞外是突如其来的暴雨，伞内是笑得畅快的人儿。我和张同学说："我们这样开头吧。"

"写有思想有温度有品质的作品"，最后的作品是脑力、眼力和脚力合力的结果。思想来自脑力，温度和品质源自眼力和脚力。

10月9日下午6点左右，我们的稿件刊发出来了。大学同学桃子说："那个意气风发的徐姝敏又回来了。"

（徐姝敏　张成祜）

点评:

新闻叙事语言与人物特点紧密贴合

《卖苹果　做灯笼——庄浪女强人宋小霞的双行线》叙述了宋小霞带领庄浪父老乡亲致富的故事。她承包苹果园、建设宫灯车间,让众多父老乡亲在家门口就业,在她身上体现了庄浪儿女对于梯田精神的传承。

"实在"是这篇稿件最可贵的地方。从标题到细节描写,再到直接引语的运用,全篇概述性文字少,描述性文字多,多用白描手法。叙事语言的风格不仅取决于新闻事件本身的基调,也取决于人物报道中被报道者的形象。这篇稿件的叙事语言平实、质朴,让人读起来轻松又有力量,这也构成了一种独特的表达力,与宋小霞的人格特点十分契合。

新闻标题简明实在　语言风格质朴真实

新闻要真实,标题也要真实,新闻要用事实说话,标题也应该用事实说话。文章的标题应该有"干货",让读者一眼就见到新闻事实。《卖苹果　做灯笼——庄浪女强人宋小霞的双行线》突出了新闻事实中的事件、地点和人物要素。

"卖苹果、做灯笼"对仗工整,简单利索,与文章前两个小标题"新一步:60亩苹果园""再出发:第七间宫灯厂"的内容相对应。"庄浪女强人"是对人物的一个限定词,很好地概括了宋小霞的性格,也点明了庄浪这片土地上孕育了像宋小霞这样的后代,这也与第三个小标题"要传承:一颗'庄浪心'"的内容形成了呼应。

细节描写生动鲜活　人物性格跃然纸上

同学们采用行进式采访的方式,跟着宋小霞一路参观苹果园、宫灯厂。在这个过程中,同学们不仅是记录者,也是亲历者、观察者,细致的观察为文章增色不少，细节描写比较到位。

来到苹果园，宋小霞是"冲"进去的；讲起苹果，她"滔滔不绝"；遇上果园里的技术员，宋小霞"搂"着他的肩膀；在被问及是否有想过放弃时，宋小霞"叹了口气"，但想到为了带领乡亲们致富，她又"抬高嗓门"……

同学们对人物动作、神态、语气语调的观察细致入微，写作中多用动词，既充满现场感，又使宋小霞的言谈举止有鲜亮独特的个性，勾画了她直爽亲切、善良坚韧的性格。

梯田人家的致富密码：蔡岁选和他的8亩瓠子地

蔡岁选家瓠子地今年的收成又翻了一倍！

站在赵阳公路从上往下数，赵墩梯田东边第四层的八亩土地里，静静"躺着"一片黄澄澄的瓠子，它们的主人就是甘肃省平凉市庄浪县赵墩乡井沟村一位靠山吃山的农民——蔡岁选。

从10岁看着父母挑过祖辈的担子，参与兴修梯田，到自己接管家里的30多亩耕地。如今52岁的蔡岁选，已经与赵墩梯田日夜相伴了半个世纪。他不仅亲身见证了荒山变梯田，也深深依恋着脚下的这片土地。

他向我们直言："早些年地里没活的时候，我也外出打过工，但最后还是回来了，因为还是种地在行，我也喜欢种地。"

作为一个与泥土打了半辈子交道的人，蔡岁选深谙土地的脾性，也知道在这片土地上种什么，能给家里带来更可观的收益。

望着屋外天空飘洒着的细雨，他点上一支烟，热情地招呼我们品尝妻子程玉环刚晾晒好的瓠子籽，跟我们讲起他家靠土地奔小康的故事……

"有了梯田，我们的心就定下来了"

"我10岁的时候，跟着父母上山修梯田。那时候的农村，没有什么现代化工具，印象中就是用铲子挖土，填满一辆手推车，然后运下山去。乡亲们齐心协力，把山往平里拓。等到修好的时候，我已经十五六岁了。"蔡岁选回忆道。

赵墩乡地处庄浪县西北部，属黄土高原低山丘陵沟壑区，"十山九破头，下雨土肥流"。为了让乡亲们过上吃饱穿暖的日子，1964年，当时的赵墩公社第一个响应县里号召，把实现温饱的全部希望都寄托在了征山治水、兴修梯田上，一声令下，全民参战。

经过30多年的艰辛接力，赵墩乡的梯田面积占到了耕地面积的98%。现如今，立足全乡6.2万亩梯田，赵墩乡形成了以"果、薯、牛、劳"为主导的产业格局。全乡群众生活水平大幅提升，生活条件明显改善。

庄浪梯田的建设史，也是庄浪人民的致富史。谈及土地带来的今昔变化，蔡岁选的脸上不禁扬起笑容："收入变化大着呢，比起前些年变化就大得很了。"他告诉我们，过去几年，随着种植方式的灵活变化和政策的扶持，他们村的日子过得越来越好了。

种瓠子这件能带来明显增收的事，就是从2019年开始的。

"今年种了8亩，明年还要多种一点"

2019年以来，赵墩乡政府为了不让农户在奔小康的路上掉队，提出了统筹发展区域特色产业的政策。他们对接收购方和农户，确立农产品订单合同制产销模式，给梯田人家又添了一条致富路子。蔡岁选就是这项政策的第一批受益者。

"我是村里第一批种瓠子的人，开始只有四五户人家愿意试一试。"

瓠子这种新经济作物刚出现在赵墩梯田上的时候，蔡岁选心里头其实也打着鼓，因此仅挪出了3亩地来试种。"第一年我想着先试一下，要是能种成、能卖成钱，我就多种两亩。"事实证明，他的选择没有错。"比起别的农作物，种瓠子更划算一点，不仅省工省力气，收入也更加可观。"

不过种瓠子这件事，也要看老天的脸色。"去年的瓠子打开有400多个籽，今年的打开只有200多个籽。种庄稼最受影响的还是天气因素。今年受干旱的影响，瓠子的收成还是少了些，四五月份干旱比较严重，所以没有长大，不然的话今年的收入可能要更好。"蔡岁选不无遗憾地摇摇头。

迄今为止，他家的瓠子已经连着种了3年，种植面积也从3亩地增加到了8亩地。蔡岁选家的"丰收"激起了乡亲们的热情，他告诉我们："今年全村300多亩地都种上了瓠子，比起3年前，可是整整翻了10倍哩！"

他指着院里拓好的瓠子籽儿，给我们算了一笔账。1亩地最少能收200斤，赶上天气好，能收300斤。按6.5元1斤的价格卖给商家，今年光8亩瓠子地的净收入就能有1万多元。

有些腼腆的蔡岁选，聊起瓠子，仿佛打开了他的话匣子。"我明年还想多匀出几亩地来种瓠子。"他咧着嘴笑了笑，眼里充满希冀。

村民的致富路不止一条

蔡岁选的家位于赵墩梯田半山腰的井沟村二社四十号。他家的30多亩地多数都分布在梯田上的簸箕湾和王世湾山顶。他每天凌晨五六点就要出发，下地打药、拔草、犁地，中午12点回来吃口热乎饭，顾不得休息，又要出发，等到下午五六点太阳下山回家，喂完5头牛，这一天的劳作才算结束。

"瓠子上收一点、洋芋上收一点、小麦上收一点、柴胡上收一点、再加上养牛，统共有5份收入呢。"蔡岁选想了想，一一给我们细数起来。

蔡岁选家的牛棚是2008年建的，养牛也自此开始。赵墩乡乡长党小龙说，为了鼓励养牛创收，当时政府给每1户人家1头繁殖母牛，养大后产下小牛，就能卖了换钱，养牛政策为村民的致富又新添了一把火。

"我养牛可养得好着呢！"蔡岁选扬起头，满脸骄傲地和我们聊起自己13年的养殖经历。"开始只是1头，前两年又养了2头母牛，生下2头小牛。现在家里一共有5头牛了，一年带来的稳定收入就有2万到3万元。"

屋外雨声渐弱，趁着雨小了点，他邀请我们去参观牛棚。恰巧昨晚有一头小牛崽刚出生，他上前用手轻轻提了提小牛崽耳朵，对我们说："你们看，健康着呢！"

除了每天下午固定 1 小时的喂牛时间，他其他时候大多都在田地里。除了瓠子，地里还种着玉米、洋芋、柴胡、小麦几种作物。其中玉米可以当作牛的饲草，剩下的几种拉到镇上去卖，也能够贴补家用。

不论是种瓠子还是种其他作物，蔡岁选的心里都有一杆长远打算的秤。这杆秤的一端要考虑种什么，另一端要盘算怎么种。

蔡岁选的生意经，是一部梯田人家精打细算、追求高效的致富经。他的 8 亩瓠子地，不仅盘活了蔡家老小的幸福生活，也让他能够在闲暇之余憧憬未来。

"之前的日子是过得去，现在的日子是过得好。"他看着我们笑着说。

"收入提高了，生活的各方面也变好了"

2019 年，蔡岁选一家带着激动的心情从泥坯房搬进了重修的新房里。

今年 9 月份，蔡岁选一家响应村里厕所改造政策的号召，开辟新地修了水厕。"前几年乡上送的太阳能也派上了用场，以后洗热水澡就更方便了。"蔡岁选的妻子程玉环扭头看了看旱厕，回头又瞧了瞧新修的水厕，脸上洋溢着幸福的笑容。

"50 多岁的人了，现在也爱在网上买东西。"蔡岁选看了眼媳妇说。

当我们问起家里有啥新变化时，他先是指了指脚上的运动鞋，又看向新装的铁皮大门和柱头灯："你们看，这个灯就是我媳妇前几天在网上花了 300 多块钱买回来的。"

谈及出行问题，他告诉我们，以前是土路，2019 年村里硬化了道路，村镇之间也通了小公交，大概半个小时就能到距离赵墩乡最近的大镇——南湖镇，采购生活用品和看望小女儿都方便了许多。

蔡岁选家里一共 8 口人，除了父母和他们夫妻二人，还有 3 个孩子，大儿子已经结婚。两个儿子都在青海打工，小女儿在南湖镇读书，明年就要高考了。他说："我最挂心的就是希望女子明年能顺顺利利地考上她想去的大学。"我们注意到房间的墙上还挂着一张婴儿的照片，他不好意思地告诉我们，这是农村的习俗，也是他的第二个愿望："希望能早日抱上孙子。"

妻子程玉环后来补充道："等小儿子再找个对象，前屋就留给他们当婚房。还要再重新装修一下，好好置办置办哩。"

天色渐晚，我们离开的时候，夫妻二人与我们一同走出家门，雨又大了起来。蔡岁选妻子帮我的同伴整理了一下衣帽，身体微微前倾说道："山上冷，你们要多穿些。"车慢慢启动，我们一行人踏上了返程的路途。

汽车后视镜里，他们夫妻二人的身影还在雨中伫立着……

（潘怡欣　李晶雯　白富宙）

手记：

掌心里的暖意

即使多年以后，我想自己还是会记得，雨中赵墩梯田农户的老屋前，采访对象程阿姨为我拉紧帽檐时，掌心里透出的暖意。

2021 年 10 月 3 日，我们一行人跟随韩亮老师一路颠簸，到达庄浪时已近傍晚。天空还飘着细密的雨丝，寒意袭来，我和伙伴不禁裹紧了外套，只匆匆瞟了一眼暮色中的庄浪，便快步踏入了酒店中。

10 月 4 日，采访当天，也是我们到达庄浪的第二天，气温持续下降。我和采访小队的 3 个伙伴一同挤在汽车后座取暖，一边跟来接我们的孙王博师傅闲聊，一边擦拭着车窗上的雾气欣赏沿途的景色。

"我们这边种植最多的农作物是苹果，不过种瓠子的人家也不少，这两样都是农户们主要的经济来源。"孙王博一边向我们介绍，一边热心地将车停在一处观景台，用手指了指赵墩梯田层层叠叠的土地，示意我们："往下看，那片绿油油的就是瓠子地了。"我和小伙伴们看着饱满的瓠子，不禁心头松了一口气，采访前一晚我们敲定的选题就与瓠子有关，作为农户们常年种植的农作物，能聊的话题或许不少。

车在弯曲的盘山公路上开了将近 1 个小时，又走过了很长的一段泥泞小道后，才终于见到了我们的采访对象——蔡岁选夫妇。蔡岁选穿着一身深蓝色的粗布衣服，他的妻子程阿姨头上裹着一块花布头巾。夫妻俩热情地把我们迎进了里屋，并递上来一把刚拓瓠晾晒好的瓠子籽，邀请我们品尝。

寒暄过后，我们便投入到了采访中，屋外雨势渐大，雨水顺着新修不久的主屋房檐滴落下来，仿若一道雨幕。采访进行到一半，我出来借用旱厕，恰巧碰到在屋外筛瓠子皮的程阿姨，便蹲下来和她聊了起来。程阿姨是典型的农村妇女，勤劳能干，一双手上布满了干农活的痕迹。面对我，她的笑容羞涩而淳朴，刚开始交谈有些尴尬，直到后来聊起家里的 3 个孩子，才慢慢打开了话匣子。"家里的老二跟你们这些娃娃看着差不多大哩，但是早早就去县城打工了，现在就盼着他能找个媳妇回来。"她还关心我们的学习情况，谈起在县城准备高考的小女儿，语气中满是挂念和期盼。

就算在采访中，程阿姨也没停下手中的农活。"拓好的瓠子籽里有皮，需要拣出来，加上这两天下雨，容易霉。"程阿姨向我指了指扫帚旁的瓠子皮，已经摞成黄色的一小堆了，我也帮忙捡拾起来，但动作远没有她麻利。

程阿姨和我说了很多。从瓠子产业到家庭情况，耐心地回答着我的每一个问题。虽然我的有些问题带着对于瓠子的无知，虽然她比较腼腆不善言辞，还带着我听起来比较费劲的口音，但她都会一一回答甚至努力转换成普通话给我听。她是个能给人留下生动印象的人，即使话少，偶尔反应有些慢，但每一句回答都饱含善意。她的身上，有一股农村人特有的质朴和与土地打交道的韧劲儿。

下午 2 点多，我们结束了在蔡岁选家中的采访，他和程阿姨一同送我们到村口。我们撑着伞与他们告别，他们却只是戴了帽子，我将伞递给程阿姨，她却说："我有头巾，这种雨天在地里干活用不着伞，倒是你，别着凉了。"程阿姨拽了拽头巾，又抬手帮我拉了拉帽檐，她的动作熟稔，仿佛我是她熟悉又亲近的人，讶异之余，心里涌起一股被关爱和信任的暖意。

采访结束回到下榻的酒店，趁着脑中的人和事还清晰生动，我和伙伴们花了5个小时，写了一篇3000余字的稿件。初稿完成后，又不甚满意，就一遍遍地听录音、复盘场景和对话、检查是否遗漏了哪些细节。一点点增补，一句句删减，争取将他们的故事、我们的见闻、双方的情感，用朴实无华的文字融合在一起并传递出去。

直到今天，我和程阿姨还会不时通过朋友圈交流，她会给我点赞，会向我分享家门口的生活。每当在视频中看到熟悉的景物，就仿佛又被拉回了采访当天，每一句话，每一个动作，都在眼前。这种时空回溯的奇妙感觉与采访对象的情感延续交织在一起，让我体会到，和他们的每次交谈都弥足珍贵。一篇有生命力的新闻稿离不开采访对象和记者的共同努力，前者提供平凡或伟大的真实故事，而作为后者的我还需要在追求书写出有温度和深度的稿件上，脚下不停，笔耕不辍。

（潘怡欣）

点评：

用标题分层　用细节叙事　用典型聚焦

一篇好的新闻要善于谋篇布局。这篇报道主要从修建梯田、种瓠子、养牛三方面讲述蔡岁选的致富路，然后顺理成章接上最后一个小标题"收入提高了，生活的各方面也变好了"。层次分明的报道能有条不紊地叙事，层层深入，有序引领读者踏雪寻踪，准确把握行文脉络。步步推进、结构紧凑的新闻使人更易获取信息，得到较好的传播效果。

分标题层层推进，叙事自然流畅

8亩土地里黄澄澄的瓠子，就种在一土一锹挖了多年的梯田上，这梯田是蔡岁选生活条件越来越好的起点。"有了梯田，我们的心就定下来了""今年种了8亩，明年还要多种一点""村民的致富路不止一条"……这些分标题语义凝练，逻辑勾连，能让人迅速把握段落要义，让读者第一眼就能读懂每一层的意思。

标题是文章的眼睛，也是文章的纲领。标题最主要的作用是提示新闻内容，是以最精练的文字将新闻中最重要、最新鲜的内容提示给读者。标题的拟定可遵循四定法则：定事实、定结构、定情感、定表达。本文的主标题，"梯田人家的致富密码：蔡岁选和他的8亩瓠子地"与4个分标题呼应、对应、或明或暗。

分标题最基本的作用是分层并提炼段落主题，分标题是结构的外化组织。此外，前后分标题也可以通过时空转换、点面结合推进叙事。写分标题的窍门有以下四点：围绕主题来拟定，相互之间要关联，力求具有艺术性，字数基本要相等。例如，2022年2月4日《人民日报》第5版冬奥特刊上发表的通讯《今夜，世界望向北京》的3个小标题是："双奥之城"，熠熠生辉；"冬奥之变"，续写新篇；"希望之光"，照亮未来。

细节凸显叙事，呈现现场环境

小细节，大作用。细节作用大，但不易察觉，常"潜伏"在我们采访的"盲区"。

寻找细节可以从以下方面入手：眼神、动作、表情、服装、对话、道具、环境、天气、时间、温度、声音、色彩、气味等。现场如矿藏，细节是特殊的"图纸"。通过细节描写，能够还原现场，还原一个真实而饱满的现场。

蔡岁选邀请学生们去参观牛棚时，用手轻轻提了提昨晚刚出生的小牛崽的耳朵，说："你们看，健康着呢！"用手轻提小牛崽的耳朵与其健康之间，看似无甚关联，但对于农村来说，这个举动很常见。这一动作，将人带入现场环境，仿佛蔡岁选提着小牛崽耳朵的画面就在我们眼前。

描写细节是抓住生活中细微而又具体的环节，它具体渗透在对人物、景物或场面的描写之中。如蔡岁选家生活变好体现在修了水厕，硬化了道路，村镇之间通了小公交以及网上购物等细节里。再如稿件结尾，学生们临走时又下了大雨，蔡岁选妻子帮学生整理了一下衣帽，"汽车后视镜里，他们夫妻二人的身影还在雨中伫立着……"这些细节对刻画人物性格，丰满人物形象都起着必不可少的作用。

聚焦典型人物，凸显新闻价值

新闻价值，是新闻传播主体衡量、选择新闻事实的依据。2019 年，赵墩乡政府确立了农产品订单合同制产销模式之后，种瓠子的收入明显增高。蔡岁选说："我是村里第一批种瓠子的人，开始只有四五户人家愿意试一试。"因为他是村里第一批种瓠子的人，也是这项政策的第一批受益者，所以这个"第一"便是新闻价值所在。

当新闻聚焦典型时，新闻价值也随之而来。一般新闻人物的选择，要有明显特征，有代表性和典型性，蔡岁选恰恰符合这点。通过蔡岁选的故事，便可窥见庄浪梯田的建设史与庄浪人民的致富史。

庄浪万泉镇：三个男人的苹果生意经

2021 年 10 月 5 日上午，小雨，兰大新闻学子国庆采风小分队来到甘肃省平凉市庄浪县万泉镇采访苹果产业。正是苹果采摘上市季节，作为庄浪万亩果园第一大镇的万泉镇，显得格外忙碌，丝毫不受雨天的影响。

刚到万泉镇果品交易市场，镇党建办主任关伟明就给我们说起了这里的 3 个能人：一个是种植苹果的霍李村党支部书记，49 岁的李玉平；一个是万泉镇果品交易市场的负责人，51 岁的田岁茂；还有一个是返乡做电商创业的青年，27 岁的史泽鹏。

关伟明告诉记者：这 3 个男人是万泉镇苹果产业的代表人物，他们你追我赶，就想把苹果生意做好做大。

上午 10 点，李玉平正在果园里给苹果装筐，然后送到果品交易市场。

上午 11 点，交易市场的田岁茂正指挥着工人们对苹果进行挑选、分拣、装箱。他的旁边停着一辆红色的大卡车。大卡车不远处，有一排蓝色的彩钢房，做电商的史泽鹏正忙着统计即将发货的订单。

"最迟三天，货要到，这是我直播时的承诺。"史泽鹏的普通话标准又亲切。

种在聚宝盆里的"摇钱树"

李玉平站在自家的苹果园，蓝色的外套被太阳晒得泛黄，他身后的树上，挂满了一个个粉嫩的苹果。

李玉平走到树下，伸手摘了一个苹果递给我们："吃嘛！这个苹果甜！没有化肥农药。"这是目前销量最好的红富士，清脆香甜、果肉饱满。县里提倡用农家肥灌溉，说这是富碱的有机苹果，李玉平哪里懂得这个，他只知道种这个挣钱。

霍李村漫山遍野都是苹果树，李玉平经常站在自己的 20 亩地里愣神。外人不清楚，他心里明白，种好苹果不容易，光给苹果上色就要费尽心思，里一层外一层，中间再包一层，还要在树底下放反光银膜。为了防止病虫害，要上防虫网，挂防虫灯。每年摘苹果的时候，经常人手不够……

他不爱说话，有人问这个苹果有啥特点，他支支吾吾半天说不清楚，急得一旁的关伟明说道："我们这里的苹果瓷实！'瓷实'就是'脆'的意思，你看水分大不大，这霍李村属他家的苹果最好。"

李玉平还有两个"强劲"竞争者，今年在庄浪农民丰收节上见了面，都觉着自己的苹果好，谁也不服谁。"大家都暗暗憋着一口气。"他的眉头皱了起来。

去年销路不好，李玉平把大多数苹果都存入冷库保鲜，等反季出售的时候，一斤苹果可以多挣两毛。他种的红富士，从 10 月份摘下来，可以放到来年 9 月份。"我果子质量好，不怕，大不了今年继续这么干。"说到这里，他皱着的眉头松了一点。

其实李玉平的底气还来自他的 20 个温室蔬菜大棚，通过销售蔬菜，他和周边地区的一些大超市联系上了。"通过这个渠道，也可以把苹果销售出去。"他的眉头完全舒展开来了。

果品交易市场送出的"金疙瘩"

田岁茂国字脸、皮肤略显黝黑、身材高壮结实。他曾经种了 20 年苹果，现在是果品交易市场的老板。

今天他穿着一身崭新的黑色衣服，戴着顶军训帽。"乖乖啊，我一天发一车，人家一天发好几车，他哪里收下的那么多苹果啊！"这是他听完从江西南昌来收苹果的晏永斌的话后发出的感叹。

苹果的成熟期从每年10月份开始，主要售卖期长达40多天，田岁茂每年这个时候，每天都要发一车苹果。

去年算账的时候，他总共在账本上写了将近40车苹果的发出日期和数量，最后一合计，有400多吨，他还吓一跳。在万泉镇像他这样收果子的有几十个人，做得大的一天就要发几十吨，一个收获季下来，全镇要发上千吨苹果。

"我们老总相信你，田老板，年年他都要我来你这收。你弄的苹果都是60到80毫米（苹果直径），个子大，质量好，关键还甜。"晏永斌走南闯北，常年在全国各地收各种果子，他笑着说。

2015年的时候，田岁茂站在他成立的苹果供销合作社里，信心满满。他先在自己所在的田湾村收苹果，没有人愿意把苹果交给他，大伙只看谁出的价格高，就卖给谁。他一家一家地去收，才慢慢地积累起了口碑。后来他又陆续跑了万泉镇的几个苹果种植大村，把当地几个种植大散户的果子收购权拿了过来。

田岁茂脑子转得快，他想到每年都有从外地来收苹果的客商，就带着果子去见这些人，跟他们加上微信好友，让他们在朋友圈转发一下，这样知道的人多了，订单也慢慢来了。

前几年有人还把苹果卖到印度和尼泊尔去，田岁茂只听着新奇，他没想过把苹果卖这么远。他倒是想在万泉镇上开一个榨汁厂。每年有好多自然落地的果子，几毛钱都没人收，用来榨汁最合适。要是这件事办成了，他的苹果产业就形成链条了，下次去丰收节就更硬气了。

田岁茂指着交易市场远处的一片空地，说："我要是建，就建在那里！"

电商达人舞动致富的龙头

万泉镇果兴商贸网络科技有限公司的成立，在史泽鹏所在的史沟村可是一件大事。说起来原因也简单，当年他才23岁，刚刚大学毕业。

作为万泉镇"电商＋苹果"和"直播带货＋苹果"模式的先行者，史泽鹏不但和知名网红一起直播带货，创造了万泉镇苹果销量的新高，还荣获了甘肃省第一届直播电商带货大赛的季军。

在一次培训课上，他说："我记得有一个果农，一开始连订单都不会打，经过一个星期的培训，他两个月就卖出了自己的第一单苹果。人家都怕教会了徒弟，饿死了师傅，但是我不怕。我就想帮他们把苹果卖了，不管是不是我卖的。"

史泽鹏的手机里有一张图片：30多万个快递单占满了整个画面，这是2019年果兴公司一天的销售量。他说："那一年，公司的苹果线上销售量就达到了1500余吨。"

史泽鹏有自己卖苹果的独门绝技，这独门绝技就是认领苹果树。

在史泽鹏的公司，认购苹果树的销售方式从2017年就开始运作了。按照树的品相，花上980元到1980元不等，认购者便可以包下一棵花牛或是富士苹果树。每棵树都有一个独立的摄像头，认购者可以在线上随时查看果树的情况。

史泽鹏承诺一棵树一年至少有200斤的苹果产量，随吃随摘，三天之内包邮到家。

这种新颖的销售方式一推出就很受欢迎，到2021年，全国已经有1万余客户认购了史泽鹏的线上果树。

万泉镇镇政府统计过，史泽鹏帮助过的果农有将近400户，间接带动2000多人致富，手把手培训的人员不下30人。

史泽鹏做电商期间。发现运费太贵，自己亲自跑到京东总部将价格压下来；对苹果的包装不满意，自己上手设计；带货主播不专业，自己上场直播……他就这样一步步，让自己的苹果事业越做越专业、越做越大，并带动史沟村村民的钱袋子鼓了起来。

10月5日凌晨，他在庄浪县城接受完一批记者的采访后，匆匆向他们告别，临走前他苦笑着说："我妈可能还在铺子里忙呢！"

"万泉镇是全县经济发展的龙头镇之一，是苹果大镇，果园近 4 万亩。我们有两个 97%，果园面积占总耕地面积的 97%，果品收入占农民人均纯收入 97%。去年果品总产值 9.8 亿元，农民人均可支配收入 1.1 万元。" 10 月 5 日下午 6 点多，果品交易市场已经亮起了灯，一直陪同我们的关伟明主任如数家珍地给我们提供了一组数字。

"你们今天只看了很小的一部分，我们万泉镇有果品贮藏经销企业 15 家、总贮藏能力达到 9 万吨，电商服务网点 21 家、物流快递企业 13 家，有苹果贩运大户 100 多户，果品经纪人 300 余人，明年这些数字还会翻新。"

（顾一诺　曾甜　杜笑微　段伊航）

手记：

为新闻的生命力写稿

2021 年 10 月 3 日至 6 日，是我人生的第一次实地采访，见了很多人，问了很多问题，但我却第一次感受到，也许所有的问题都能得到回答，但答案并不一定产生，而见过的人也不一定能成为稿件中的人。

人物是稿件的生命力

10 月 3 日，采访的前一晚我们刚决定了新选题，庄浪县水洛镇吊沟村的"环保积分超市"和红牛、苹果产业。理论上说，采访前的选题很可能会因为"现场"而改变，但是准备是有必要的，这是采访前的"底气"。

10 月 4 日，我们乘车到了吊沟村，从山脚一直到山腰，路是水泥路，房是农家小院，带队的老师说："这就是我所向往的房子。"

到达吊沟村的党群服务中心，工作人员和我们一样，羞怯中带着尴尬，但都尽力用笑脸向彼此传递善意。很多时候，我觉得这就是城市与农村的区别，社交不是这里的必需品。

面前是冒着热气的茶水，茶叶像不要钱一样放很多，我们时不时拿起来，抿一口，太烫，又放下，添茶的叔叔走过来把并没有下降多少的水位线再次抬升。

我们的采访持续到中午，我们被送下山，在一家开了很多年的暖锅店里吃了人生第一次暖锅，还顺带采访了暖锅店的老板。

从暖锅店回来，坐在回程的出租车上，我已经知道，我无法写吊沟村关于产业的稿子了。虽然见了好几个工作人员，但是这次的采访并没有我所需要的人物，因为正值假期和下雨，积分超市和果园里没有人，宫灯厂里不插电。吊沟村的产业里不能没有一个生产者的故事，生产者是产业类稿件的生命力。

当晚，我参与了"环保积分超市"的补充修改工作，切实地体会到了"没有人，就没有故事"的道理，我们不能用政策去堆砌，因为没有人物去支撑故事，写作过程非常艰难。

那些具有强烈生命力的人们

10月5日，鉴于昨天的采访不太顺利，我们准备去万泉镇霍李村碰碰运气。

我们坐万泉镇关伟明主任的车，去往霍李村村支书李玉平的果园，依然是雨天，雨水落下来搅着路上的黄土，泥点子溅满了关主任刚洗的车身，但他说："我们这里都是这样的，不在意。"

关主任和我们说了很多，回答我的每一个问题。有些问题带着对于苹果的无知，有些似乎不太适合写在稿子里，但是他都会回答，然后加一句"当然，这个就不要写在稿子里啦"。他还关心我们的学习，也提起他曾经的学生生涯。

在万泉镇，关伟明是给我留下强烈生命印象的第一个人，他是个值得被回忆的有故事的人。

到了李玉平的果园，我们先看到的是西红柿。李玉平刚从大棚里摘来的，很大很甜。他不怎么说话，刚把西红柿递到我们手里就又钻进棚里，出来时两手都是大西红柿，你不接他伸直的手就不会收回去。吃完西红柿我们又去"吃苹果"。一群人走在狭窄的小路上，我的前面就是李玉平。他穿着皮鞋，但是裤脚塞在袜子里，他不会刻意避开泥泞的浅水坑，所以鞋底边有很厚的黄泥，裹着裤脚的袜子上有泥点。我抬头，他耳边挂着无线蓝牙耳机。

李玉平是个能给人留下强烈生命印象的人，他是"新时代的农民"。他话少，善意里带着固执，有农民的韧性，全程没有说过一句有关我们如何写稿的"建议"，但是相比吊沟村的稿件，这篇稿件我们写起来轻松了许多。

我们的午餐是在关主任的单位吃的，可能是顾及我们女生多又吃得少，大家一律用了小碗盛面，但实在是太好吃，所有的女孩子都吃了两碗。

在万泉镇，关伟明是我见到的第一个也是最后一个人，他留给我的生命印象至今仍然强烈。

第一次实地采访，我遇到了很多的第一次，很多的人，这是很幸运的事情。

采访结束回到学校，当天晚上，趁着脑中的人物都还清晰可爱，我花了4个小时，写了2000多字的稿件。虽然只写了2个人，但好像又回到了和他们面对面交谈的时候，彼此的对话都是先脱口默念，再敲入文档。每一句话，每一个动作，都在眼前，好像永远不会忘记又害怕会很快忘记，喜悦和焦急的心情奇妙地融合在了一起。

接着就进入了反复的改稿阶段，在改稿的过程中总会不断地发现某些遗漏的细节与未表述完的事件。一点点补上去，一点点抠下来，害怕稿件中的人物被自己刻意雕琢了，又害怕过于理性而放弃了那些真实的情感。

尽管会和组员出现意见的分歧，但我始终坚持：我所能写的只是那些给我留下强烈生命印象的人和故事，我不能站在宏观的上帝视角上去评判是非。对于善意，我想尽可能地"暴露"，对于那些他们也不曾解决的问题，我们不应该高谈阔论。一篇稿件会在反复改稿中结束，但是还有很多人是我所未见过，也需要去见的。

（曾　甜）

点评：

以小人物的生活纪实反映乡村振兴

《庄浪万泉镇：三个男人的苹果生意经》以甘肃省平凉市庄浪县万泉镇三位苹果产业领头人的致富故事为主线，折射出近年来传统农业嬗变、乡村赋能以及"电商"直播带货等新兴销售平台为庄浪县苹果产业带来的巨大变化。本文在选题上精心策划，以小见大，以小人物的生活纪实反映乡村振兴的时代主题；采访深入扎实，贴近实际；写作语言生动，贴近群众，是一篇十分具有现实意义的"三农"报道。

以小见大　与时代脉搏共振

本文以庄浪县万泉镇三位苹果产业带头人为切入点，以普通人的视角记录农业农村新变化，紧扣推进乡村振兴主题，具有较高新闻价值。文中三位主人公脚踏实地、埋头苦干的奋斗精神与农业农村发展新事物新机遇相结合，契合时代背景，展现普通人眼中的乡村振兴。以小人物为对象，与大时代共振，将时代精神具象化，弘扬社会主流价值观，为推进乡村振兴提供了强大精神动力。

语言生动接地气　富有数据支撑

本文标题生动，具有故事点，吸引读者。文中主人公的语言接地气且风趣，"瓷实""乖乖啊"这些具有地方特色的语言表达生动亲切，淳朴善良的人物形象跃然纸上，拉近了读者与新闻报道之间的距离。同时，在本篇报道中，作者并未直接发表自己的观点或评论，而是引用他人的语言巧妙地向读者表达自己的态度。数据的广泛使用也是本文的一大特点，大量翔实的数据丰富了新闻报道的信息量，增强了报道的准确性，提高了报道的可信度与说服力。

蒙太奇式呈现　细节微观镜头

本文运用"蒙太奇"表现手法，用一个个跳跃式的镜头将三位主人公在同一时间工作时的场景串联起来，使之产生连贯、对比的效果。每个主人公的故事之间用概括性的小标题分隔，文章结构简洁明了，故事节奏感强烈。此外，本文运用大量细节描写，用外貌描写，心理描写等微观镜头展示更为真实的人物形象。如"史泽鹏的普通话标准又亲切""他的眉头皱了起来""他苦笑着说"一系列细节描写从正侧面相结合，用活生生的微观镜头增强了报道的渲染力，将主人公形象刻画得丰实饱满。

跟着老柳走庄浪

——牛产业二三事

"叫我老柳就行。"一阵冷风忽地吹过，他搓了搓手接着说，"不着急，你们上去拿件厚衣服，我在这里等你们。"2021年10月4日上午9时，我们一行人来到了甘肃省平凉市庄浪县。在老柳的带领下，我们驱车穿梭在蜿蜒的山间小路上，远方的梯田被云雾簇拥着，为绵绵的细雨增添了一份底色。

"看，这就是我们庄浪的平凉红牛，"老柳指着不远处山坡上吃草的牛群慢悠悠地说道，"我对这儿的牛熟悉得很。"老柳名叫柳志成，是庄浪县动物卫生服务中心主任，今年是他在这里工作的第21个年头。

"党的政策好　随叫随到"

采访分队跟随老柳来到郑河乡堆满养殖农民专业合作社时，张堆满正在牛棚里忙活着。看到一排排体格健壮的牛群探出头来津津有味地吃着饲料，这位40多岁的养牛户脸上洋溢起了幸福的笑容。对于张堆满来说，养牛是他的头等大事。

作为一家三口唯一的劳动力，张堆满既要照顾年迈的老母亲，又要供养在外求学的孩子，肩上担负着重任。2017年，得益于"送牛"政策，在外务工的张堆满回乡开启了他的养殖之路。"政府免费送来1头牛，搭建牛棚和各种设备时政府给了补贴，解决了我的燃眉之急。"谈及创业之初的艰难，此时拥有19头牛的他早已云淡风轻。

"党的政策好啊，随叫随到。"张堆满含蓄地笑着说。对于这些养殖户来说，起早贪黑算不了什么，最难的莫过于不懂技术，不懂养殖。庄浪县政府针对这一难题提出了"县乡村"三级技术服务体系，全面落实技术人员包乡包村包场户责任制，每一家养殖户都有专门的兽医负责。"技术上的问题不用我们管，打个电话技术人员立马就来了。"就在当天的凌晨，镇上的兽医技术人员还给难产的母牛助产。

兽医们周到的服务给了养殖户们一颗定心丸。几年来，养牛户们的养殖规模越来越大，日子也变得越来越富有。

"人吃不吃得饱没关系，得先把牛喂饱"

来到位于良邑镇的绿亨草业中心，一进加工厂我们就看到了堆积如山的饲料，这都是牛每天的口粮。这种青饲料是由玉米秆、苜蓿，搅碎、发酵制成，比直接吃牧草更有营养。玉米全贮技术的普及，让青饲料的使用保质期可以达到2—3年。老柳对我们说道："1头牛每年将青饲料与干草搭配，要吃4吨青饲料。这里是庄浪县两大青饲料加工厂中最大的，1年能加工1万多吨的青饲料呢。"

除了供给本地牛的日常饲养外，绿亨草业中心的青饲料还外销到宁夏等省区，成为周边地区青饲料重点供应基地。老柳说："县里有很多草种植基地，鼓励各乡镇村普及草种植技术、青贮技术，收购的价格也远高于成本价，既能保证牛产业发展提供充足的饲草料保障，也为庄浪县人民增添一份收入。"

"人吃不吃得饱没关系，得先把牛喂饱。"老柳坚定地说。牛产业作为庄浪县三大产业之一，牛吃好，才能增加收入。10月4日上午11点，小雨依旧淅淅沥沥，气温下降到5度。我们循着牛声，披着细雨，跟随老柳来到了养牛户柳双银的青饲料合作社。这里的工人们正在大棚下加工青饲料，他们将已经发酵好的玉米秸秆和苜蓿碎末半成品放进青贮饲料取草机，从加工到包装完成仅仅用了两分钟。老柳指着和仓库一样高的青饲料说："这些足够双银合作社的 296 头牛吃 1 年。"像柳双银这样既可以制作青饲料又是养牛户的人有很多，庄浪县的养殖户们开启了青饲料"自给自足"模式，降低养牛成本。

"牛粪在我们眼里宝贝着呢"

在郑河庙川肉牛养殖场里，老柳指着厂区一角的一片三级沉淀池喃喃道："不少人认为牛粪会造成环境污染，这其实是一个误会。"牛产业作为庄浪当地的重点产业，在牛粪处理方面工作的压力的确比较大。但事实上，牛粪作为一种有机肥原料具有很高的利用价值。近年来，为进一步加快平凉红牛产业的绿色生态循环发展，当地政府结合本地的牛产业发展实际情况，本着"源头控制，过程管理，末端治理"的生态环保理念，大力支持规模养殖场废弃物综合利用配套设施建设，支持肉牛养殖规模相对集中的乡镇建设有机肥加工生产线，有效地解决了畜禽粪便消纳难的问题。

"牛粪在我们眼里宝贝着呢！这些三级沉淀池就是让牛粪变废为宝的魔法盒。"三级沉淀池旁，几位穿着高筒皮靴的工人扛着铁锹翻铲着刚从池中运出来的牛粪。这些牛粪经过在沉淀池中的发酵后成了富含氮磷钾的有机肥物料，将这些物料再次进行粉碎处理、颗粒加工等一系列流程后便可成为标准的有机肥。

"这个有机肥对土壤没有任何的污染，而且能够很好地增加土壤的有机质，"老柳望了一眼远处被雾气缭绕的山头，继续笑着说，"接下来，我们将继续按照种养循环、绿色高效的要求，以就地消纳、综合利用为主线，力求在 2025 年实现全县畜禽粪污综合利用率达到 80% 以上。"

"我们尽可能精细到每一环节"

养牛不单单是养牛户的事，而是整个县的事。为推动牛产业的发展，庄浪县真真正正地把心与养牛户贴在了一起，将工作做到了实处。在庄浪县，每个乡镇都会配备一个畜牧兽医站，为养牛户提供公益服务。"只要村民有需要，不管多晚，我们的兽医都会上门服务，随叫随到。"老柳边说边向我们展示了他朋友圈中的照片：10月4日晚上12时，盘安镇岔李村出现了母牛难产的情况，兽医连夜上门助产，老柳配文为"兽医的国庆节这样过"。这不仅仅是一位兽医的缩影，更是那些为发展庄浪牛产业而奋斗在第一线的基层工作人员的真实写照。

"从养牛到喂牛再到产牛，我们尽可能精细到每一个环节。"老柳说。在过去的几年里，庄浪县为村民免费提供牛，并对他们修建牛棚、购买制作青饲料的机器等环节进行补贴；在母牛产下牛犊后，养牛户也可以得到一笔补助。政府扶持牛产业的政策不仅止于此，相关部门会定期组织"庄浪畜牧兽医讲堂"，而且县畜牧兽医中心还组建了肉牛养殖技术服务团队，为养牛户传授技术相关的专业内容，帮助他们进一步实现了科学养牛。

"平凉红牛是庄浪的三大支柱型产业之一"

走进庄浪县永双鑫肉牛养殖场，牛耳朵上挂着的黄色条码牌吸引了我们的目光，原来这是它们独一无二的"身份证"。该养殖场负责人柳双银介绍道："没有'身份证'的牛就不能运输到外地。"

进入一号牛舍，两排平凉红牛正在悠闲地吃着饲料。老柳指着这群红牛介绍道："这是咱平凉特有的一种牛，它结合了本地秦川牛和进口牛的优点，所以它们不仅肉质细嫩，营养丰富，而且成活率高。"这只是庄浪养牛业的一角，西北的一个小县城能够顺利迈向乡村振兴的步伐，离不开当地支柱产业的发展。

1998年以后，在当地政府的开发扶持下，平凉红牛产业成为当地三大支柱产业之一。"我亲眼见证了咱们庄浪牛产业的壮大。"一提到这，老柳满脸骄傲，"2000年我刚工作那会儿，全县养牛超过100头的养殖场屈指可数，但是现在常见得很。"目前全县牛的年饲养量达12万头左右，规模肉牛养殖场57处，培育养牛合作社和家庭农场181家。"我们还与平凉市畜牧渔业站联合举办了平凉红牛育种繁育技术和肉牛冻配技术的培训，组建了自己的技术团队呢！"说到这里，老柳喜上眉梢。

在政府的帮扶和养牛户的共同努力下，牛产业成了庄浪县三大支柱产业之一，为推进乡村振兴贡献了力量。庄浪县的一头头牛不仅是"致富"的希望，也把政府和群众更紧密地连接在了一起。最后，我们和老柳一起来到了郑河庙川肉牛养殖场，有幸看到了对母牛进行人工授精的过程。母牛孕育着小牛，生命的延续也象征着庄浪牛产业的生生不息。而政府和养牛户合力形成的一股绳，也会将牛牵出庄浪，走向更远的地方。

（陈文卓　程　洁　卢艺璇　王　阳　赵婧懿）

手记：

在庄浪分不清日夜的那几天

"'少年有他的山海，有他的重重山影，有他的万里波涛。如果可以，风给你们，沙漠给你们，天空也给你们，广阔天地，都给你们。'希望你们前程似锦，也希望在我们庄浪这片梯田热土上能发生更多的新故事，吸引你们再次到来。再见啦，少年们！"庄浪县融媒体中心的杨璇老师发布了这样一条现场云，向我们云告别。那时的我已经坐在了返程的高铁上，望着窗外，打开了手机的备忘录，写下了这样一句话：我与庄浪的故事，未完待续。

事实上，"国庆采风庄浪群"微信群一直都在忙碌着，未曾休息过。自10月8日起，庄浪融媒的编辑老师每天都会发布同学们在国庆期间采写的新闻。大家一起品读优秀的文稿，一起转发精彩的稿件，一起见证每篇文章的浏览量突破100万。如果哪天群内不再有更新，也许大多数人会和我一样，主动点开群聊去看看是否错过了些什么。短暂的4天庄浪之行已经印入了我的生活，回想起来日夜不分的那几天，脑海里像是嵌入了电影胶片，一幕幕都开始翻涌出来。

老柳的出现——多次推翻思路后灵感的乍现

抽到牛产业这个选题时，韩老师高兴地说："这个选题好啊，你们可要好好做。"说实话一开始我们是无从下手的，围绕着平凉红牛、青贮饲料极有可能写成一篇政务工作报告。10月3日晚上12点，选题讨论会还在如火如荼地进行着，那时的我们甚至都没有列出采访提纲。大家不知道采访谁，也不知道采访什么，更不知道明天会去哪里。

可以说柳志成的出现是我们采访中的一道光。

初次见面，他穿了一件单薄的灰色上衣，梳了一个大背头，看起来十分干练。柳志成是庄浪县畜牧中心的主任，也是我们本次行程的负责人。他笑呵呵地向我们介绍一天的行程安排："我们今天要去参观青贮饲料加工厂、散养户的养牛合作社、大规模的养殖场、乡村兽医站……"

既然能接触到那么多群体，系统地了解庄浪牛产业的发展，肯定能够挖掘出精彩的故事，那么一想心里便乐开了花。直到晚上写稿时，我们才发现困难重重。

我们开始懊悔为什么白天采访时没有和养殖户多多交流，意识到采访的途中错过了非常好的故事。参观养殖场时，有一个看起来四五十岁的男人一直站在队伍的一旁，直到走出养殖场准备离开时，我才得知他是该养殖场的场长。上车后，随行的曹老师告诉了我们这个场长的传奇故事。前几年他还是村里的散养户，慢慢地，养殖规模逐渐扩大并且成立了现在的养殖场和饲草种植农民专业合作社。现在他不仅是村里的支部书记，还是镇里的副镇长。

从何写起呢？采访对象说得都不够充分。"唉，真的连一个能写的人物都没有，一路上反倒是一直听柳主任在说了。"一个小伙伴叹气嘀咕道。"我们可以写柳主任啊，他真的出口成章，老柳语录都可以整理出来一大页！"房间里瞬间沸腾起来了，本来躺着的小伙伴忽地一下在床上坐起来，说道："对对对，我们可以跟着老柳游庄浪呀！"

窗外的雨不知何时开始降落的，我们把手伸向窗外，眺望远方的紫荆山，整个庄浪城依偎着梯田在安静地熟睡。在夜雨的陪伴下，《跟着老柳走庄浪——牛产业二三事》出炉了。

你们就当体验生活了——我们时时刻刻都要靠近基层

十月里，庄浪城外格外开阔，山坡上卧着些小村庄，山间游荡着无数的牛群。放牛人戴着草帽，走走停停，时而看向近处的草地，时而望向远方的梯田。本就泥泞的乡间小路伴随着淅淅沥沥的小雨更加难走，我们一行人将车停在路边，顺着小土坡循着前方若有若无的脚印走向一家养殖户的家中。同行的老师们走在前面给我们带路，边走边笑着说道："你们这些娃娃平时没有受过这种苦，这两天就当体验生活了。"

庄浪之行遇到最多的是基层的故事，听到最多的也是基层的声音。兽医程万辉坚守乡村23年；南坪镇畜牧兽医站站长苏强大学毕业后就驻守乡村已经有8个年头；工作了21年的柳志成对庄浪县各个乡镇的畜牧发展状况了如指掌。

每个人物都是有故事的，每一个故事都是有温度的，生活百态本就多姿多彩。本科期间的实习也带我走向了基层，作为一名记者最幸福的事就是能够在行进途中看到并感知生活的百态。坐在办公室里写出的新闻稿件很难精彩，真正有故事的稿件通常在乡间、在基层。普通人的故事更有力量，底层大众才能使生活之树常青。一名新闻记者就是要时时刻刻紧贴生活。写着写着，就回想到10月5日那天，我们边淋着雨，边踩着泥，边听采访对象程万辉讲述他的故事。

未曾止步的白天与黑夜：心中要先有稿件

10月4日的夜晚，小组的5人在房间里赶稿，我们开始回忆一天的采访，找寻合适的写作思路。这时才发现我们的素材点过于散乱，没有统一的线索将文章拎起来。想突出个人，却发现掌握的个人故事过于单薄。既然这样我们就描写群像吧，说干就干，看了一眼手机，那时候已经接近凌晨1点。我们5个人各自负责"乡村兽医"群像的一部分，开始了第二篇新闻稿的写作。

吵闹的房间安静了下来，只留下了敲击键盘的唰唰声，落地窗上映射出5个紧盯着电脑的人，分外清晰。1个多小时后，寂静被打破，我们的初稿完成。将5个人的写作合在一起后，原本舒展开的眉头变得更加紧蹙。一天的采访虽然见到了多位乡村兽医，但是我们对各个人物的了解角度不同，稿件写出来散而乱，甚至有多处重合之处。由于无法体现中心思想，这篇稿件只能作废。

我们5个人并没有抱怨，而是感到很庆幸，及时发现了问题所在，更加感受到了韩老师所说的在现场写稿的重要性。幸运的是，第二天一早，我们就见到了甘肃省最美农技人程万辉。带着针对性的问题，带着心中的稿件完成了采访。稿件发出之后，不到3小时，浏览量超过了100万。

想起了实习时老师说过的一句话，她的工作日常是：前一天晚上预写稿——第二天上午采访——下午修改稿件编片剪辑——晚上6:20电视台准时播出。

（王　阳）

点评：

多角度表现使事件立体化

本篇报道跟随老柳的脚步，将读者带入庄浪郑河乡堆满养殖农民专业合作社、绿亨草业中心与郑河庙川肉牛养殖场，生动展现了庄浪县牛产业的发展情况，国家"送牛"政策取得的优异成果，尤其是技术服务体系在基层得到了有效施展。农民养殖以往靠经验，庄浪县组建自己的技术团队，成功解决了养殖户们的技术难题。正是因为技术的攻克，才使得庄浪培养了具有地域特色的平凉红牛，使牛产业成为庄浪县的三大产业之一。

多个信息源，事件立体化。在教学实践活动中，同学们在采访中容易出现只盯着主要人物而忽略其他相关人物的问题，这种情况会导致报道中人物孤立、事件片面等情况。本报道将一个主题即牛产业分为四个方面详细说明，从不同角度展示牛产业各个方面的发展状况。首先是在郑河乡堆满养殖农民专业合作社看牛群，说明兽医技术对养殖的重要性；其次是绿亨草业中心，向读者展现了牛饲料加工厂的专业性；接着是郑河庙川肉牛养殖场里的沉淀池，贯彻了"源头控制，过程管理，末端治理"的生态环保理念；最后是庄浪县永双鑫肉牛养殖场，着重说明平凉红牛是庄浪特有的一种牛。

此外，数据运用也增强了报道的准确性。首先，本报道篇末使用了大量的数据，分析新闻事件，避免了人为的主观因素，使报道更准确、更真实。其次，数据是新闻事实的重要组成部分，本文运用拓展和丰富了报道的信息量。例如，"2000年……超过100头……""……12万头……57处……181家"运用数据形象说明了庄浪县牛产业的发展迅速。

报道需要改进的地方：

对引语的处理，采访中的人物的语言有时会出现省略、不通顺等情况，在不影响真实性的情况下要做一定的处理。例如，直接引语"1头牛每年将青饲料与干草搭配，要吃4吨青饲料。这里是庄浪县两大青饲料加工厂中最大的，1年能加工1万多吨的青饲料呢。"主语搭配错误，"搭配"的主语是人不是牛，可改为："将青饲料与干草搭配，1头牛每年要吃4吨……"

注意段落与段落、句子与句子之间的逻辑性。例如"牛产业作为庄浪县三大产业之一，牛吃好，才能增加收入。"前后衔接不当，前句说牛产业的重要性，接着又转而说"牛吃好"和"增加收入"的关系，可在中间加一过渡句，衔接更流畅，如"牛产业作为庄浪县三大产业之一，是村民的主要收入来源，牛吃好，才能增加收入。""力求在2025年实现全县畜禽粪污综合利用率达到80%以上。""实现"与"达到"语义赘述，只取其一即可。

避免信息的重复。新闻中无意义信息的重复会造成报道篇幅长、叙述拖沓、节奏缓慢等问题。这篇报道中"牛产业作为庄浪县三大产业之一"在不同部分出现了三次。

养牛人的春天

——乡村振兴春风吹进吊沟村

层层叠叠的梯田，依着山脚，爬上山顶，梯田上坐落着几户人家，近看有红瓦，远看有绿林。这里，是庄浪县水洛镇吊沟村，平凉红牛的养殖基地之一。2018 年，吊沟牛场投入使用，乡村振兴的春风吹进寻常百姓家，养牛人的春天，从这里开始。

2021 年 10 月 4 日，兰州大学新闻学子国庆采风小分队在吊沟村村党支部书记李兄里的带领下，来到吊沟村五、六社的吊沟牛场。车还未停，就已经听到了"哞哞"的牛叫声，映入眼帘的是五个整齐划一的牛棚。

养牛能赚钱? ——"后劲十足!"

"农民嘛，咱们就是为了挣钱! 哪搭 (哪里) 能挣上钱，咱们就去哪搭!"谈起养牛给自己生活带来的变化，牛场工人李世成嘴角止不住向上扬。

"回家近近的，"李世成指了指牛场西边的房子，"从我家到这里骑摩托车 5 分钟就到了，中午回去还能看看我那两亩苹果树。"吊沟牛场是庄浪县农扶发养殖有限责任公司 (以下简称 "农发公司") 全力带动的养牛合作社，大力发展红牛产业，全村共有 700 多头红牛。

吊沟牛场 2017 年开始建设，2018 年正式投入养牛。红牛市场稳定，牛价逐年上涨，大部分村民自愿把国家发的牛放到合作社代养。"这红牛 5 年后才能见效益，虽然周期长，但后劲十足！"李兄里说。

李世成 2018 年开始在吊沟牛场饲养平凉红牛。他每天早上 5 点开始给红牛喂料、添水、铲粪，收拾完大概 4 个小时，到下午 4 点回来一趟，继续工作，看看牛的状态。

"再也不用靠天吃饭了"

养牛提高了李世成的家庭收入。他给我们算了一笔账，以前种玉米，靠天吃饭，除去耕种、化肥的费用，一亩地能收入 200—300 元。现在，在国家"三变改革"的扶持政策下，李世成把地承包给农发公司，一亩地有 300 元分红。他腾开时间养牛，一个月可以收入 2000 元，把国家分给他们的红牛放在合作社养，一年还能再分红 700 元，"比以前种小麦、苞谷这些强多了"。

如今，自家的苹果树、承包出去的土地和养牛的收入，让李世成稳妥地过上了小康生活。

如今的吊沟村已经实现了农民变股民、资金变股金、资产变资源的三大转变。"我们是全省第一个实行'三变改革'的村，之后就形成了'庄浪模式'。"吊沟村驻村干部杨刚强告诉我们。

"政策真的好"

"政策真的好。"杨刚强说道，国家对养牛户有很大的政策扶持，青贮饲料 1 吨补贴 100 元，是纯补助政策。养牛的个体户，产牛犊国家补贴 2000 元，1 头能繁母牛补贴 8000 元，"全部都是国家政策扶持"。

吊沟牛场外，有一个专门放青贮饲料的大棚，麦草大概有两三人之高，一个方块的麦草约有 1500 斤，从河南、安徽等地运到吊沟村，加上本地的苜蓿秆，营养价值高，粉碎后喂给能繁母牛。

据了解，庄浪县农发公司的种植业和养殖业目前已实现全县覆盖，以养牛为带动，吊沟村已经形成了农业和畜牧业双重发展的新模式。

"以前全村有3608亩耕地，荒地占3000亩，现在农发公司通过承包，并给农民土地分红，全村的闲置土地都得以有效利用。"李兄里书记介绍道。

目前吊沟村有果园2800亩，核桃园400亩，马铃薯1500亩。农民能够靠养牛获得一定的收入，经过加工的牛粪还可以用作田间肥料，实现了种养结合，一举两得，为推进乡村振兴奠定了坚实的基础。

从山上下来时，雨已经停了。远处，是渐远的牛群，更远处，是连绵的梯田，郁郁葱葱。空气中散发着清新的泥土味，吊沟村在梯田的环绕中更加祥和而宁静。乡村振兴的春风吹进吊沟村，养牛的门槛低下来，致富的路子更宽了。

（张　悦　王祎昕　冯楷媛）

手记：

身体和灵魂，两个都要在路上

10月3日，我们一行人出发去庄浪。下了车，去酒店放下行李，韩亮老师说带我们去后面的山上玩。我带上相机，穿上马丁靴，穿着衬衣，还真的挺像一名记者了。从山上往下看去，我看到了一位牧羊人，突然觉得，这种静谧的生活也挺好的。

10月4日，正式踏上采访的行程了。

我原本以为，采访过程不会太难，只要把问题问出来，受访者回答一下，结合我们的主题，就可以成稿，然而，我把采访想得太简单了。从我问出第一个问题的时候，我就知道，挑战来了，庄浪方言，我是一个字都听不懂啊……我慌张地看向王祎昕，她用坚定的眼神告诉我"没事"。王祎昕是陇西人，她的家乡话和平凉方言差不多，她能够明白，到这时，我才放下心来。

虽说"关关难过关关过"，对于我这种新手来说，也不能全是难关吧。采访结束，我们和吊沟村的李兄里书记说，去牛棚里拍几张红牛。拍照的时候，我发现我的相机坏了。接着山上的雨开始下大了，李书记催着我们下山，所以当时没能拍下更好的照片，一直是我的遗憾。

终于要下山了，张华老师带我们去吃暖锅，这是那天我心态最平和的时候，饿了大半天的肚子，在车上就开始叫了。

"老师啊，我们问不出东西来，问出来感觉作用也不大。"下山的时候我对张华老师说，老师却说正常。我想，问不出东西对一个记者来说是正常的吗？还是说我们的方向就是错的？后来张华老师给我们提供了一个思路——从国家政策入手。这么一想，确实问了采访对象很多关于国家扶持红牛产业的问题，我们写稿的方向终于明晰了，可以安心吃饭了。我吃了两个馒头外加很多肉，好像我吃得最多。

吃暖锅的时候，老板看到了我们的采访证，问我们是不是记者，我们说是兰州大学的采访队。张华老师说："这就是路遇啊，你们有兴趣的现在就采访一下。"老板人很和气，健谈，于是我们开始采访老板。他坐在我旁边的位置上，问了一些问题之后，时间差不多了，我和老板沟通，想尝试一下拍一个庄浪暖锅的小纪录片，等我们写完稿子再去店里拍点视频。老板说好。

回了酒店，王祎昕开始了"翻译"工作，我们根据整理出来的文字想到了思路——"党的政策春风"，就这样开始了稿件的写作。10月5日晚上11点左右，稿件终于快写完了，我们3个人一下子放松下来，商量着第二天还有时间，不如去采访一下暖锅店的老板，当作路遇系列。

10月6日一大早，我给暖锅店老板打电话，然而老板进货去了。没有办法，路遇系列被扼杀在摇篮里了。6日晚上我给张老师发过去我们的稿件，都说张老师严格，我一开始挺紧张的，没想到张老师说"这篇挺好"。他给了我们一点修改意见之后，就这样定稿了。收到张老师的"我觉得可以了"，我们的稿件《养牛人的春天——乡村振兴春风吹进吊沟村》终于完成。

人们说读书或旅行，"身体和灵魂总有一个在路上"。而对于采访来说，我认为这两个都要在路上，身体到了，灵魂没到，哪里来的思路呢？灵魂到了，身体没到，哪里又算脚踏实地的采访呢？

庄浪之行，收获颇丰。结束时，庄浪县融媒体中心的工作人员送给我们一段话，我想我会记住一辈子。"少年有他的山海，有他的重重山影，有他的万里波涛。如果可以，风给你们，沙漠给你们，天空也给你们，广阔天地，都给你们。"

（张　悦）

点评：

生动见人　写实见事　合之见新闻

《养牛人的春天——乡村振兴春风吹进吊沟村》通过牛场工人李世成和驻村干部杨刚强的叙述，使乡村振兴实实在在地体现在庄浪县的这个小村庄里。吊沟村通过养牛产业的带动，已经形成了农业和畜牧业双重发展的新模式，并且实现了种养结合，逐步走向乡村振兴。不论是养牛还是土地被承包，都离不开国家政策的扶持，整篇报道依托国家政策，展现乡村振兴风貌。

有场景、有画面，才能有现场

开头写层层叠叠的梯田和坐落在梯田上的人家，红瓦绿林，远近相宜。强画面感的文字将这一切定位至庄浪县水洛镇吊沟村，后引出平凉红牛与吊沟牛场，"养牛人的春天，从这里开始"。起笔以景定位，由远及近，引入主题，顺其自然地走进新闻现场。

结尾与开头相呼应，场景呈现像一幅推拉镜头，开头由远及近，结尾牛群与梯田渐行渐远，带着读者走进去再走出来。对雨后天气的提及以及空气中散发着清新的泥土味，使得新闻现场感十足。"乡村振兴的春风吹进吊沟村，养牛的门槛低下来，致富的路子更宽了。"最后这句再次强调了新闻主题。

质朴实在，引语见人

"农民嘛，咱们就是为了挣钱！哪搭（哪里）能挣上钱，咱们就去哪搭！"报道开头后的第一个段落就用了这句原汁原味的直接引语，"哪搭"的表述颇具地方特色，整句引语质朴见人。牛场工人李世成这个人物形象通过这句引语，以及他每天早上5点开始给红牛喂料、添水、铲粪等行动体现得更生动，一个普通百姓的质朴形象由此展现大半。

在新闻写作中，直接引语的使用可增强新闻报道的可读性和感染力，还能展现人物个性色彩，让人物"活"起来。该报道对吊沟牛场养牛合作社的介绍，还有国家"三变改革"的政策落实情况也都用了直接引语。

摆事实、写具体，才能有生动

"国家对养牛户有很大的政策扶持，青贮饲料1吨补贴100元，是纯补助政策。养牛的个体户，产牛犊国家补贴2000元，1头能繁母牛补贴8000元。"在吊沟村，国家对养牛户的一系列政策扶持，使得李世成稳妥地走向了乡村振兴的康庄大道。

"政策真的好。"不是抽象的好，而是具体的好。宣传国家政策相关的稿件有个通病，就是生硬，不入耳，不入心。稿件写作中，如何将国家政策体现得生动具体，就是体现为民，具体地为民。摆事实，用事实说话，"事实胜于雄辩"，这是新闻的独特魅力所在。正如这篇报道中李兄里书记介绍说："以前全村有3608亩耕地，荒地占3000亩，现在农发公司通过承包，并给农民土地分红，全村的闲置土地都得以有效利用。"可见政策的好是落到实处的，是看得见的，是政策为民的。

这篇报道需要改进的地方

虽说直接引语具有"一发入魂"之效，但直接引语的使用也不是万金油，引语用得不恰当也会有多而杂乱之感，反而淹没了直接引语的效果。直接引语和间接引语的转换以及叙述、描写、引语、背景之间的勾连组合，需要细细揣摩。

扎根梯田的外乡人和她的养牛生意经

2021 年 10 月 4 日，甘肃省平凉市庄浪县赵墩乡的梯田上正下着小雨，人们也正里里外外忙碌着。井沟村二社的洪彦玉站在牛棚里，像母亲一样望着一只刚出生不到两个月的小牛，满脸欢喜，这是她家里的第五头牛，"等家里有 10 头牛，我就不愁了，老公就不需要在外打工了，就可以回来了。"

"不好的事，七秒就要过去"

上午 11 点 15 分，小雨还在下，山上的温度只有 8 度。洪彦玉已经在家门口等我们很久了，"欢迎欢迎，快进来坐！"她的声音干练，普通话也很标准，扎着利索的马尾辫，穿着羽绒背心和白裤子，脸上的妆容显得很精神。

洪彦玉今年 36 岁，宁夏大武口人，自小在城里长大。本是宁夏万达商场的一名导购，2019 年 2 月嫁到了井沟村。"没受过这样的苦，当时光着脚，坐在地里头，就哭了。"回想起第一次自己和公公婆婆上山种麦子的场景，洪彦玉不禁笑了起来，感叹自己刚来农村时不适应的窘样。

慢慢地，她在融入农村生活的过程中，感受到了公公婆婆亲人般的温暖，乡里乡亲热情淳朴的民风，还有参与农活后对美好生活的珍惜。"来这后，我没有以前那么讲究了。"洪彦玉说这是她最大的改变。

结婚前，老公家养的牛由于品质不好，就卖了。2019 年在政策支持下，洪彦玉一家有了政府送的牛，又开始了养牛生意。前年出生的一头花牛给了他们开养牛场的动力和希望。于是为了攒钱，一家人便分隔两地，老公外出打工，她和公公婆婆在家专心养牛。

"不好的事情，七秒就要过去。"洪彦玉一边笑着跟我们说，一边带我们参观自家的牛棚。院子里的玉米秆子整齐地堆着，比人还高，割好的苜蓿和粉碎好的麦秆也很充足。这些都是为牛过冬准备的饲料，一切都收拾得井井有条。家门口的大丽花在风中摇曳，望向远方。

"我的生意经就是靠着梯田养牛"

赵墩乡井沟村是甘肃省平凉市庄浪县的一个小村落，地处黄土高原，年平均降雨量在400毫米左右，气候干旱。为了生存，从20世纪60年代，这里便开始了长达30年的大修梯田工程，洪彦玉的公公就是其中的一员，他说："我们那一辈吃了苦，到了你们这一辈都享福喽。"

养牛前，一家人靠梯田吃饭，主要种玉米、土豆和胡麻等作物，受雨水的影响，收成并不理想，生活处于入不敷出的状态。养牛后，日子逐渐好起来了，也有了以牛为生的打算。

"国家的政策好啊！"洪彦玉指着政府送的牛，跟我们说，"一般1头牛可以卖到一万二左右，如果生了小牛，政府还有2000块的补助。现在我们养牛，平均每年可以挣三万多。"加上老公在外面打工挣来的收入，家里慢慢地有了存款。

祖辈们修的梯田现在也成了优势，养牛的饲料完全靠自己种，除去营养剂、人工授精等费用，一头牛每年投入在500元左右，大大降低了养牛的成本。

其实，在养牛之前，洪彦玉也曾考虑过出去做生意，但是她的公公腿脚不方便，婆婆又是聋哑人。为了照顾他们，她选择了留在农村，"我公公婆婆人都很好，对我像亲女儿一样"。

近些年，许多农副产品通过电商销售，带火了乡村产业。洪彦玉也考虑过自己做电商，"粉条是我公公做的，都是传统的老手艺，家里亲戚都爱吃"。然而井沟村交通闭塞，地理位置偏远，没有公交车，寄快递只能去乡镇，想要以此增加家庭收入比较难。

"养牛是个保险业，综合各种天时地利人和，其实养牛对我们家来说，最可行。"洪彦玉说着，她的公公也在一旁点头。

现在一家人分工合作养牛也很开心。公公是养牛主力军，洪彦玉和婆婆种地，做一些辅助工作。两个月前，洪彦玉参加了村里组织的科学养牛课，"每年村里都会请县上的老师来授课，之后还有考试"。村里既有给牛看病的兽医，也有牛贩子来收牛，各方面都有保障，养牛很踏实。

"土地是踏实的，人也是踏实的，只要勤劳，就能致富"

两个月前，一只小牛迟迟不出生急坏了洪彦玉一家。打电话一问才知道，原来老公将小牛出生的日子算早了半个月。经过一天天的焦急等待，小牛终于出生了，全家都高兴坏了。"可惜是个公牛，要是母牛就好了！"洪彦玉虽然这么说，但脸上满是笑意。

现在，洪彦玉家里有3头母牛，其中1头已经怀孕，另1头11月份也能人工授精，再加上2头公牛，洪彦玉盘算着："到明年年底，我应该能有10头牛，这样我就不愁了，我老公也能回来了！"

这只两个月大的小牛，让洪彦玉离自己的"理想生活"更近了一步。她最大的愿望是在院子里搭一个两排式的大牛棚，老公回来，有个孩子，靠着土地，以牛为生，一家人团团圆圆幸福生活。

"说实话，结婚前我其实不喜欢孩子，结婚后，就变了。"洪彦玉的卧室墙上唯一贴着的是一张宝宝的图片。结婚三年了，要孩子是夫妻两人最大的心愿，也是老公回来后家里的头等大事。

金秋十月，正值土豆丰收，站在梯田里，洪彦玉看着自己辛苦劳作的成果，满足地笑着。"土地是踏实的，人也是踏实的，只要勤劳，就能致富！我从外乡来，但从心里想，我已经是这里的人，要扎根梯田的。"说到这里，洪彦玉向左手家的方向看了一眼。

在井沟村还有很多这样的养牛户，每户养牛的数量在1到2头，5头算多的。靠近村部有一家大型养牛场，是村里很多人向往的。

从送牛、送热水器到参加科学养殖培训；从大力发展农副产品到提升医疗条件；从富口袋到富脑袋。在庄浪，国家扶持的政策能迅速送到每一位群众家里，梯田上每一个农民都有适合自己的致富路。

"对于我们农民来说，就是踏踏实实努力劳动，换取我们幸福美满的小日子。"洪彦玉笑得踏实而满足。

（温晨钰　王梓涵　白富宙　李晶雯）

手记：

"你的优秀不能只是自己知道"

很幸运，我们庄浪第六小组抽到的选题是"梯田人家的生意经"系列，接地气，以小人物的生活为主。采访前一天的晚上，我们6个人在925房间摇骰子，以此来决定具体的采访对象。我摇的是5，便是洪彦玉一家，赵爱莲老师已经提前踩点，并给了我们采访录音和采访对象的联系方式。

其实，我们两人已经可以听录音开始写稿了，但是我们还是想体会一下采访的过程，于是便踏上了去往赵墩乡井沟村的路程。

我们从酒店出发的时候，天气是阴冷的，我们穿上了秋天的防风外套。两个小时的车程，盘旋蜿蜒的山路让我晕车，不得不下车暂时休息一会儿，伙伴的贴心照顾让我心里很暖。

井沟村比梯田第一村更加偏远，一下车我就在打哆嗦，直到采访结束。

洪彦玉和她的公公耐心地和我们聊着天，在现场采访中我们收获了新的灵感，那是单纯听录音没有的，现场有人物的状态、神情、穿着、语气、房屋摆设等细节。

然而，再满意的采访也无法填补我们第一次写作时遇到的无奈。脑中一直在提醒自己要架构文章，重新组合素材，但是落在键盘上，便是删删写写，两个小时过去了，只写了一个开头。

更大的问题是，我和我的搭档两个人的行文思路差别很大，搭档属于行进记录式，而我属于叙述式。我更想把采访对象一家当作一个缩影，在融合思路的过程中我们也有很大分歧。

最后，我们决定把搭档写的文章当作我们的终稿，我单独写了一篇，都交给了老师。

一切就是那么的突然，回到兰州后，我感冒了，一直在家休息打针，无奈改稿的事情只能落到搭档身上。但是我也希望将我的想法融入文章里，因为想法差别大最后不了了之。

在经过5次改稿后，最终"定稿"了。然而在定稿的一瞬间，我的内心有点波动，我还是有点坚持自己的写作想法。

于是，我给姐姐发了我写的稿子，那时已经打算放弃，只是想得到一个肯定，姐姐说："你的优秀不能只有你自己知道。"这句话激发了我的动力，于是我又把我的稿子发给了韩老师。韩老师也在鼓励我，知道可以一个题材发两篇文章的时候，我又有了信心，开始了改稿的过程。

好的稿子是改出来的，在修改过程中，我也有了很多体会。

（1）标题要突出新闻性、典型性，尽可能多地包含人物、地点、事件等5W新闻要素。题目中的用词要准确，要紧贴时代，我还记得韩亮老师曾吐槽过"梯田西施"这个略显老旧的表达。

（2）文章的开头尽量简洁明了地交代采访的地点。

（3）最重要的是细节，文章的第一个标题"不好的事情，七秒就要过去"，源自洪彦玉的微信名。在我们采访快结束的时候，韩亮老师来到我们的采访点，在添加了洪彦玉的微信后，韩亮老师注意到她的微信名叫作"七秒的记忆"。韩亮老师就根据这个微信名和洪彦玉聊了一句，于是洪彦玉便说出了这句话。比如洪彦玉在卧室里贴了一张宝宝的壁纸，在结婚前其实不喜欢小孩，结婚后就变了。

（4）用数字讲故事，将模糊的概念具体化，"很久"是几分钟，"很重"是多少斤。

（5）多用直接引语，有现场感，画面感。普通话标准也是一个细节，洪彦玉的外地人身份。

（6）添加采访对象的微信。一方面，是为了表达我们的礼貌和感谢，一方面可以让我们的稿件更加准确和丰满。原来文章的结尾是洪彦玉对未来生活的想象，但是最后采用的是洪彦玉的一段直接引语，源自她微信中发来的一段话："对于我们农民来说，没有那么多商机供我们发展，就是踏踏实实努力劳动，换取我们幸福美满的小日子。"

最后，我的稿子也定稿了，交给了编发的老师。

第一次采访，第一次写稿，遇到了很多曲折，但是也有很多收获。首先，采访前的策划很重要，周密的准备使得采访过程更加有方向感，有助于获得有效的信息；其次，便是老师说得周到，及时加采访对象的联系方式，在合适的时间说谢谢，通过微信，我们又获得了更多的细节，完善了稿件；最后，是要对自己有信心，敢于表达自己的想法，努力去争取。

在手记的最后，我要感谢我的采访对象，没有采访对象便没有我们的稿件，感谢赵爱莲老师为我们提供了素材，感谢韩老师和白老师对我们写作的指导，最后还要感谢我的小伙伴们，因为晕车受到了大家的照顾，谢谢谢谢！

（温晨钰）

点评：

把故事写好　为小人物立传

关于洪彦玉选题，因为同学们写作中的想法不同，出了两篇稿件：《扎根梯田的外乡人和她的养牛生意经》和《梯田上的风雨丽人和她的养牛致富梦》。我们鼓励同学们把自己的想法通过写作表达出来再进行比较，这种学习更有效果。

《扎根梯田的外乡人和她的养牛生意经》抓住洪彦玉外乡人的特点，将故事娓娓道来。当城里姑娘嫁到乡下，在陌生的环境里，她如何适应新的生活？如何扎根在这片土地？小人物，大时代，新闻作品不能忽视讲述普罗大众的细微故事，这篇报道恰好就是讲述小人物的故事。文章开头有描写，有叙述，有引语，其中包含时间、地点、人物、天气等多种新闻要素。随后通过主人公洪彦玉的故事，向读者呈现普通农民的生活图景，报道贴近人物、贴近土地，为小人物立传。

抓住人物讲故事

《扎根梯田的外乡人和她的养牛生意经》这篇报道的标题具有极强的概括性和总结性，以最精练的文字将新闻中最重要、最新鲜的内容提示给读者。文章也紧扣"扎根梯田的外乡人"和"她的养牛生意经"来写，用人物带出故事，带出主题。普通人物因为经历和遭遇而成为新闻，它的价值在于它的故事性，即"平常人，非常事"。

要讲庄浪的乡村振兴，就要讲具体事件，而事件需要故事，故事又从人物中来，所以要抓住人物讲故事。抓住人物就是抓住现场、抓住细节。首先是现场，当自小在城里长大的洪彦玉嫁到井沟村并且第一次上山种麦子时，她说："没受过这样的苦，当时光着脚，坐在地里头，就哭了。"这就是现场，更是重现过去的现场。洪彦玉说："不好的事情，七秒就要过去。"这既是引语又是细节，能鲜活地体现人物性格。抓住现场和细节的叙事就像拧紧了发条讲故事。

向文学和电影语言学习

文章开头就写"等家里有10头牛，我就不愁了，老公就不需要在外打工了，就可以回来了。"后面又说洪彦玉盘算着："到明年年底，我应该能有10头牛，这样我就不愁了，我老公也能回来了！"这两句在重复中包含着温暖、等待、选择与期盼，这些都是文学母题中的元素。此处的直接引语深入分析下来不仅包含文学性，而且呈现新闻现场与真实，刻画人物形象，让文字有声音感、有画面感。

写稿件除了向文学学习，还要向电影语言学习，学习电影中空镜头的运用，多一点"闲笔"，用来描写场景、氛围，用来转场，也就是"打断"，"打断"是"重构"的开始。比如"院子里的玉米秆子整齐地堆着，比人还高，割好的苜蓿和粉碎好的麦秆也很充足。这些都是为牛过冬准备的饲料，一切都收拾得井井有条。家门口的大丽花在风中摇曳，望向远方。"这段描写便很有电影语言之感，文字像镜头一样把现场呈现在读者面前。

写出人物的目标

现在因为养牛生活越来越好的洪彦玉，过去又是怎样呢？刚来乡村的她并不适应这里的生活，并且在养牛之前，他们一家靠天吃饭，后来想着做电商销售也不了了之。在不断地选择和尝试下，靠着梯田养牛，成了他们的生意经，也让他们有了现在的生活。对于未来，洪彦玉有着明确的目标，她想让家里的牛再多些，想丈夫回来，再生个孩子。

其实对于洪彦玉来说未来也是目标，也就是带队采访的韩亮老师总结的新闻采写"五个一"中的"一个目标"，"五个一"即一个核心场景、一个人物、一个细节、一组对话、一个目标。写出人物的目标，写她将来如何，使稿件带着悬念，同时也完善齐备了新闻六要素。

　　从现在、过去、将来三个维度写人物，不仅能将故事讲清楚，还能让人物更立体。而这三维度和新闻六要素是契合的，过去、现在、将来也与人物、事件、地点、时间等相对应，不同的时间地点会发生不同的故事。洪彦玉从过去的不适应到如今扎根梯田，并且对未来有目标有期盼，他们一家人过着平淡而踏实的生活。对读者来说，本文将故事清晰地讲述了，洪彦玉这个人物也立住了。

石桥古驿站

——村干部二三事

在广袤的西北版图上，关山山脉高高隆起，像一条巨龙横贯甘陕二省。在关山中段的西麓，有一座村庄，饱经沧桑却又焕发生机。

10月4日上午11点10分，我们到了千年古驿站——庄浪县韩店镇石桥村。冷雨过后，云雾中的石桥静谧而清新，我们的心因即将到来的采风而热乎起来。

来到村部，一个身穿浅绿色夹克的中年男人热情地邀请我们进门，他是石桥村党支部书记朱茂义。从小在村里长大的朱茂义回忆起过去的石桥村感慨万千："那个时候的村子真是一穷二白，村民们住土坯房，走泥巴路，没水没电，吃不饱饭，穿不暖衣，日子过得苦得很。"

这两年，庄浪县大力发展旅游和富民产业，在县委、县政府的指引下，在全体村干部的共同努力下，石桥村发生了翻天覆地的变化，不仅建成了远近闻名的乡村旅游示范基地，还被评选为国家级民主法治示范村。2018年换届选举后，村里又补充了一批年轻的驻村干部和帮扶队，他们走街串户、慰问关心群众，对于村民而言，他们是行走在乡村振兴道路上的"排头兵"。

"来我这吃面的人可多着呢"

"走！我们去农家乐吃一碗地道的手擀面吧，这可比机器压出来的面条好吃多了。"到了饭点，石桥村二社社长陈院生带着我们来到村口旁的一家农家面馆。细雨蒙蒙中的小店，像极了江南水乡的烟雨亭台。

掀开门帘，迎接我们的是一个衣着朴素的阿姨，听说我们过来采访，阿姨便热情地引着我们去参观她平时工作的后厨。用来擀面的大案板，烧柴火的灶台，热气腾腾的大铁锅，一切干净整洁又充满了浓浓的烟火气息，阿姨就是在这里为游客们做出一碗碗可口的手工面条。

"因为下雨，国庆节的游客不多，但天气好的时候来我这吃面的人可多着呢。"一碗面卖10元到14元不等，阿姨凭着做饭的好手艺，不仅收获了游客的好评，收入也实现了正增长。

如今村里像这样的农家乐还有13家，但当初说服村民建设农家乐，可是花了不少力气。有的村民抱着很大的抵触心态，担心办农家乐赔本，迟迟不肯配合工作。"刚开始搞旅游的时候，遇到最大的困难就是和乡亲们的沟通问题。"朱茂义说。

朱茂义和驻村干部们只能挨家挨户地去上门劝说："建设农家乐不需要多大的投入，你只要有做饭的手艺，敞开门欢迎游客上家里吃饭就行。要是把农家乐办起来，政府还会给你补贴钱。"为了让乡亲们切身感受农家乐的好处，朱茂义还带着他们实地考察了周边的旅游景区，看到其他地方的农家乐办得有声有色，村民们犯嘀咕的心才安定下来，放开手脚跟着朱茂义干。

"我可喜欢这张照片哩"

沿着石子路前行，我们和驻村干部一同来到了一座小院。据朱茂义介绍，院子的主人是80岁的老党员梁启明。十来年前，老人家从危房搬迁到现在的水泥新房。2018年，随着石桥村发展为旅游乡村，他和老伴在自家小院也开起了农家乐，主要经营莜麦面和豆面疙瘩，一年一半时间营业也能收入两三万元，3年前实现了小康生活。

梁启明的儿子和儿媳在城里打工，由于工作的特殊性，不能常回家看望他们。前段时间老伴不小心摔倒，腿骨折了，脑部有淤血，农家乐也被迫关掉了。

好在村干部之前有过摸排调查，分析过梁启明家里的情况，虽然没了农家乐的收入，但依靠光伏发电和代养牛分红项目，他们的基本生活可以得到保障。

忽然，毛坯墙上的一张照片引起了我们的注意。走近一看，右下角的脚注写着："习近平总书记考察古浪。"梁启明说："我可喜欢这张照片哩。"2019年，习近平总书记来到甘肃省武威市古浪县考察，和乡亲们坐在一起聊天谈心。这一幕也深深地打动了这位耄耋之年的老人，他从日历上裁下这张照片装进相框挂在墙上。"落灰了我就拿干净的布子擦一擦，照片就和刚挂上去的一样新啦。"

梁启明会使用智能手机，也可以一口气走上10里路。岁月的流逝只是在老人家的容颜上留下痕迹，而心灵的炽热永存。送我们离开时，他紧紧地攥着我们的手："现在石桥村的环境越来越好了，以后一定要常来啊，尝尝奶奶给你们做的油豆面蛋蛋！"

"虽然识字不多，但我想给娃娃最好的陪伴"

刘彩过是石桥村的妇联主任，也是这支驻村干部队伍中的一员。她主要负责村民矛盾调解、老弱孤寡慰问和留守儿童安置等工作。常言道："家家有本难念的经。"刘彩过在处理村民家庭问题时甚感责任重大。

村上有一个叫李强（化名）的孩子，今年上六年级。小时候父母离异，父母再也没来看望过他，只能由奶奶抚养，年幼的他成了村子里的"留守儿童"。刘彩过为他争取村里的福利政策，有文具、书包也会第一时间送来给他。这虽然减轻了李强物质上的困难，但他的学习成绩却着实让刘彩过犯了难。按照李强现在的成绩，明年能不能考上好的初中是一个大问题。刘彩过经常找李强谈心，鼓励他好好学习，孝敬奶奶。李强似乎也把话听进了心里，参加完最近一次家长会的刘彩过兴奋地说道："娃娃在班里拿到了学习进步奖，别提我有多开心了。"

采访快结束时，我们问了刘彩过最后一个问题："您觉得做一名妇联主任最重要的品质是什么？"她害羞地看了看镜头，若有所思地说："虽然我只有小学文凭，认识的字不多，但是我想尽最大能力给娃娃们最好的陪伴。"

（任雪燕　谢文新）

手记：

新闻的力量在脚下

时间是一种充满魔力的尺子，标注时代的变迁，也丈量个人的足迹。历经时间的淘洗，一个记者究竟能走多远呢？这个问题，在写完《石桥古驿站——村干部二三事》时便有了答案。决定一个记者能走多远的，也许从来不是他的知识储备，也不是他的文字功底，最重要的是建立在为国为民的高远站位上，在于对民事民情的深刻洞察和判断上。

采访那天，我和搭档谢文新从庄浪的梯田酒店出发，坐上了去往韩店镇石桥村的小型公交车。天空中飘着细雨，车窗外灰蒙蒙一片，我们都对接下来的采访激动不已，也期待着和采访对象碰撞出火花。

下车的时候，谢文新支付了公交车费用。我提议："不如我们去商店买点水果吧，表达一下心意。"

石桥村坐落在关山脚下，道路两旁的木制栏杆在小雨的冲洗下，显得格外清新。我们就这样来到了千年古驿站"石桥村"。到了村委，村支书热情地接待了我们，他向我们展示了近年来石桥村取得的不俗成绩，也让我们看到了村干部对于工作的事无巨细。印象中非常深刻的一件事，档案室里有序摆放着120户村民信息卡，随便打开一页，村支书都能做到知根知底。上面的每一处数据，每一条文字信息，都是村干部深一脚、浅一脚、挨家挨户、摸底排查出来的。

吃过中午饭，村支书引着我们去了一户老爷爷家。时至今日，爷爷和照片的故事还温暖着我们的心。2019年，习近平总书记来到甘肃省武威市古浪县考察，和乡亲们坐在一起聊天谈心。这一幕也深深地打动了这位耄耋之年的老人，爷爷说："这是我从日历上裁下来的照片，我可喜欢这张照片哩。"十来年前，老人家从危房搬迁到水泥新房，虽说房屋的安全性提高不少，但由于房顶是一排一排的木头椽子，屋子里落土落灰是常有的事，然而爷爷却高兴地说："落灰了我就拿干净的布子擦一擦，照片就和刚挂上去的一样新啦。"爷爷对照片的爱惜，对于政府的信任，对我们的热情都是那么难以忘怀。

虽然，这只是我们作为新闻学子走在基层的第一次尝试，但也是在这次采风活动中，我才真正体会到新闻工作者这一角色的分量。作为记者，不能在电脑前想象新闻，而是要踏踏实实地走入田间地头，走进新闻现场，与采访对象站在一起观察、思考，从大的格局视角出发，在小的、生动的故事处落笔，这是新闻记者走得远、走得久，新闻报道更加有力量的不二法门。

（任雪燕）

点评：

感人的细节　鲜活的引语

《石桥古驿站——村干部二三事》叙述了石桥村的发展历程，从土坯房到水泥新房，从吃穿不足到建农家乐发展产业。这一系列翻天覆地的变化得益于三点，一是国家乡村振兴的好政策，二是干部的实心肠，三是全体村民的求上进。对于这三点起到衔接作用的便是我们的驻村干部，他们响应国家政策，将自己的时间精力全身心投入到农村事业中，立足石桥村的资源和区位优势，大力发展乡村旅游产业，硬生生把石桥村变成了一个集"吃喝玩乐观赏"为一体的明星村落。驻村干部们的细致负责，成就了石桥村，他们是行走在乡村振兴道路上的"排头兵"。

该报道角度全面，从村档案室、农家面馆、村民小院三方面展示了石桥村的发展，通过对村支书朱茂义与妇联主席刘彩过的特写，阐释了村干部在农村振兴发展道路上的重要性。

这个报道最能打动人的是细节。采访中，同学们观察细致，在梁启明老人的家里看到习近平总书记来到甘肃古浪县考察和乡亲们聊天的照片。经了解这张照片是老人从日历上裁下来的，照片落灰了，老人就用干净的布擦一擦。这一细节细腻生动。

此外，人物原汁原味、未经雕饰的语言真实朴实，增强了报道的感染力和可读性。例如"日子过得苦得很"，"很"将苦的程度形象地表达了出来；"我可喜欢这张照片哩"，语气词"哩"字准确地表达了老人的欢喜；"娃娃在班里拿到了学习进步奖"，"娃娃"一词生动体现了刘彩过对学生们的关心爱护。

这篇报道需要改进的地方：

标题应概括报道主旨。标题是第一眼向读者提供本文线索，本报道标题《石桥古驿站——村干部二三事》同时运用了肩题与副题，肩题主虚，副题主实，肩题是为副题服务的，两者应统一于一个主题。本文肩题"石桥古驿站"，第一眼会使读者有本文会说明石桥村为古驿站的历史，而通读全文可得知本文并未对石桥村是一个古驿站做有关叙述，因此肩题特意说明石桥村为古驿站略为不妥。本报道将大量篇幅放在驻村干部对乡村振兴的贡献与石桥村的变化上，因此，我认为题目可改为《乡村振兴——驻村干部二三事》，直接点明报道主题。

人物形象要具体，少用副词和形容词。副词和形容词极具主观性和概括性，一个副词或者形容词的使用会省略很多事实细节。例如"热情地邀请我们进门"，哪些方面体现"热情"，是人物快步走向前迎接，还是伸出双臂拥抱，有一些动作细节说明更好。"朴素的阿姨"她的朴素体现在哪里，是她的穿着打扮，还是面馆的陈设，并未有明确的叙述。"干净整洁"，按常识来说，后厨是最容易杂乱的地方，那么阿姨后厨的干净整洁是怎么体现出来的，是厨具的摆放，还是灶台地面的不染尘埃，建议从细节中体现。

城乡巨变

庄浪县吊沟村：美丽乡村建设"三步曲"

2021年10月4日上午，小雨，驻村干部杨刚强开车带着国庆采风庄浪行小分队抵达甘肃省平凉市庄浪县水洛镇吊沟村。村里红瓦白墙相辉映，道路笔直宽敞，大红灯笼高高挂。即使下了雨，村容村貌依然干净整洁。

"今天是这个村子搬迁后的第468天，一天一个样，变化好大。"杨刚强一下车就指着村子里的水泥路，向我们介绍。路两旁，是深红色和浅绿色交织的灌木丛，各色花朵在雨滴的滋润下显得娇艳动人……

过去的吊沟村是"晴天一身土，雨天一身泥"。2016年1月，工作到晚上7点的杨刚强推开办公室的门，灯下，是雨夹着雪，泥泞的路面结了冰。离家10余公里，杨刚强开着车，一路上提心吊胆。这令他不禁想起村里乡亲们："老乡们天天走这样的路，我心里悲凉。"

但也是在2016年，吊沟村迎来了易地搬迁新阶段：山对面修建了49座白墙红瓦的三合院，水泥路联通了村里的各家各院。新道路宽阔，新房子敞亮，吊沟村旧貌换新颜，一派新气象。

铺了新路、盖了新房，接下来的吊沟村用美丽乡村建设"三步曲"让村容村貌日新月异。

"三步曲"之一：明确乡村卫生责任人

吊沟村村民史九菊是村里的保洁人员，负责打扫划定区域内的卫生。村里共有 13 个人在这个岗位上工作，他们负责不同的区域，共同组成了这个责任明确的清洁团队。

据吊沟村文书李发亮回忆，在过去，吊沟村是垃圾埋沟里，酒瓶扔路上，党群中心门口的草比人还高，村里的卫生全凭村民自觉——各人自扫门前雪，甚至不扫。"现在你看看多干净！"李发亮指着眼前的地面笑道。

就这样，通过与美丽乡村建设相结合，三步曲的第一步让卫生清洁有了明确责任人。

"三步曲"之二：积分超市激发村民参与热情

单价 3 元的抹布需要 8 分，家中常用的钢丝球需要 17 分，一个枕巾需要 40 分，耐用的烧水壶则需要 100 分……

我们走进吊沟村的"巾帼家美积分超市"，不足 10 平方米的房间里，30 多种日常用品整齐地排列在货架上。虽是明码标价，但它们并不用人民币结算，而是以积分兑换。

村民们获取积分的方式是多种多样的：冬天参与扫雪能赚积分，路桥受损出力修缮能赚积分，哪怕是帮隔壁邻居打扫了卫生也能赚积分……不论大事小事，只要肯为村容村貌出力，就能获得 2 到 10 分不等的积分卡作为鼓励。

"积分不是最重要的，重要的是让大家都参与进来。"杨刚强说。

在庄浪，每年的雪从 11 月开始下，一直下到来年 3 月。"只要下雪了，大家就会自发地把路上的雪给扫了。"村文书李发亮语气中有掩不住的骄傲。相比第一步，第二步的积分超市激励了更多的村民参与到美丽乡村建设中去。

"三步曲"之三：垃圾车让小村有了城市待遇

两个后视镜挂着红布条，车座还有未拆的塑封，白色车身微微发亮……一台崭新的垃圾装载车，停在吊沟村党群服务中心的空地上。

这是来自天津市河西区的礼物。作为对口帮扶地，庄浪县每年都会收到河西区的帮扶资金，其中用于吊沟村的有200余万元。今年，为了持续改善吊沟村的村容村貌，县政府利用帮扶资金购置了这辆垃圾装载车及12个大型垃圾箱。按照计划，垃圾箱会分布在村中各处，垃圾一满，就会有专人开着装载车收集、运输。

"轻松了嘛！再不用倒得远远的。"对于史久菊来说，新设备为她的清洁工作带来了实打实的帮助——她终于可以就近倾倒垃圾，而不是拖着它们走到距村口几百米的回收点了。

这辆装载车还连接了城乡之间的垃圾回收网络，让吊沟村能够正式加入城市垃圾回收"朋友圈"。近几年，庄浪县逐步完善垃圾回收设施建设，在乡镇建成生活垃圾填埋场2个、生活垃圾焚烧站4个，形成了户分类、村收集、乡转运、县处理的城乡一体化生活垃圾收集处理链条。

吊沟村的第三步曲解决了垃圾去往何方的根本问题。就这样，小村也有了城市待遇，可以挥手告别那段"垃圾埋沟"里的旧历史了。

鳞次栉比，皆有喜色。吊沟村美丽乡村建设的"三步曲"给我们留下了深刻印象。

在过去，周围的待嫁姑娘一听说对方是吊沟村的，便会连连摇头。而如今，吊沟村有了新面貌。"单身汉都没几个了！"杨刚强乐呵呵笑道。

（曾　甜　段伊航　杜笑微　顾一诺）

手记：

忆我在庄浪的"情怀"体验

将手机备忘录翻至半年前的时间，我的脑海中再次浮现"情怀"这个词。

情怀吊沟人和吊沟人的上山路，情怀企业家和他的情怀淀粉，情怀暖锅店老板和他经久不变、原汁原味的暖锅。

记得从庄浪回来的路上，我的心里久久不能平静，和一路的颠簸没有关系，其实更像是一座又一座大山和山围起来的人情带给我的同频共振。

可是，山能围住人情吗？思绪在这里顿了一下。当然不能。

10月4日早晨8点我们正式出发前往吊沟村进行采访。车子弯弯曲曲驶入村庄。整村搬迁后的新房白墙红瓦十分漂亮，道路笔直宽敞，大红灯笼高高挂。即使下了雨，村容村貌依然干净整洁。我们来到了党群活动中心，村干部杨刚强十分热情地为我们添上了热茶。在对村干部进行简单采访后，他们带我们去附近参观。此后，我们结合明确乡村卫生责任人、积分超市、天津帮扶捐助垃圾车三个新变化组成稿件《庄浪县吊沟村：美丽乡村建设"三步曲"》。

庄浪的10月初冷似冬，有人棉袄有人裙。秋风携雨，采风时瑟瑟发抖的我们抱团取暖后悔没穿秋裤。可是，庄浪的人心很暖，庄浪融媒的王主任和蔼可亲，吊沟村的杨老师一心为民，宏达粉业的朱老板富贵不忘乡亲，就连生产车间的马阿姨也说老板不容易啊。这种"人人为我，我为人人"的氛围很难不令人动容。希望庄浪越来越好，祝愿宏达早日上市。

眼看着车辆载着我们一步步颠簸着走出大山时，我的心也跟着颠起来。

西北大山里走出来的孩子对这抷黄土爱得深沉，对一座座荒山满怀敬畏。总想着这是一片富矿，这就是名副其实的富矿，无限的可能都等待被挖掘。

小时候置身山中不知山之高大，长大后每每回乡从高空俯瞰便觉山之凛然，之壮观，之包容，之无畏，之无私。

可是，山真的无畏吗？为求生存与发展，山早已被人们挖得千疮百孔。我受伤时可以跟父母，跟朋友说，可是，山所经历的痛该诉说给谁？是否又有谁倾听？

那时返校的路上我留下过几句诗：

我们都在夹缝中生存生长

哪里有水

我们就在哪里

哪里有山

我们就在哪里

哪里有生命

我们就在哪里

可惜，生命无处不在

所以我们，无所不在

有路的地方

就有我们

有我们的地方

就会有路

我们似乎常常受困

又好像，无所不能

山里的人淳朴得很，采访过程中遇到的长辈都把我们当孩子，当好学校里走出来的"高材生"，当成眼前的希望。

三天过得很快、很累，也异常充实，回想一下仿佛过了三个礼拜。

白岩松曾说，人们声称的最美好的岁月其实都是最痛苦的，事后回忆起来的时候才那么幸福。

如果能重来，我也想在那个冷雨的凌晨披衣起身，雨夜的梯田广场那么宁静和庄严。

如果能重来，我也想留在最后，和老师同学们在庄浪的大山里徒步、与这大山留下最好的那一刻。

如果能重来……

（买玉花）

点评：

巧妙的引语　鲜活的背景

《庄浪县吊沟村：美丽乡村建设"三步曲"》呈现了吊沟村的美丽生活图景，切中美丽乡村建设这个时代命题，具有很好的新闻价值。稿件在展开当下叙事的同时，巧妙地插入了历史背景，对比手法讲故事，让故事鲜明且有典型意义。

具体来说该文章有以下几个优点：

第一，引语运用到位。在新闻稿件中，通过引语讲故事，一方面可以增加内容的真实性和客观性，另一方面引语弥补了叙述的单调感，采用"叙述＋引语＋描写＋背景"的讲故事手法，可使叙事灵活多变。文章开头自然直接，在展现吊沟村的风貌后，以人物的话"今天是这个村子搬迁后的第468天"交代背景，显得自然流畅，柔化了背景材料的刻板生硬。在讲述"三步曲"之二的积分超市中，作者插入了人物的话："积分不是最重要的，重要的是让大家都参与进来。"这个引语巧妙地点出了积分超市的带动作用，讲出了美丽乡村靠大家的生活道理。结尾处，一句"单身汉都没几个了"鲜活地表现出了吊沟村变化之大、成果之喜。

第二，以白描的手法，简洁生动地勾勒画面。白描的写作手法是新闻作品追求真实性的生动体现，三言两语，用特征勾勒出事物的外形，着重表现事物的朴素之美，语言的简练之风。文章以一个行进式的动态场景开头，自然而有现场感。"红瓦白墙""道路笔直宽敞""深红色和浅绿色交织的灌木丛"，作者通过颜色、形状等特点描摹出了吊沟村的干净整洁。另外，细节点亮了故事，作者把握了画面中的细节，准确呈现出了吊沟村如今的美丽。

第三，背景材料穿插得当。新闻背景是新闻背后的新闻，解释了新闻六要素中的"原因"，解释清楚了故事的过去，便会更加理解现在、展望未来。吊沟村曾经的状况是"晴天一身土，雨天一身泥"，这才有了易地搬迁的举措。在"三步曲"之三中，作者首先描写了垃圾车的外形，随后接入垃圾车从何而来以及为什么来的背景，之后以人物的话"轻松了"表现出这一举措之好，行文自然流畅、逻辑清晰。如果删去背景，则无法表现垃圾车对吊沟村改善村貌的重要作用。

然而，该稿件也有一些不足之处。比如文章中缺失核心场景的呈现。场景包括人物、事件和环境，核心场景是三者连接的纽带，形成关系的自然顺承，即典型环境塑造典型人物、产生典型事件。文章如果增加一些有关村民的小故事，将"村庄的改变"具体化、故事化、人物化，则会将主题表现得更有感染力。如果以一个人物、一个家庭为主线来呈现这个主题，就更好了。当然，这也是采访时间太短、不够深入的结果。

庄浪县万泉镇东部果品交易市场雨中见闻

2021年10月5日上午，我们在蒙蒙细雨中来到甘肃省平凉市庄浪县万泉镇的东部果品交易市场，老远就闻到一股属于苹果的香甜味道。成山的苹果堆放在露天的大棚子里，二十多个"苹果人"忙碌的身影在"苹果山"来回穿梭。再往前走两步，十几个动作麻利的妇女正坐在"苹果山"脚下给苹果分级装箱，一辆十几米长的半挂汽车停在"苹果山"旁，车头挂着江西赣A的牌照。

果品交易市场老板田岁茂介绍说，这些"苹果人"像"候鸟"一般，在每年的十月初都会聚集在万泉镇。

"来，吃苹果，今年的苹果个大，吃着瓷实。"田岁茂一边招呼我们往里面走，一边往我们怀里塞苹果，拍了拍身上的土又接着向果棚另一头喊，"旭东，把捡完的这几箱子拉到后面的库房，那边还有没挑的抓紧拉过来分拣，江西的这趟早上一定要发出去。"

"成哩！云云她们今天早上快，我看一早上已经挑出来好几十箱子了。"答话的人叫钱旭东，他正在把装好箱的苹果往一起拉。"要苹果的话，富士一斤三块五，花牛一斤两块五，只要批发的价格。你们留下地址，我给你们邮过来，现在邮政有助农项目，我们发一箱子能把价格压得很低，等你们回去，苹果也就到了。"说话时，钱旭东手上的动作一刻也没有停歇。

"旭东，赶紧过来把这一箱子苹果拉过去，你屋里没几亩地，你哪来的苹果卖。"坐在马扎上的特等工杜云云头上包着一条亮橙色的头巾，两个腿上裹着塑料膜，芥末绿色的毛衣外边套了驼色外套，这时的室外温度是9℃。"我早上装30箱子，下午再装40箱子，我就能拿上120元了，今晚给家里买上两斤肉，美得很。"杜云云手上戴着手套，拿起一个苹果扫一眼，掂一下，擦掉上面的土，套上网套，三五秒就完成了一个苹果的分拣工作。

这时，来自江西南昌的半挂车司机晏永斌朝着半挂车上喊道："后面只能装七层，不要装多了，放的时候轻一点，不要摔坏了。"他说完又绕到车的另外一侧，说："我下午就要走，1500多公里，要开一天的车，过路费也要收好几千，我送得迟了老板还要扣我钱，你说我难不难。"

"晏老板你再不要叫唤难了，你不想干了我干。你跟我们田老板2016年就开始代卖苹果，我听说你们还送到尼泊尔、印度去，你给我们讲一下嘛。"站在半挂卡车上的搬运工高总义接过底下递过来的箱子，整齐地码放在大车货仓里。一个箱子里能装50个苹果，他一次可以搬两箱。

"吃饭哩，吃饭哩，快换着吃来。今儿个烩的汤下了些面，香得很。"做饭的大娘田小霞手里提着锅盖从一排简易板房里走了过来，板房前支着一口铁锅，从远处看几个人端着碗围着热气腾腾的锅。"义东，你也快些弄完了过来，面下好了，时间长就要坨住了。"田大娘还往车里面探头看了一看。

"小霞，今天你要上电视了，你过来说上两句。"不知道谁说了一句，大家都停下手里的活笑了起来，田小霞害羞地用锅盖遮住了自己泛着红晕的脸。

下午4点30分，随着一阵响亮的引擎声，一辆满载着红彤彤花牛苹果的半挂车缓缓驶出交易市场的大门。老板田岁茂笔直地站在门口，在大车扬起的尘土里举起手机拍了一段视频，目送车辆离去。他松了一口气，期待着今年的开门红。下午4点48分，田岁茂在朋友圈发了一条视频并写道:2021年的第一车发走了。

目前万泉镇有果园3.78万亩，今年果品总产量预计达到12万吨以上，已建成南山万亩、高邵塬、三万坪、北川、徐城坟湾等优质苹果示范基地10处，累计建成果品贮藏经销企业 15 家、总贮藏能力达到 9 万吨，有农民专业合作社 43 家，电商服务网点 21 家、物流快递企业 13 家，有苹果贩运大户 100 多户，果品经纪人 300 余人。

据了解，万泉镇东部果品交易市场还要继续扩建。一车一车的庄浪苹果将会从这里出发，让全国人民都品尝到这份"庄浪甜"。

（顾一诺　曾甜　杜笑微　段伊航）

手记：

跌倒了也要抓把土
——庄浪采访实录

2021 年 10 月 3 日，天气阴沉沉。从秦安站下车转乘大巴一个小时，下午 5 点我们到达了庄浪。这是我人生中第一次新闻采访，也是我从广告人到新闻人转变的实践。我们小组有 4 位同学，我、杜笑微、曾甜、段伊航，共成稿 5 篇。

在游览了紫荆山，了解本地的基本情况后，我们小组开始了采访准备。我们分到的选题是庄浪县水洛镇吊沟村整村搬迁，吊沟村由于地形劣势长期处于贫困状态。在出发之前我们就已经查阅了关于吊沟村的产业信息，拟好了采访问题。

10 月 4 日，刚讨论完采访细节，洗漱完毕我躺在床上听见一阵敲门声。组长杜笑微叫我下去一起去拍视频，我伸头一看，窗外下起了中雨。

雨淅淅沥沥下着，西伯利亚的风越过蒙古，秋天要来了。我冷得一直发抖，但是止不住内心的喜悦。摄像师赵普庆用塑料袋裹着相机，我们在雨中的梯田广场完成了一条即兴口播新闻现场。雨水落在梯田广场，打在我们身上，我们仿佛看到庄浪人民当年修筑梯田时大汗淋漓的场景。

我们还去参观了吊沟村宫灯厂，但由于一些特殊原因采访遇阻，我们反映给韩亮老师后，老师帮我们小组联系了万泉镇苹果的选题。跌倒了也要抓把土，我们按照掌握的采访素材完成了这篇稿件。

在结束中午的采访后，张华老师与我们商量去品尝一下当地的美食——暖锅。方向感还行的我按照导航带大家找到了一家店，距离紫荆山800米。老板热情地与我们聊起了天，他家有两个学艺术的孩子，正是这家小小的暖锅店让两个孩子成就了艺术梦，生活中处处充满了故事。

10月5日，我们在村干部的带领下来到了甘肃省平凉市庄浪县万泉镇东部果品交易市场，从果农手里收购的苹果小山似的堆着，二十来个工人忙碌且井井有条地打包装车，这是东部果品交易市场2021年的第一车苹果。我们仔细观察，这里的场景特别适合写一篇现场新闻，我们分别以果品交易市场老板田岁茂指挥装车、女工杜云云装苹果、半挂车司机晏永斌、做饭大娘田小霞为场景，写了这篇《庄浪县万泉镇东部果品交易市场雨中见闻》，我在庄浪见到了比苹果还要甜的笑容。

有意思的是，在晚上梳理采访录音的时候，万泉镇苹果电商领头人史泽鹏联系到了我们，表示愿意接受我们的采访。我们约在一家火锅店，开始了采访。与其说是采访，其实更像是闲聊。我第一次以这种形式进行采访，对话题方向的把握不是很到位，但这对于在《光明日报》发表过评论的杜笑微来讲是小菜一碟，我在他旁边学到了很多。韩亮老师说，在采访结束时抛出问题的回答也许才是最有价值的，我实践了一下，确实如此。

结束这场采访已经晚上11点，我们梳理了一下采访稿，决定以苹果园种植人李玉平、苹果收购人田岁茂、苹果电商带货人史泽鹏三个苹果人串起整个庄浪苹果产业。

10月6日，庄浪采访结束，我们的稿件还在继续写着，这次采访的收获对我的影响也在持续。

（顾一诺）

点评：

用对话呈现新闻现场

2021年10月5日，兰大新闻学子来到了甘肃省平凉市庄浪县万泉镇东部果品交易市场。红红的苹果像小山一样堆着，东部果品交易市场2021年的第一车苹果就要发出，20多个工人正忙着打包苹果并装车，市场里充满着收获后的喜庆气氛，处处是"比苹果还要甜的笑容"。同学们发现，这里的场景特别适合写一篇现场报道，他们通过果品交易市场老板田岁茂指挥装车、女工杜云云装苹果、搬运工高总义装车、田小霞做饭等场景，完成报道《庄浪县万泉镇东部果品交易市场雨中见闻》。这篇报道充满现实生活本身所具有的烟火气息，其最突出的特点是通过对话呈现现场。

对话直观地反映新闻事件的发生变化

"旭东，把捡完的这几箱子拉到后面的库房，那边还有没挑的抓紧拉过来分拣，江西的这趟早上一定要发出去。"

"成哩！云云她们今天早上快，我看一早上已经挑出来好几十箱子。"

"我下午就要走，1500多公里，要开一天的车，过路费也要收好几千，我送得迟了老板还要扣我钱，你说我难不难。"

"晏老板你再不要叫唤难了，你不想干了我干。你跟我们田老板2016年就开始代卖苹果，我听说你们还送到尼泊尔、印度去，你给我们讲一下嘛。"

……

生动鲜活的对话不断出现在报道中，在这些对话中有鲜活的人物、有生动的事件、有人物和事件的背景……

对话是人与人之间交流的一种方式，它包括两人之间的对答，一个人与多个人的交谈等。对话作为叙述新闻事实的一种方式，可以真实、直观地反映事件以及变化，表现出事件发生时的周围环境、人的心理活动等，对于叙述事实、深化主题有很重要的作用。《庄浪县万泉镇东部果品交易市场雨中见闻》的作者巧妙地用对话代替叙述，通过人物的直接交流生动形象地讲述了果品交易市场的故事，简练、富有感染力并具有即时感。

对话在保证新闻真实、客观的同时更亲切

美国新闻学者梅尔文·门彻曾指出："如果新闻事件的参与者直接说话，那么这件事必是真实无疑。"通过参与者们的对话，能够使读者相信新闻报道的真实性和客观性。例如，"你跟我们田老板2016年就开始代卖苹果，我听说你们还送到尼泊尔、印度去，你给我们讲一下嘛。"高总义的几句话，在表达庄浪苹果走向国外的信息的同时，也为田岁茂树立了一个成熟、有经验的老板形象。

此外，乡音最朴实、最亲切、最真实，对话中方言的使用，会使新闻报道保证新闻客观性的基础上更具有人性的温度和感染力。例如，文中"我早上装30箱子，下午再装40箱子，我就能拿上120元了，今晚给家里买上两斤肉，美得很。""你再不要叫唤难了。""你给我们讲一下嘛。""香得很！"从搬运工到烧饭阿姨，对话中原汁原味的乡音，使报道实实在在亲近贴合百姓生活，让读者听着熟悉，读着亲切，就像是一位老友用土话和我们说事情，拉近了读者和新闻对象之间的心灵距离。

细节与对话交织，引发读者思考

报道中有趣的对话，能够激起读者的阅读兴趣，而对说话人神态、动作等典型细节的捕捉则能够表现环境、刻画人物、突出主题，并引发读者思考。例如，"田岁茂一边招呼我们往里面走，一边往我们怀里塞苹果，拍了拍身上的土又接着向果棚另一头喊，'旭东……'""塞苹果""拍土""喊"三个连续的动作表现了人物的干练、豪爽、热情好客，"拍了拍身上的土"，看似不经意的动作细节，体现出了西北风沙大的环境特征。"亮橙色的头巾，两个腿上裹着塑料膜，芥末

绿色的毛衣外边套了驼色外套。"这段对杜云云的细节描写，向读者展现了一个朴实、爱漂亮的妇女形象，套着塑料膜的腿也体现了较好的卫生把控。最后，在文末，田岁茂"笔直地站在门口，在大车扬起的尘土里举起手机拍了一段视频"，"笔直地"和"尘土里"体现了环境、人物的坚毅，以及苹果人对2021年第一车苹果的重视。

　　这篇报道生动、鲜活，具有现场感，不足之处是标题《庄浪县万泉镇东部果品交易市场雨中见闻》太过平淡，没有新闻点，不够吸引人。如果能够抓住"万泉镇东部果品交易市场2021年第一车苹果发出"这个新闻点定主题、拟标题，这篇报道采写得会更好。

响亮在庄浪梯田上的电商直播

"再见！再见！我们镇上8号、9号有个丰收节，这里能看到更好的苹果，你们能来就都过来吧。"李彪的话音随着庄浪梯田上的山风远去，身影逐渐消失在曲折交错的梯田线条里。

2021年10月4日下午3点55分，驱车33公里之后，我们国庆采风小分队终于来到甘肃省平凉市庄浪县卧龙镇，采访庄浪县第一批乐村淘体验店经营者李彪。面前的西北汉子留着利落的寸头，戴防晒的变色眼镜，黑色的外套上还带着工作后来不及清理的灰尘，他足足高出我们一头，脸上的笑容让我们有一种亲近感。

说起这个返乡人，真的不简单……

十年，整整十年

"我在山东待了十年，整整十年，现在我的手机号还是山东的哩。"

谈起卖苹果之前的事情，37岁的李彪似乎有很多话要跟我们说。大学毕业后，由于当时庄浪的就业前景不太好，他选择去山东谋出路。这一走，就是整整十年。十年间，他搞生产、做劳务、忙创业……从事时间最长的是光伏销售工作。在庄浪平均工资500元的时候，李彪在山东就可以拿到2000元左右的工资了。

谈起回家卖苹果的缘由,李彪平静地说:"小孩儿太小,一家人不能在一起。"也正是因为对家人的牵挂,对这片灵动土地的思念,李彪最终决定回到家乡。

从小卖部到合作社

"刚开始回来没事做,看有转出来的小卖部就先干了起来。"2016年,刚回家的李彪和爱人开起了属于自己的小超市,一开始只是做些烟酒茶糖的买卖。后来李彪凭借前些年在外闯荡积攒的人脉,慢慢做起了农产品外销生意。

"把农产品变成商品,让农户有收入补贴家用,每当看到老百姓数钱的样子,我真心觉得我做这件事情是值得的!"回忆起2016年收核桃的经历李彪不禁感叹道。

乘着国家政策和宋小霞搞"乐村淘"平台的东风,李彪的小卖部开始走上电商路。由小做大、从零售到批发,小卖部的大路子可不好走。转型初期既没经验,也没资金,正如宋小霞所说"大家都是摸着石头在过河"。缺乏经验,李彪就去培训班、帮扶会取经;没有资金,就想尽办法筹资。在他的朋友圈里,除了满满的苹果分享,还有种植观摩会、电商培训班、专项培训等,这都是他的"技术宝库"。凭着回村这几年踏实的办事态度,不少农户表示:"信得过,你先卖,卖完再给钱就行嘛!"这很大程度上缓解了李彪在起步初期的资金压力。

作为庄浪县第一批"乐村淘"体验店的经营者,李彪正赶上了好时候。庄浪县政府坚持"六位一体"的电子商务发展模式,建立起了完善的组织机构、管理模式、人才队伍,为全县电子商务产业跨越发展注入了活力。"一开始只是在朋友圈卖,有点儿规模了我们就开了自己的淘宝、拼多多店铺。社会大势在推着我们向前走,现在我们也开通快手和抖音账号了。"说起这两年的发展,李彪挺直了腰杆。

2019年,在政府的帮扶下,李彪的"乐村淘"体验店正式升级为合作社。如今,合作社已经发展到近20人,这成为外销的坚实力量。

"咱们的'量',正翻倍增长"

秋雨袭庄浪,十月初的梯田已经蒙上了层层寒意,在公路上盘旋近两个小时后,我们终于来到了平均海拔1800米的大庄村,这里是李彪的直播"基地"。

"这是我们甘肃庄浪梯田的花牛苹果,它性温不凉,特别适合咱们家里老人和小孩食用!吃起来有AD钙奶的味儿啊,想吃的朋友点击我们下方的链接下单就可以了哈。"热情的直播声瞬间冲散了我们刚下车的满身凉意,主播关训兵正在向直播间的"家人们"推销刚摘下来的花牛苹果。在他对面,堆积到齐墙高的苹果正等待着被送抵厦门、上海、深圳、江苏等地。

"平常都是在果园直播的,尤其是摘苹果、装苹果的场面,那才是我们的常态嘞!今天下雨就在咱们快递收发点这边了。"李彪告诉我们。

随着不断弹出的订单框,这间坐落在梯田上的直播间也热闹了起来。眼瞧关训兵手中的花牛苹果已经吃了一半,李彪拉着我们去看其他品种的果子。"这是黄元帅,它和正在卖的花牛、红元帅都是咱们的主销。靠山吃山,靠水吃水,咱们只有苹果,那就好好做苹果!"李彪的语气很平静,也很坚定。

"你要说这一年具体能在我这儿走多少斤苹果,我说不清,但这个规模是每年都在翻番的。我刚做电商那年,收3000块钱的苹果都卖不完,现在下果收的量明年五六月就能清仓。"仓库门口的小狗绕着圈地在人群旁打转儿,李彪和大伙儿聊着他的合作社,身后是静宁与庄浪交界的梯田"苹果山"。

今年是李彪做电商的第五个年头了。从繁华都市到田间地头,李彪是怀揣着"大梦"的实干者,返乡立业的他为自己又安排了一次"临时出走"。他表示:"过两天我和朋友们要去深圳,在大街上让人们尝一尝我们庄浪的苹果。这样可能慢一些,但是可以让更多的人知道庄浪苹果。"

他说:"我相信庄浪的苹果肯定会畅销全国!"

（于新新　牛可心　肖　枭　闫雪婷）

手记：

踏上庄浪：我的路与离

说起西北，总会生出一股执剑走天涯的侠客气。

兰州求学，是我第一次来到西北。

我曾以为所谓的群山阻隔，不过是 Z273 的绿皮火车自胶东丘陵悠然驶向西部高原的景象，重峦叠嶂但不乏绿林连绵，不见羽翼但闻百啭千啼。直到踏上开往秦安的列车，再不是华北平原上的满眼绿意，连续穿山隧道的震鸣声直让人怀疑患上耳鸣了。恍惚之间，直到那一刻才真正意识到：这方算踏上西北的第一步。

路

采风归来，在转发"庄浪创业者宋小霞"的报道时，我将此行的几个关键时间点做了简单总结：从榆中到庄浪，我们用了 7 个小时；从庄浪到果园，我们用了 3 个小时；从果园到梯田，我们用了 4 个小时；从采风到归来，我们走了 4 个日夜；从归来到发稿，他们熬了 3 个凌晨；（创业者李彪）从创业到现在，已经有了 6 个年头。而这故事，仍有说不尽的将来。

尽管 4 天的国庆采风恍然即逝，但镜头记录了空间的位移，我们走过每一步，也都承载着时间的印记。

说起真正的采访报道经历，我并没有太大的发言权。尽管本科专业同属新闻传播，然而真正的采访报道经验，对我来说仍是极其匮乏。无论是在电视台的实践，还是实习中的商业化运营，都只是暂留温意的站点，只有走在路上，才有真正的归属感。

10 月初的庄浪，久旱逢阴雨，采访时宋小霞夫妇带着我们一行 7 人缓缓沿着山路往上爬。路窄而泥泞，雨天仍未挡住果园技术员董尚红一家的热情，小组成员也有幸两次上门采访，记录这位共产党员充满传奇色彩的前半生。

庄浪的路，不仅仅是我们发现故事的指引者，更是中国乡村致富的见证者。2020年年底高速线路陆续通车，农产品运费下降至之前的1/3，庄浪人民的致富振兴路终于不再泥泞。

很不幸，我们在写稿时遇到了那个最让人头疼的家伙——题目。韩亮老师多次强调过"题是一半文"，题目是文章的额头与眼睛，在题目中要突出最显著的要素。虽然采访过程中当即决定了选题——梯田上的电商直播间，但却在定稿前夕遇到了棘手的问题，新闻六要素并不能完全凸显报道的主题。加上主人公特殊的户籍因素，我们的标题一改再改，从"庄浪梯田上的电商直播间——记大庄镇返乡人李彪"，到"建在庄浪梯田上的电商直播间——记卧龙镇返乡创业人李彪"，再到"活跃在庄浪梯田上的电商直播间——记卧龙镇返乡创业人李彪"。几次改动的题目都略显死板无生气，尽管已经说明了事件的基本要素和主人公，却并没有起到画龙点睛的作用，反而容易使其埋没在泛泛的报道文海之中。在韩亮老师的指导下，最终我们将定稿题目确定为"响亮在庄浪梯田上的电商直播"，替换为更为灵动的动词，突出最吸引人的要素点，将副题中的新闻要素放在文章篇首加以介绍，以保证受众阅读的流畅感。

庄浪之行是我真正踏上西北、认识西北的第一步，未来的故事，也由此拉开序幕。

夜

来到庄浪的第一个晚上，老师迅速组织同学们召开选题对接会。尽管并不是事件性报道，一旦踏上这片土地，时间就成了所有采访者需要关注的问题。如何充分利用好现有行程安排采访？怎样快速抓住新闻要点进行报道？怎么在最短时间写出最优质的稿件？成为我们每个"新兵"娃娃们必须要关注的问题。

当天夜里，庄浪的雨正式拉开帘幕。特殊的天气原因导致我们第二天的采访并没有想象中那么顺利，预选题难以继续推进。晚上回宾馆后小组立即根据当前的采访条件重新寻找新的采访点，"卖灯笼""做电商""农产品运输生命线""果园老党员"……头脑风暴式的讨论逐渐为接下来的采访理清思路，讨论结束整理完备采资料后又是凌晨，接下来的采访对当时的我们而言充满挑战和未知。

　　第三天的采访我们顺利地找到了合适的选题，傍晚回到庄浪县城时，夜幕早已降临，我们在雨中、在街头、在梯田广场，一路唱着《歌唱祖国》，来纪念这意义非凡的祖国诞辰。临近凌晨，和牛牛一边写初稿、一边不断修订着文章结构，回忆采访场景、人物动作神情，反复确认录音文件，以确保文本的真实性。为了呼应并进一步解释标题，在文章开头如何自然地引入人物、表现人物性格特征并说明采访时间地点成为争议最大的地方。这时，肖枭为我们提供了一个新的视角——倒叙顺叙相结合。借助直接引语，重现离别场景，再将视角拉回至刚刚到达采访地点的时间，多用直接引语和数字，将抽象概念和人物形象具象化，或许我们就能找寻到黑夜中的那颗启明星了。

　　凌晨3点，完成初稿，脑海中循环着李彪大哥的那句："可是他们不理解啊！"字里行间似乎已然讲完了这位返乡人十五六年的漂泊史，却仍无法诉清这个西北汉子的满腔抱负。新闻人不应仅仅是个说书人，还应该是个作曲家，当然这一点并不是说要反对新闻的客观中立性，而是尽量还原事实的原貌和主人公的情感状态。洗漱之后躺在床上，辗转难寐。广场的光透过窗帘挤进屋内，这不就正像李彪大哥给自己辟开的路？默默打开微信给自己的账号发了"希望"两个字，此时的困顿不就是对未来的无限希望？换个角度讲故事未尝不可。

　　2021年初秋的夜，平静而沉寂的黑暗中，酝酿着思想的新生。

离

　　离开庄浪的最后一个上午，在朝那湫的亭子隔着一道浅水沟壑的对岸，我和这位穿着蓝色上衣的女人遥遥相望。她站在远处的山坡上，我看不清晰她真实的容貌，只有大概轮廓，时而抬起头朝着我们这边远眺，时而低下头玩弄手指。站在亭子的栏杆旁，我知道她在看我们，或许她也知道我在远望着她吧，有股冲动很想高高地举起手来和她打声招呼，又恐突然的热情打破眼下的默契与美好。

她就站在那里，一坡一杆一树一人，不必言说已经成为故事中的主人公。其实我是矛盾的，既想始终保持这份沉默的美好和静谧，又想立马冲过去和她聊聊天，哪怕不是采访。只不过稍作短暂停留过后，我们一行要正式踏上回去的路了，而我，最终也没有鼓起勇气打声招呼，只在匆忙离开时举起手机拍下了这一幕。每逢再看，虽然模糊只见轮廓，但那时的种种情感还是会涌上心头。

不得不承认，多少是遗憾的，没有做到"新闻永远在路上"，错失了此行本应寻找的故事，只能在上车之后寥寥几句以作留念，但我偶尔也略带庆幸这一个未知的故事可以永远保持它的神秘，让我永怀热爱之心。

用脚步丈量走过的每一寸山河大地，用眼睛发现所有平凡中的不平凡，用脑力搭建故事思维深度，用笔尖刻画每一份真实与感动。然后，用一生去做一个更好的新闻人。

庄浪行于我而言，某种意义上是第一次真正的出发，远行以践知。第一次将自己的稿子作为正式的稿件投向媒体，这是路的开始，我也希望可以用自己的努力走得更远。庄浪之行已远去，但也未曾真正离开，我仍旧关注着李彪大哥的直播动态，仍旧收到李大哥线上观花会的邀请；每次翻相册看到那张"山坡上穿蓝色上衣的女人"的照片时，犹豫与冲动的情感还是交织不断，也不断警醒着继续前行的自己。

想了许久决定还是将"离"与蓝衣女人的经历写在这里，或许这段插曲并不会给我带来专业能力上的提升，却是这一路上为数不多的精神财富和情感动力。

感谢所有为这次采风准备的老师们，感谢小组的小伙伴们，感谢能够踏出这一步的自己。

（于新新）

点评：

张弛有度　重视行文中的节奏感

本篇报道以李彪的十年经历为线索，讲述了李彪毕业后在外省从事光伏销售工作，毕业十年后回家乡卖苹果的历程，重点叙述了回家乡后做电商过程中遇到的困难以及解决的途径。写作上贴近实际，贴近生活，以一名果农经营小卖部到发展为合作社的成长，呈现了国家乡村振兴政策的实施效果。

该文是在时间维度上展开的动态表达，文本中的人物行动、事件发展、叙事节奏快于现实节奏，实现对事实的动态再现。主要运用概述通过简短的文字将比较长的时间一笔带过，如"这一走，就是整整十年"。明确交代了返乡前在外打拼的时间。

该文叙事速度的有效调节方式还包括对语流的掌控，欢欣的、跳跃的叙事语流形成明快的节奏，如"把农产品变成商品，让农户有收入补贴家用，每当看到老百姓数钱的样子，我真心觉得我做这件事情是值得的"，让读者感受到李彪真心为大家服务的热情态度。有时又适当放慢速度，如描写李彪和大伙儿聊合作社时的骄傲与决心，就是一种减速，易与读者产生共情。

另外，作者通过叙述、引语、描写、背景等几个方面的穿插，使行文的节奏有所变化，例如，该文开头以采访结束时的场景切入，以采访者的角度展示人物形象，"'再见！再见！我们镇上8号、9号有个丰收节，这里能看到更好的苹果，你们能来就都过来吧。'李彪的话音随着庄浪梯田上的山风远去，身影逐渐消失在曲折交错的梯田线条里。"就是引语＋描写。"眼瞧关训兵手中的花牛苹果已经吃了一半，李彪拉着我们去看其他品种的果子。'这是黄元帅，它和正在卖的花牛、红元帅都是咱们的主销。靠山吃山，靠水吃水，咱们只有苹果，那就好好做苹果！'李彪的语气很平静，也很坚定。"则是叙事＋引语＋描写。

可以看出，作者通过一些方式调节行文的节奏，但是做得还不够精细，如果能够精练引语、实时穿插背景、合理安排材料，效果会更好。

本篇报道可改进之处：

提炼重点，突出主题。该报道的标题是《响亮在庄浪梯田上的电商直播》，突出吸引人的新闻要素，但是报道点过于繁杂，开头叙述了李彪决定回乡卖苹果的缘由，接着分别叙述了从小卖部到合作社的发展过程，销售的果量，最后以人物下决心的话语作为结尾，整体没有突出题目中的"电商直播"。建议重点叙述发展电商直播的过程，给销售苹果带来的影响等。

多角度叙述，使人物立体化。整篇文章内容多以人物直接引语展开，少了其他人观察的视角，人物较为孤立，整个布局过于封闭，建议多角度观察。

增加事件必要的背景，形成今昔对照。把事件融入时代变革的大背景中，把"电商直播"放到纵向的时间维度中，观察这一新生事物对生活、生产和经济活动的影响。

荒草变绿林　绿林变景区
——雨中探访庄浪紫荆山记事

2021 年 10 月 5 日早 9 点，甘肃省平凉市庄浪县，淅淅沥沥的小雨已经下了三天，我们去采访紫荆山管理所职工文婧。

庄浪不大，有四个城，东西南北城。紫荆山位于庄浪县南北洛河交汇之地，因山体遍植紫荆树而得名。当地人说紫荆山是庄浪城的好风水，有老故事，更有新故事。

泥泞路到"通天梯"

"以前我妈妈带着我上山挖洋芋，现在我妈妈带着我上山跳广场舞。"金秀商店的店主说，"可是我不太爱跳广场舞，要是有些健身器材就好了。"

我们一行人上山前在商店买水，和店主聊起紫荆山公园时，她说："紫荆山对我们来说，与其说是景点，倒不如说是生活场所。"

我们向店主询问了上山的近路，虽然雨天路滑，但我们觉得影响不大。不久之后，我们后悔了。所谓的近路根本就不是"路"。我们在梯田埂间行走，在灌木丛中穿梭，从陡坡荒地到农田，摔了不止一次。

"你们怎么搞成这样？"看着一身狼狈的我们，文婧问道。当听到我们上山的种种不易后，她笑着指道："这儿就有楼梯。"这是一条"通天梯"，从山脚直通山顶。我们之前在蜿蜒曲折的小道上艰难行走，似乎是白费力气。

"不下雨的时候，现在这里应该有很多人的，"文婧指着宋堡前的广场，"这里以前是一条大沟，六七年前才有了这个广场。"看着偌大的广场，我们不禁想象起这里之前的样子。这里以前叫耙子沟，有二十多米深，近百米宽。

环绕广场可以看到大半个庄浪，雨后的薄雾为城市掩上了朦胧的面纱。远处的房屋在云雾中若隐若现。而紫荆山在云雾中，隐隐绰绰，披着蝉翼一般的薄纱，脉脉含情，明眸不语。以前这里的居民，要看到这样的景象，恐怕也要像我们一样搞得两脚泥泞。可是现在，只需在石阶步行几分钟即可。

土城墙到"宋长城"

"这里以前是土城墙，有很多豁口，"文婧指着面前的青砖城墙向我们说道，"上边长满了荒草，草里有时候还有蛇，但我们不怕。"

宋堡的修复是从 2012 年正式开始的，如今的宋堡，早已从破败的土城墙变成了坚固巍峨的青砖城墙。城墙上插满了宋旗，威风凛凛，厚重的历史感随风迎面扑来，让人仿若置身于庆历四年（1044 年）宋城初建之时。重建之前的宋堡坐东面西，周长 444.2 米，呈长方形状。城门两侧设有 3 米见方、7 米之高的土筑门阙高台两座，上有门阙，以天桥与城上贯通，古代门卫岗哨便于投石、放箭，以防敌人火攻城门。

从城墙往内看，是一个呈八卦状的花坛，文婧告诉我们，紫荆山上的佛、儒、道建筑中以道教为主，再加上城池里的唐柏自然生长成了类似八卦的模样，于是便在这里建了一个八卦状的花坛，坛中间那两口井恰如阴阳鱼的眼睛。

从 2003 年到紫荆山管理所工作至今，巡山是文婧的日常工作之一。以前禁止人们上宋堡，既是为了文物保护，也是为了安全，管理所 24 小时都要有人值班。

"以前逢年过节的时候，我们会在城楼上挂灯笼。"文婧略显失落地说，"路不好走，也没有多少人上来看，但我们依旧会做。"这是对于所有人的节日，这也是属于管理人员的仪式感。宋堡对文婧而言，不仅是一座城池，更多的是一种热爱，一种守护。

一棵树到满山林

"学校会组织我们上山种树，我们那代人都是如此。"紫荆山管理所内，文婧告诉我们，"那时候我们每个人只挑半桶水，不敢太多，山路不好走，怕洒路上。"

宋堡的西面，是二郎山。这里以前是田地和荒山，没有什么树，如今成了一片生态园林。错落有致的梯田，绿绿葱葱的松树和柏树在雨水的映衬下显得鲜亮。山间野花盛开，雨滴挂在花瓣上。

庄浪属贫水区，不同程度干旱天气年发生率为90.9%，基岩山地和丘陵沟壑占总面积95.3%。在干旱的同时，还伴随着水土流失，年均流失泥沙约1008万吨。

"我们这里太干旱了，那时候往山上运水也难。"她叹了一口气，"我们小时候种了很多树，可是活下来的并不多。"

庄浪的全民植树活动已经持续30余年。从小学到高中的学生，从普通民众到党政机关干部职工，大家每年会自发或集体来山上植树。如今的条件大不一样了，从用肩挑到用车拉，从管道运到修水库，灌溉的问题终于被解决了。"现在保栽保活。"文婧流露出难掩的骄傲。

我们沿着小径盘曲而下，道旁的树木茂盛，松柏主干挺拔，针叶茂密厚实。"树木丛生，百草丰茂"，我们感叹于紫荆山变化的不易，一如很多年前诗人所写下诗句时的心情。

从工地到"不夜城"

从紫荆山管理所出来后，我们被起重机转动的轰鸣声所吸引。从"紫荆路"的指示牌向前看去，在看不到的尽头的道路两边，是被脚手架和安全网包裹着的正在施工的建筑。

从已经盖好的歇山顶和悬山顶不难看出是仿古式建筑，和紫荆山上的建筑相得益彰，面前的建设工程规划监督公示牌显示，这里要建一个商业休闲区：西起南巷子，东至紫荆广场，南靠紫荆山，北临教育局居民区的庞大建筑综合体。

建筑工地太大了，即使从山顶，也难看清规划的全貌。它太长了，我们一行走了近半个小时，也没有到头。它太复杂了，光是分区就有八个之多，从商用到住宅，从仿宋风到现代体，从时尚艺术区到休闲商业区。详尽的规划蓝图呈现了其建成后的繁华模样。

"这里以后就是庄浪的大宋不夜城，"参与工程建设的李师傅笑着说，"大唐不夜城你们知道吧，西安的那个，要是能建成那个样子就好了。"我们看到了他眼睛里难掩的热爱和期盼。快走到路的东头时，我们看到了一个开阔的空地。根据门口的指示牌，这里是拥有630个车位的地上停车场，附近还有在建的地下和立体车位停车场。

近五年来，庄浪重点建设华夏文明传承创新区，打造文化名县，其中二郎山生态公园、宋堡城保护开发和紫荆山维修是三大亮点工程。下山的路上，文婧告诉我们，庄浪的"两山一遗址"（紫荆山、二郎山和宋堡城历史文化遗址）的改造工程已经完成，改造工程融生态、文化、旅游于一体，形成了占地2500多亩的紫荆山生态文化旅游景区。

"以后文婧老师的车就有地方停了。"采访小组成员马昕说道，"紫荆山公园门口连个正规的停车场都没有。"可是转念一想，也许几年以后，这里依旧很难停车，紫荆路的热闹繁华、熙熙攘攘的车流人流仿佛就在眼前。

（马　昕　马源英　王玉洁）

手记：

合抱千里，惟君至合

——庄浪行采访小记

此次采访经过种种困难，采访了很多人却只得到了根本用不了的素材。

"我知道这样做是不对的，我焦急到想要引导她们说出我想要的答案，可是结果总是相反的。"马昕沮丧地说道，"我很难得到什么有用的信息，她们的回答甚至没有我们的问题长。"

此次写稿经过种种争执，我的很多想法最后化为泡影。

"这大概是你少数坚守新闻真实性的实践，你为什么要选择放弃它？"马源英质问，"你可以前后呼应，可以有一个明确的主线，可是不能张冠李戴，这是新闻。"

结果就是撰写稿件的速度极慢，整整 3 个小时我只写了不到 500 字，在半年以前，这段时间可以写整整四道论述答题。

我们总是在浩如烟海的录音资料里寻找采访人物的原话，这也是这篇稿件直接引语使用过多的原因。

但是为了不显得太过啰唆，我把人物的话语节选出来拼在一起，这也是这篇稿子总是使用"……"××说"……"这样的形式。即便是这样，依旧遭到马源英的反对。

"我学了 4 年新闻，深知真实性是新闻的生命。"马源英说道。

"你给我记住了，一个小组只能有一个组长"马昕激动道，随即陷入了沉默。他当然知道自己说错话了，可是对不起又显得过于苍白。所幸没有人计较这件事情，大家都太累了。

在过往，我从来没有机会和女生待到 12 点以后，缺少这样经历的人总是会忍不住地畅想这件事情。它太浪漫了，你会不时地期待这样的场景，它太有吸引力了，你会不禁想象具体的细节。当它真正来到你面前的时候，它又太平淡了，太普通了，你甚至注意不到它的到来。

"我总是尽量减少喝水，以避免在她们房间上厕所。"马昕向他妈妈回忆道，"这是我第一次在女生房间里'过夜'，我很想回到我的房间，但我大概率会选择直接睡觉。"

该怎么样去形容这篇稿件呢，它就像是我的孩子，一开始，我忍不住地期待她的到来。我希望她是一个温文尔雅的小姑娘，在她还没有诞生，我就已经勾勒出她的样貌：她应该以尴尬的笑为开场构造出戏剧的冲突，她应该以会心的笑为结尾形成前后呼应。

可是最后我等到的是一个理性的小男孩，他不苟言笑，锱铢必较。我想向他讲述一个浪漫而理想的童话故事，他想让我给他解释新闻专业主义从客观性 1.0 到客观性 2.0 的伟大重塑……

"我就感觉你会发过来，"10 月 17 日凌晨 1 点 10 分，韩亮老师说，"所以我就等着。"

没有什么委屈能配得上这句话。

《Everything I Never Told You》，我因为扉页的一句话而喜欢一本书：我们终其一生，只为摆脱他人的期待，去寻找真正的自己。

可是当期待真正来临的时候，它如此温暖，你像一个拿到小红花的小朋友焦急地想要展示；它如此敏感，低徊愧韩生，不敢怨风尘；它又如此激昂，韩亮老师已经快 60 岁了，和他同龄的人应该早起去公园遛鸟撞树了，如果连他都在披星戴月，我们还有什么理由不认真对待呢。

（马　昕）

点评：

新闻报道融入文学审美精神

《荒草变绿林　绿林变景区——雨中探访庄浪紫荆山记事》兼具新闻性和文学性的特点，叙述了紫荆山的发展历程。本文的新闻性特点体现在标题和正文的真实准确，在这篇稿件中，标题"荒草变绿林　绿林变景区——雨中探访庄浪紫荆山记事"就体现了一种事实上的真实感。正文在叙述时采用了第一人称来展开，"我们去采访紫荆山管理所职工文婧。""我们在梯田埂间行走，在灌木丛中穿梭，从陡坡荒地到农田，摔了不止一次。"几句话让读者随着作者来到了紫荆山上，真切地感受到作者行走在梯田埂间，摔倒在泥地里，引发读者深思，体会到从泥泞路到"通天梯"的不易。

除了新闻性的特点外，我们的报道也应当多种表达方式共用，叙述和描写并重，运用形象的语言、精巧的结构，使得报道具有一定的文学性。

标题是新闻的眼睛

俗话说"题好一半文"，我们在新闻写作中，一定要注意拟好标题，擦亮新闻的"眼睛"。定标题时，我们要善选最有特点的事实做题，其技巧在于提炼新闻核心事实。小标题"泥泞路到'通天梯'"概括了从前上山难的问题；"土城墙到'宋长城'"讲述了十几年来宋堡的变化；"一棵树到满山林"道出了紫荆山位于贫水区种树的不易。小标题工整对应、风格统一，在准确表达的基础上更加自然贴切，字里行间也融入了文学审美的精神。

融入文学审美的精神

这篇报道处处体现着文学性，多种文学手法的借鉴和运用，让报道在不失准确的基础上更加活泼有趣。例如，正文中形象地描写道："而紫荆山在云雾中，隐隐绰绰，披着蝉翼一般的薄纱，脉脉含情，明眸不语。"这一语段采用比喻、拟人的修辞手法，把紫荆山拟人化，交织的云雾成了披着的薄纱，生动地描绘出了紫荆山之美。

其次，除小标题外，正文"如今的宋堡，早已从破败的土城墙变成了坚固巍峨的青砖城墙"，也运用了对比的手法，描绘出宋堡从破败到巍峨的艰辛。对比手法的运用也增添了本文的文学色彩。

最后，在采访尾声同学们沿小径盘曲而下时，引用了"树木丛生，百草丰茂"，形容雨后风起，周围树木茂盛挺拔之景。诗句的引用原汁原味地还原了现场，让读者感叹于紫荆山多年来发生的变化。从曾经"种了很多树，可是活下来的并不多"到"现在保栽保活"的紫荆山生态文化旅游景区，多种文学手法的使用能让读者身临其境，增强文章的感染力。

幸福图景

郑河上寨村：韩久安的致富"蜜"码

"养蜂合作社还得往上面走走，你们看看这边的风景多好！"同行的郑河乡党委副书记王伟热情地招呼着我们。

上寨村坐落在关山脚下，风景独好，山顶的天池朝那湫，峰峦环拱，自然植被良好，已经被开发成森林公园。比起城市里的钢筋水泥、喧嚣熙攘，这里的自然景观让人有"偷得浮生半日闲"的感觉。

2020年10月6日上午10点，在王伟的带领下，我们走进了郑河乡上寨村金泉中蜂养殖合作社。迎面而来一阵花香扑鼻，大片的波斯菊和金光菊环绕着排列整齐的360只蜂箱，蜂箱里钻出来的蜜蜂围着花丛乱晃，嗡嗡声不绝于耳，花田后一排蓝色小瓦房里藏着养蜂人韩久安的"秘密"。

韩久安今年67岁，穿着一套看起来有些年头的中山装，额头挤满了皱纹，皮肤黝黑，脸上满是岁月的烙印。他的两个儿子，都在离郑河乡不远的韩店务工，闲暇的时候来帮父亲干活，两个还没上学的孙子，偶尔也来这里玩玩。提起孙子，韩大爷的脸上情不自禁露着幸福的笑意。

"哪里有花，我们就扎根在哪里"

走进屋子，迎面而来浓厚的香甜，仿佛让人掉进蜜罐里。韩大爷十分热情地招呼着我们，弯下腰从蜂蜜缸里舀起一大勺蜜，用朴实的乡音说着："来，你们都尝尝！"蜜流进碗里，窗缝里透过的光照在上面晃得耀眼。

秋天是收获的季节，霜降前后，韩大爷养的土蜂酿了大半年的蜜，进入割蜜期了。这是一年中他最忙碌的时候，打理蜂箱，起筐、摇蜜、割蜜……

割蜜期过后，韩大爷依然没有闲暇的时候，需要时刻检查蜜蜂的状态，侍弄花草。"没有一刻脑子里的弦是能松下来的。"虽然忙碌，但是闻着蜂蜜的味道，收获的喜悦里，他"比旁人更多了一丝甜蜜"。

"今年终于有收获了"

这是韩大爷在上寨合作社养蜂的第三个年头，也是收获最好的一年。

韩大爷的养蜂生涯并不是在山上开始的，以前，他就在山下养蜂。两年前，受益于党的好政策，他获得政府免费发放的蜂源，从山下搬到了山上的养蜂合作社。

韩大爷在山上的养蜂过程并不顺利，环境的变化使以前的养蜂技术在这里碰了壁，一次因为保暖措施不当，很多蜜蜂一夜之间全部冻死了。"养着养着就死了，养蜂是个操心的活儿！"他的泪眼里透出难过和无奈。

两年的失败并没有让韩大爷一蹶不振，他慢慢摸索养蜂技巧，同时镇政府也针对大家的普遍困惑，邀请当地的养蜂专业人士做培训并现场指导，他酿蜜的手艺也越来越好，"今年终于有收获了"。

"我现在就靠蜜蜂这小东西赚钱呢"

韩大爷查看蜂箱的时候，仍然只穿着中山装，没有任何防护措施，"这些都是政府发的免费蜂，这蜜蜂也认人，养的时间长了就认识你了，认人就不咬了。"说着，他抬起了一大片蜂箱板，"看这蜜多好！不过今年可不割蜜了，这些都留着明年割。"

韩大爷作为重点帮扶对象，帮扶干部几乎每天都要到他的蜂场了解情况，帮忙打理农务。金泉中蜂养殖合作社在政府和承包商的帮助下，从包装、加工、网店上架销售到快递邮寄已经形成完整的销售闭环，不但让纯天然的新鲜蜂蜜能够飞入千家万户，也解决了上寨村村民的温饱问题。

养蜂技术好了，蜂蜜的品质也越来越好，养蜂成了韩大爷的"甜蜜事业"，"我现在就靠蜜蜂这小东西赚钱呢！我一个月能挣2500元呢，还有合作社年底的分红。"如今，韩大爷已成为上寨村的养蜂能手、致富的典范。

采访结束，我们将要离开的时候，韩大爷赶紧拿起几个罐子舀蜜，蜜多得都溢出了罐子。"没啥给你们的，给你们一人一罐蜜吧。"望着他弯腰舀蜜的身影，我们没有说出拒绝的话，收下几罐沉甸甸的蜂蜜之后，悄悄委托王伟把钱收下转交给他。

微风依然凉爽，在路口花丛间和我们挥手告别的韩大爷和他身边忙碌采蜜的蜜蜂一起，奏出勤劳的赞歌，成为上寨村美丽画卷的一部分。

（朱霖涵　周　璇　韩雨桐）

手记：

爱并懂得

10月6日上午10点30分左右，我和我的组员们在上寨村养牛大户焦栓红家里进行采访，之后打算上山拍一些散养牛的镜头。由于山路比较难走，上山的车辆也有限，就由三位同学上山拍摄，包括我在内的四位同学留下继续采访。

郑河乡党委副书记王伟说："走，我带你们去看看养蜂的地方！"途中，我们经过了上寨村旅游风景区，古典与现代相结合，景色旖旎。我和组员们一路上拿着相机、手机拍摄，生怕错过每一处风景。

我们到达上寨村二社，这里有全乡规模最大的养蜂合作社，合作社的大门是由竹子设计而成，上面写着"金泉中蜂养殖合作社"，复古又温馨。进入大门之后，映入眼帘的是长长的花道，花道向上倾斜，一眼望去，像极了花海的入口，五彩缤纷，香气扑鼻。我不禁感叹，果然哪里有蜜蜂，哪里就有花，按照王伟的话说："哪里有花，我们就扎根在哪里。"

我心中的养蜂人

进入养蜂场，我们看到了整齐排列的蜂箱、一列工作房和养蜂人韩久安。见到韩大爷之后，我猛然想到了两个字：淳朴！韩大爷穿着一套看起来有年头的中山装，额头布满了皱纹，皮肤黝黑，饱经沧桑的模样，完全是我想象中养蜂人的样子。

韩大爷两年前从政府资助项目那里得到了养蜂致富的机会，开始在山上的合作社养蜂。他声音响亮，人特别精神，所有的花草与蜜蜂都是韩大爷亲自打理，他的日常就是打理蜂箱、起筐、摇蜜……虽然 10 月份已经过了放蜂采蜜的季节，但还是能看到少量蜜蜂飞进飞出，"嗡嗡"声不绝于耳。这让我记起小学时语文课堂上，老师描绘蜜蜂在花海飞翔、辛苦工作的场景，幼小的心灵刻下了对美丽世界的烙印和期许，如今作为兰大学生来到养蜂合作社采访，心里的激动难以言表。

寒暄了一会儿，韩大爷便带领我们进入放置蜂蜜的储物间，一群人使小小的储物间变得拥挤。韩大爷说着一口纯正的方言，喊我们过去尝蜂蜜，还拿来了一些自家烙的饼，让我们蘸着蜂蜜吃，我和同伴们掰了一些面饼，蘸着满满的蜂蜜放进口中，一瞬间觉得甜到了心坎里，好像从来没有吃过这么甜的东西。

有风调雨顺年，也有血本无归时

我们攀谈了一会儿，得知他有两个儿子和两个孙子。当他谈到孙子时嘴角露出了淡淡的笑意。他的两个儿子都是当地村民，平时见面很方便，他们经常过来帮忙。

最后我问道："您能不能跟我们谈一谈养蜂这些年最难忘的一次经历？"

韩大爷说，刚开始经验不足，因保暖措施不当，导致很多蜜蜂一夜之间全部冻死了，那年的收入不好。养蜂也是个令人操心的活儿！讲到这里，我从韩大爷的泪眼里看出了难过与无奈，我与同行的组员们都鼻子一酸。

我深知养蜂是一个有风险的工作，像韩大爷这样的年纪，风里来，雨里去，只为让家人和自己过得好一些。我真的希望韩大爷在之后的养蜂工作中都顺顺利利，无奈的是，我只是一个采访者。好在今年大丰收，收成非常好，由于蜂蜜口味香甜又有营养价值，很受消费者的欢迎，非常有市场！

原谅我是一个孤陋寡闻的人，在这之前我没有想到，在这个世界上居然还会有这样一群人的存在，他们有自己的家，却被赋予另一个称号"大山深处的游牧人"。这个世界上有形形色色的人存在着，生活给每个人赋予不同的角色和职责。既然选择了远方就要风雨兼程！

贵重的礼物——九罐蜂蜜

采访结束时，我和同伴们都计划着买一些蜂蜜回去，其实在我们品尝蜂蜜并连连夸赞好吃的时候，韩大爷就拿起罐子擦了起来，说要给我们装一些回去。韩大爷给我们盛了满满当当的九罐蜂蜜，由于没有泡沫纸包装，他就在盒子里塞了好多一次性纸杯，防止罐子在盒子里晃荡，"这样你们坐车带回去的时候就不怕洒出来了！"当我和组员们准备付钱的时候，韩大爷表情变得严肃，坚决不收我们的钱，而我们也坚持，不能白拿养蜂人的蜂蜜。经过双方的一番推托，我们拗不过韩大爷，就口头答应了他，最后我们把钱交给了那里的一位工作人员，请他转交给韩大爷。

韩大爷站在合作社的门口，目送着我们提着蜂蜜离开。路上，我的同学韩雨桐带着哭腔说："难道都是我俩姓韩的原因吗？我怎么觉得韩大爷这么亲切，像很久没见的亲人一样。"原来我和同伴们都有这种感觉，一路上泪眼汪汪的好一阵子都没缓过神儿。

像韩大爷这样的老一辈的养蜂人，养了一辈子的蜜蜂，风里来，雨里去，为的是生活，为的是让家人和自己过得更好一点，愿韩大爷身体健康，生活越来越好！

（朱霖涵）

点评：

我闻到了"甜蜜"的味道

2020 年 10 月 6 日，兰大学子走进郑河乡上寨村金泉中蜂养殖合作社，深入采访了一名朴实勤劳的养蜂人韩久安。我们都知道蜂蜜是由蜜蜂采，那么蜜蜂采来的蜂蜜最终如何到我们手里？打理蜂箱，起筐、摇蜜、割蜜……这少不了养蜂人的辛苦，该报道生动叙述了养蜂人韩久安的"甜蜜事业"，行文生动传神，文字中散发着甜丝丝的蜂蜜味，读之让人垂涎三尺。

采访现场充分调动感觉器官

采访不仅仅是提问，要充分调动自己的眼、耳、鼻等感觉器官观察感受现场，时刻在发现、时刻在感受、时刻在采访。在这个选题的采访中，同学们被现场所感染，用心感受现场，所以才有了对现场生动的描写。"迎面而来一阵花香扑鼻，大片的波斯菊和金光菊环绕着排列整齐的 360 只蜂箱，蜂箱里钻出来的蜜蜂围着花丛乱晃，嗡嗡声不绝于耳。"这句话里有鼻嗅的味道、眼看的情景、耳听的声音，为读者呈现了一个鲜活的场景，仿佛身临其境，"花香扑鼻""波斯菊和金光菊环绕着蜂箱""嗡嗡声不绝于耳"，刺激了人的嗅觉、视觉和听觉，达到了传授双方信息共享，给人不一样的体验，加深了读者对报道的感受和记忆。

采写有情感的报道

我们知道，新闻人物和新闻事件首先要感动采写者，才能感动读者。这一报道中，同学们被人物打动，他们在手记中这样描写离开时的情景，"韩大爷站在合作社的门口，目送着我们提着蜂蜜离开。路上，我的同学韩雨桐带着哭腔说：'难道都是我俩姓韩的原因吗？我怎么觉得韩大爷这么亲切，像很久没见的亲人一样。'原来我和同伴们都有这种感觉，一路上泪眼汪汪的好一阵子都没缓过神儿。"

一篇文章如何吸引读者，如何能够在读者的记忆深处留下深刻甚至永久的印象，真情是关键，贴近群众、贴近生活的真情实话必定最具有穿透力。韩久安在推进养蜂事业的进程中，经历了技术碰壁、蜜蜂重病等困境，逐渐成长为一名养蜂能手，兰大学子用平实、质朴的文字记录了韩久安在养蜂道路上的艰辛与付出，大处着眼，细微处入手，用默默温情采写了一篇有情感的报道。

文字也有温度和味道

"走进屋子，迎面而来浓厚的香甜，仿佛让人掉进蜜罐里。韩大爷十分热情地招呼着我们，弯下腰从蜂蜜缸里舀起一大勺蜜，用朴实的乡音说着：'来，你们都尝尝！'蜜流进碗里，窗缝里透过的光照在上面晃得耀眼。"这一段使人由内而外感受到了文字的温度和味道。"仿佛让人掉进蜜罐里"让人心生欣慰温暖，"窗缝里透过的光照在上面晃得耀眼"似乎能使人感受到面前一片阳光，给人体感的温暖，再加上蜜的香甜沁人心脾，这段文字有温度、有味道，读来令人深醉。

总之，只有融入真情实感所采写的新闻报道，才会令读者动容。从同学们的报道中，我感受到了文字的温度，闻到了"甜蜜"味道。

庄浪朱店镇："苹果西施"杨晓菲和她的 10 亩果园

"快多拿几个，都尝尝。"杨晓菲捧着苹果硬是塞到了我们的手里。

庄浪的秋天带着丝丝寒意和微醺的苹果气息。2021 年 10 月 4 日下午 2 点，我们的车正颠簸在甘肃省平凉市庄浪县的乡间小路上。微雨中，成片的苹果园外围赫然立着一间蓝色板房，这是搭成的苹果仓储间。一位身着红色外套、头戴淡紫色帽子的女子正蹲在仓储间门口熟练地给苹果套袋装箱。

她叫杨晓菲，当地人都称她为"苹果西施"。说起这个称号，她羞涩地连忙摆摆手说："不是的，不是的，这都是她们瞎叫的。"

杨晓菲的身后就是自家的 10 亩果园，红彤彤的苹果挂满树梢，她的大部分苹果都已经被深圳、广州、浙江、温州等地的客商提前预订了，只待采摘装箱发往各地。"现在我自己的零花钱和孩子们的生活费靠卖苹果已经能挣够了。"杨晓菲脸上有着掩盖不住的自豪。

走了几年弯路　终于种出好果子

今年 36 岁的杨晓菲，是甘肃省平凉市庄浪县朱店镇毛柳村人。"我家那口子当时和我的想法不一样，种果园走了很多弯路。"杨晓菲告诉我们，当时家里有 20 亩果园，是继承公公的。由于缺乏果园管理知识，前两年长出来的幼苗都废了，没有收成，10 亩果园也被婆婆卖给了别人。

"那已经是 12 年之前的事情了。"说起这个，杨晓菲还是有点激动。那时，县上刚开始从外地请专家来各个乡镇指导种苹果，她很珍惜这个机会，跟着专家认真学习种植苹果、培育果园的专业知识。"参加培训的都是男人，就我一个女人，有点融不进他们的圈子，吃饭常常是一个人蹲在门外，确实也挺孤独。"杨晓菲摸了摸鼻子，笑了笑。

说来也凑巧，她家的幼苗生了病，她拿着一截生病的树枝去农药店买药时，遇到了县上请来的果树专家。这是一次无比珍贵的机会，杨晓菲当然不想放过，她积极地向专家请教了很多有关培育幼树的知识。

在专家的指导下，杨晓菲开始尝试着在自家果园摸索。在多年不断地尝试下，她悟出了自己的一套育果方法。为了使苹果吃起来更加香甜可口，她会在苹果开花后，长出的小果子还没有套袋之前，在农药里边打上鸡蛋清和牛奶，喷在苹果叶上。当年树叶长得特别黝黑，果实也是又红又圆，这是她的"秘法"。

"吃起来太甜了，感觉都有蜂蜜的味道。"购买过她苹果的客商都这样说。

苹果香甜的口感离不开杨晓菲的探索，苹果长势喜人离不开肥沃的土壤。杨晓菲告诉我们，让土壤肥沃的秘诀就在于动物的粪便。她说果园里的果树，多半用的是羊粪，羊粪是从青海那边的高原上拉过来的，是有机的生态肥料。一袋子羊粪只能作为三棵苹果树的肥料，等到夏天，就改用高等的海藻肥料。如此跟随季节施肥，才能适应苹果的生长特性，汲取养分更加深入全面。

"那年我第一次将苹果卖出省"

"大约在 2015 年，镇上开了圆通快递，我当时就想着能不能把苹果从网上给卖出去。"因为是第一次，杨晓菲自己也不懂，还是她的姐姐们帮忙联系的外地客商。也是这次，她的苹果第一次出了省。

靠着种植出的优质果和诚信经营，杨晓菲的顾客越来越多。"我主要是靠微信朋友圈卖苹果，也不是什么网红。"杨晓菲有自己的一套经营之道。

朋友圈是她经营的主阵地。"我家苹果就是卖的良心。"一箱箱不断送往外省的苹果，一次次贴心的服务，她将自家的"花牛"和"富士"苹果打出了响亮的名声，又因为独特的气质，网友们都亲切地开始喊她"苹果西施"。

特别是到节假日，很多公司都会专门订购杨晓菲家的苹果礼盒。外地的客商会提前一两周甚至一个月来订购。每到销售旺季，她精细呵护的苹果会成为一果难求的爆品。

"果园不能丢"

"我是一个比较阳光的人，就是苦也快乐着，累也快乐着。"果树下，红彤彤的苹果与杨晓菲脸上的微笑相衬，齐整洁白的牙齿和脸颊上健康的苹果肌，更让她像站立在一幅果园油画中的"西施"了。

说起自家果园规模并不大的现状，她现在很释然。电商本是潮流趋势，很多果农靠直播带货和电商平台销售，收益早已是以前的几倍，家里也变得富裕许多。

"说是不想，那是假的。"但她还要照顾孩子和老人，一旦量做大，他们夫妻俩忙不过来，苹果的品质也会打折扣，她还是选择小而精的果园。

杨晓菲也曾几度纠结要不要停掉果园，干点别的。她有两个儿子，一个12岁，一个6岁，都还小。她和丈夫要经营果园，还要操心两个孩子的生活和学业，孩子爷爷身体不好，生活不能自理，都由她照顾。但是，她舍不得放弃苦心经营了14年的果园。苹果园已经渐渐烙印进她的生命，如同苹果树上的枝和叶，彼此相融相合，在繁茂的果园内向着光亮的那方坚毅生长。

"虽然培育果园很辛苦，但这么多年都坚持下来了，以后还是要好好干。"说话间，几丝从果园飘来的微风拂过杨晓菲的头发，像一场经隔十几年的抚摸和对话，一切都仿佛最开始她的初心那样。

下午4点的庄浪只有9℃，风凉飕飕的，直灌入衣襟，我们不禁蜷缩起了身子，看着杨晓菲和她的爱人毛旭斌推车装箱。

"快来尝尝，这个品种你们肯定没吃过。"不知什么时候，杨晓菲的爱人毛旭斌来到了身后招呼我们。

他手里拿着几个我们从未见过的小果子，表皮通体绚烂鲜红，有着花瓣状的弧形轮廓，果肉通红，仿佛注满红色的墨汁一般艳丽红润，挂在枝头如同红宝石一般闪耀。它有一个浪漫的名字——"红色之爱"。我们接过果子，迫不及待地咬了一大口，香甜的口感瞬间包裹住了味蕾，浓郁香气沁人肺腑。

"每次吃这个苹果，我都会想到我家那口子。没结婚前，我们就住河对岸，一眼就能望见。后来结了婚，虽然因为果园的事经常吵嘴，但吵一吵就完事儿了，也不计较谁对谁错。"毛旭斌有些不好意思地偏了偏头看向杨晓菲，他的眼里是一望无际的爱。

（郭一萱　金　露　戴晓靓　梁尤军）

手记：

国庆采风庄浪行
——我的第一次记者出行记

2021年10月3日下午，我们在秦安县坐上了开往庄浪县的大巴车，一路上我的心情激动又充满期待。这是我第一次出行去实地采访，内心有点小紧张，一是害怕在实践中不会运用老师在课堂上讲授的知识，二是害怕从来没有写过新闻稿的我写不出来东西。怀着这样的心情，我们开始了为期三天的实践采访活动。

我们组在整个采访过程经历了很多惊喜与意外，我们原本抽到的选题是"果品推介会"，这个选题比较大，我们有点迷茫。在询问了庄浪县融媒体中心王主任后，我们得知果品推介会在10月20日左右，庄浪县只是做一个推广宣传，现在具体的准备工作还没有开始进行。这就给了我们一个难题，该如何在这么大的选题中找到某一个小点、小人物进行采访写作。经过小组讨论，我们觉得可以从果品推介会负责人、果品商贩、现场顾客等角度入手，去找寻他们身上的故事，或者可以以第一人称的视角去拍视频讲述整个果品推介会的现场。

第二天在我们兴致勃勃地要前往果品推介会现场的时候，现实并没有按照我们计划中的来。果业技术服务中心的王选强老师说果品推介会现场并没有布置好，所以他带领着我们一路参观了苹果地、肥料厂、果品加工地以及最后的苹果包装场地，每到一个地点当地人都和我们热情地打招呼，送我们几颗红红的大苹果。一路的参观和聊天让我对王选强叔叔有了不一样的认识，更对整个庄浪苹果的种植和销售有了直观的了解。

王选强叔叔作为庄浪县果业技术服务中心林业高级工程师，对于苹果的种植、采摘可以说是了如指掌。"昔日种粮艰，如今果堆山，梯田美如画，苹果枝头挂，种田吃饱饭，苹果成金蛋，果树钱罐罐，苹果金蛋蛋，致富靠蛋蛋……"他将对苹果的介绍编成打油诗，让原本晦涩难懂的专业知识变得生动有趣了许多，我们也从这些打油诗中看出了王选强叔叔对于苹果的喜爱、学习到了很多种植苹果的经验。

逛得开心，聊得愉快。可是我们的选题该怎么办？正当我们不知所措时，王叔叔带我们来到了路边杨晓菲的苹果仓库。我们和晓菲姐聊了很多，她也愿意跟我们讲述她的故事。也正是这一个小小的"意外"，促成了我们之后的新闻稿《庄浪朱店镇："苹果西施"杨晓菲和她的10亩果园》。杨晓菲让我们看到了一个女人身上的坚毅与柔情，她不仅是"苹果西施"，更是我心里的"西施"。后来，王选强叔叔又继续带我们去参观果农王建华的苹果地，和王建华叔叔聊天的过程中，我们捕捉到了他身上不一样的闪光点。他虽然腿脚不便利，却是村里最能吃苦的人，王叔叔的辛苦付出得到了回报，他的果园现在面积已经有了14亩。这也促成了我们后来的稿件《庄浪果农王建华：会管理，才能种出好果子》。

种种意外让我们偏离了原本的设想轨道，却收获了不一样的实践经历，我们学会了用眼睛去观察细节，用笔触去书写真实。实践的过程可能很多时候并不会按照我们预设的方向去发展，中间也会出现很多意外和转折点。我们要做的就是用心观察、用心写作。

从庄浪回来后，王选强和王建华叔叔还会时不时给我朋友圈点赞。某一天，和王建华叔叔聊天时，他欢迎我以后有机会再去他的果园里逛逛和他聊聊天。这些无数感人的瞬间永远在我心里温存着。

（郭一萱）

点评：

用特色刻画人物骨骼　用细节丰盈叙事肌肉

《庄浪朱店镇："苹果西施"杨晓菲和她的10亩果园》讲述了杨晓菲通过种植苹果勤劳致富的故事。在文章中，杨晓菲让我们看到了一个女人身上的坚毅与柔情，她不仅是苹果西施，更是丈夫眼里的西施，也是稿件作者心中的西施。这篇文章以特色的人物搭建起叙事的框架，并用丰富的细节进行填充，带领读者走进杨晓菲和她的果园。

行进中的蒙太奇，一步步向现场靠近

文章的开头，像是电影的开场，文字非常有画面感。先是一个大全景，展示了庄浪的秋天和果园，紧接着切入中景，车行驶在乡间小路上，镜头跟随着车摇动，画面中出现了苹果仓储间。随着镜头缓缓推近，主人公出现了，特写镜头对准了正在给苹果套袋装箱的杨晓菲。作者正是通过这种影像化的表达手法，带我们一点一点深入现场，引入新闻主角。

紧扣人物特色，呈现差异化传播

此次庄浪国庆采访活动中，不少同学都选择了以苹果为切入点进行报道，但要写出亮点，人物必须有特色。"苹果西施"正是此篇报道的亮点，在标题和行文中都有体现。文章虽有三个不同的分标题，但"苹果西施"的称号由来，在每一段落都有展示，它们之间交叉印证，进一步丰富了人物形象。

文章开头即描绘了杨晓菲身着红色外套，头戴淡紫色帽子的女性形象，点明人物性别特征。"参加培训的都是男人，就我一个女人。"这段直接引语搭建起她作为女人种植苹果的独特形象。

"她将自家的'花牛'和'富士'苹果打出了响亮的名声，又因为独特的气质，网友们都亲切地开始喊她'苹果西施'。"这一段描写了她"苹果西施"称号的由来。"苹果西施"，一方面点明其卖苹果的身份，另一方面又表现出其气质形象的独特。而苹果卖得好，与杨晓菲敢于吃苦，勇于创新的精神是分不开的。

"果树下，红彤彤的苹果与杨晓菲脸上的微笑相衬，齐整洁白的牙齿和脸颊上健康的苹果肌，更让她像站立在一幅果园油画中的'西施'了。"这段描写，更是通过细节刻画，将果树与杨晓菲结合为一体，将主人公的形象跃然纸上，在细节上升华，在结构上总结，鲜明生动且感染力强。文章通过前、中、后三段的描写，为我们刻画了一个立体的人物骨骼。

用细节描绘现场，让现场推动叙事

光有骨骼是不够的，文章还通过大量的细节描写，将环境与人物刻画得更加饱满。在这篇稿件的开头，记者就带着我们去感受果园现场的环境，将我们带入其中，有身临其境之感。"庄浪的秋天带着丝丝寒意和微醺的苹果气息。2021年10月4日下午2点，我们的车正颠簸在甘肃省平凉市庄浪县的乡间小路上。微雨中，成片的苹果园外围赫然立着一间蓝色板房，这是搭成的苹果仓储间。"寒冷的秋天、苹果的香气、颠簸的小路……作者充分调动触觉、嗅觉等感官体验，带领读者深入现场，感受环境信息，在一定程度上弥补了读者不能到场的遗憾。在文章的最后段落，"下午4点的庄浪只有9℃，风凉飕飕的，直灌入衣襟，我们不禁蜷缩起了身子，看着杨晓菲和她的爱人毛旭斌推车装箱。"更是强调了现场的冷，用环境叙事，侧面表现出杨晓菲一家劳作时的辛苦，更说明了果实丰收的不易。作者通过其敏锐的观察力，感受现场，丰盈叙事的肌肉。

报道需要改进的地方

稿件虽然对环境、人物以及果品都有着详细的刻画，但缺少一些基本的事实信息和背景材料，果园的产量、电商销售的订单量等等。如果补充这些信息，就能更好地展现果园给杨晓菲生活带来的变化，进一步增强文章的真实性和完整性，有助于读者更全面、完整地理解新闻事实。

梯田上的风雨丽人和她的养牛致富梦

2021年10月4日上午，雨落梯田，我们来到甘肃省平凉市庄浪县赵墩乡井沟村二社洪彦玉的家中。

"你们来了啊，欢迎欢迎！"洪彦玉从屋里出来，热情地招呼我们，声音清脆爽朗。天还下着小雨，院子里有些泥泞，她穿着白色长裤，紧身毛衣外面套了个羽绒背心，扎着高马尾，皮肤白皙，看起来精神又干练。

"快来看看我家的小牛！"洪彦玉邀请我们去她家牛棚看看。

站在自家的牛棚里，洪彦玉向我们介绍她的"小王子"——一头两个月大的小公牛。

"这头小牛可好了，活蹦乱跳的，出生很顺利，不到10分钟就站起来了，是我的小王子。"她的声音带着喜悦，脸上挂满笑容。

加上这头小牛，她家就有5头牛了。洪彦玉看着牛棚里的3头母牛和2头公牛，略带遗憾地说："美中不足的是，这是一头小公牛，要是母牛的话会更好。"

"不好的事、不好的记忆，七秒就要过去"

洪彦玉是城里嫁来的媳妇，今年36岁，本是宁夏大武口人，前些年在银川万达当导购。2019年春节，洪彦玉跟着好朋友来村里玩，认识了她丈夫。"也没图他啥，就是老实、踏实，我就留下了。"提起丈夫，洪彦玉的表情十分温柔。

从城市到农村，洪彦玉刚开始非常不适应。"刚来的时候很委屈，家里也反对。毕竟这个地方太闭塞了，和自己以前的生活差别有些大。"

洪彦玉跟我们讲述她嫁过来后第一次种麦子的场景："每人半袋麦子种子，要把种子全埋在土里。干完活后，腿像灌了铅一样。长这么大没受过这样的苦，坐在地里就哭了。"

"我老公踏实，公公婆婆对我像亲女儿一样，这里虽然比不上城里方便，但是这儿的人都朴实、善良。"渐渐地，农村的质朴、老公的体贴、公婆的疼爱，都成了让她心甘情愿留下来的理由。

洪彦玉的微信名叫"七秒钟的记忆"。她说："我给自己定的，不好的事、不好的记忆，七秒要过去。因为任何事情都不会因为我而改变，只有我去适应。"

"一家人团圆，生一个孩子是我的心愿"

公公腿脚不方便，婆婆又是聋哑人，为了照顾老人，她决定留在村里"镇守大后方"，老公则在上海打工，夫妻俩聚少离多。一家人团圆，生一个孩子，便成了洪彦玉最大的心愿。

"哪一个女人不想和老公在一起踏踏实实过日子，一家人团团圆圆的。但要养家，没办法。"洪彦玉的话语中充满了无奈。

看着贴在卧室墙上的一张宝宝壁纸，洪彦玉的眼神变得有些黯淡。"那个壁纸是结婚的时候贴的，我把其他壁纸都撕下来了，唯独这张宝宝壁纸没有撕。说实话，没结婚前不喜欢孩子，结婚以后就变了。"

这两年受疫情影响，洪彦玉丈夫每月的工资只有4000多元，除去在外的生活费，能补贴家里的也不多。而且两人年龄也不小了，要孩子的事得抓紧，一直分居也不是办法，夫妻俩商量着将丈夫回家的事提上日程。但回家后必须要有稳定可观的收入，指望务农种地是远远不够的。

"为了挣钱，我曾想过做电商，像别人一样在抖音、快手上卖当地的土豆、苹果。但是各方面条件不允许，没人帮助和支持是搞不下来的。另外，村里交通闭塞，发快递要去镇上，抛去路费、快递费，赚得其实很少。"种种因素让她打消了这个想法。

"还得养牛！养牛是个保险生意"

思来想去，夫妻俩最后把希望放在了肉牛养殖上。

牛是井沟村村民的一大收入来源，家家户户几乎都养着一两头牛，而洪彦玉家养了5头牛，这在村子里算比较多的。"外面的人都说我们村的牛养得好，个头大，牛毛光泽好，我老公和公公就是养牛行家。"洪彦玉笑着说。

谈到养牛，坐在一旁的洪彦玉公公来了兴致，他说："还得养牛，养牛是个保险生意！国家有补贴，每年送一头牛，母牛再生小牛，稳妥着哩！"

原来，从2019年起，政府为了扶持当地的村民，每年免费给每户投放一头基础母牛，母牛下小牛的时候，再奖励两千块。有了国家的补贴，等于免去了村民的后顾之忧，他们可以依靠政府补贴的牛继续繁殖，以此来增加收入。

赵墩乡政府为了让养牛的农户学习科学养殖技术，会不定期组织养牛户参加培训，请专业兽医上课。就在两个月前，为了学养牛知识，洪彦玉去参加了培训。

"我还记了笔记哩！"洪彦玉兴致勃勃地向我们讲述她学的养牛方法，"在饮食上，饲料要定量，不能太多；天热喂水的次数多一些，天冷了要降低次数；还要经常清除粪便……母牛生完小牛后，要吃益母草消炎。噢，对了！还要熬玉米面给牛吃，这样下奶……"

"等家里有10头母牛，我就不愁了"

"有政府的扶持，养牛几乎不要成本。"洪彦玉给我们算了一笔账：一头牛从出生到卖出去，吃的粮食都是自己家里种的。玉米秆、麦秆粉碎成末，还有苜蓿等都能给牛吃，连粉碎机都是政府为了扶持村民送的。唯一需要花钱的地方就是买一些营养剂，以及人工授精的时候请兽医得100元，一头牛从出生到卖出去，不生病的话，花费在 500 元以内。

"1 头牛能卖 1 万多到 2 万块，母牛一年平均能生 1 头小牛，优质品种的母牛可以留下繁殖，公牛就卖出去。如果能有 10 头母牛，母牛又生小牛，收入就很有保障了。老公就不用出去了，我们夫妻俩在家，光靠养牛，年收入能有 5 万元以上了。"

"在家养牛比我出去打工踏实多了，牛将来一定是我们家最大的收入来源。"对于养牛的前景，洪彦玉从不怀疑。她说："以后开养牛场的话，我的优势也挺大，两个大院子盖牛棚，粮食也不用担心，30 来亩地呢！土地是踏实的，人也是踏实的，只要勤劳，就能致富！"

现在，洪彦玉家的 3 头母牛中，有 1 头已经怀孕了，等再过一个月，又有 1 头能进行人工授精。"一家团圆、早点有孩子，这两个愿望都得靠养牛呢！等家里有 10 头母牛，我就不愁了，老公也不需要在外打工了。"讲到这，洪彦玉的眼睛里满是希望。

采访结束，雨还在下。洪彦玉和她公公把我们送到家门口，她笑着跟我们说："谢谢你们的采访，也谢谢你们报道我们农民的生活、女人的生活。欢迎你们过两年再来，那时候，可能我的养牛场已经开起来了，老公也回来了。"

（王梓涵　温晨钰　白富宙　李晶雯）

手记：

采访太过顺利未必是件好事

在确定选题和采访对象这件事情上，我和搭档温温是幸运的。2021 年 10 月 3 日，采访前夜，我们小组抽到了梯田人家的选题，赵爱莲老师又给了我们一个现成的采访对象，并且前一天她已经采访过了。于是她把采访录音和一些相关的照片发给了我们。当天晚上，我们便听了录音，列出了采访提纲。

10 月 4 日，下着小雨，当其他小组还在为选题和采访对象发愁的时候，我们正信心满满地从庄浪县城出发，前往目标地点赵墩乡井沟村完成梯田人家的采访。

汽车在蜿蜒的盘山公路上行进，不远处是层层叠叠的赵墩梯田。汽车驶下盘山公路，又沿着一条狭窄的乡道开半个多小时后，我们终于来到了采访对象洪彦玉的家中。

进屋后，洪彦玉一边招呼着我们坐到沙发上，一边朝着屋外厨房的方向大声喊道："爸爸，热水烧好了吗？"

"好了。"只见一位老人佝偻着腰，缓慢地走进屋里，眼睛笑眯眯的，手里提着一壶刚烧好的热水。洪彦玉连忙接过水壶，一边给我们倒水一边介绍："这是我公公，71 岁了，他身体不太好，腿脚也不太方便。"

老人又转身打开冰箱，从里面端出了一盘饼。洪彦玉接过盘子，说："这是我婆婆昨晚做的饼，她今天吃酒去了，没在家。我们这边一般来了客人，都会用饼招待，你们别客气，快尝尝吧。"

抵不过洪彦玉和她公公的热情，我们一人拿了一块饼。一杯热水和一块饼吃下肚，我们顿时暖和了。

采访刚开始，或许是当时有两位乡里干部在的原因，洪彦玉有些拘谨。后来另外几个小伙伴要去村里其他地方采访，便叫走了他们。乡里的干部走了以后，我们的采访明显放松多了，聊天也更加自在了。

洪彦玉跟我们聊了很多，她和丈夫相识的过程，从宁夏嫁到井沟村后是如何适应的，公公婆婆在生活中对她的好，自己的养牛致富梦……

大多数时候，都是洪彦玉自己讲给我们听，我们记录。就这样，我们的采访很顺利地完成了。

采访完毕后，我们回到酒店，把当天的采访全部整理了出来。看着整理出来的几大篇采访文字，我们心满意足，心想着这么多素材，肯定够用！

但很快我就发现，事实并非如此。

在写开头的时候，因为写文章的思路不同，我和温温出现了一些分歧，她想用叙述式的开头，我想用行进式的开头。开头写法的不一样，也会影响文章的风格。后来我们决定，我先写初稿，然后再一起修改。

写稿的过程中，我发现素材太多会让人难以取舍，我把很多与主题不太相关的信息也写在了文章里，文章的结构显得有些松散。

后来又改了很多次，还是觉得太过啰唆。就在我改了 4 稿以后，韩亮老师说可以定稿了，但其实我和温温都对这篇文章不满意。

有时候，采访太过顺利未必是件好事。只记得"最好的采访是把嘴巴闭上"，却忘了具体问题具体分析，遇到特别健谈的采访对象，也要适当干预，掌握主动权，把采访拉回到自己的采访提纲里面去。

（王梓涵）

点评：

用足记者"四力" 让小人物反映大主题

记者"四力"是脚力、眼力、脑力、笔力，巧用"四力"才能创作精品。《梯田上的风雨丽人和她的养牛致富梦》是作者走进新闻现场、仔细观察新闻对象、成稿过程中反复修改形成的报道。新闻报道要有思想、有温度、有品质，讲好人物故事是重要路径。

脚力：深入基层脚力硬

抓到洪彦玉这样鲜活生动的小人物，背后体现的是作者过硬的脚力。脚力、眼力、脑力、笔力中，脚力是基础。2021 年 10 月 3 日，作者通过指导教师找到了选题，并且在采访前夜整理了大量相关素材并列出了采访提纲，第二天作者前往采访现场，进行深入采访。采访完毕后马上进行写稿，四易其稿。最后能打动人，与作者的辛苦采制分不开。

眼力：深挖平凡小人物

用小人物反映大主题是《梯田上的风雨丽人和她的养牛致富梦》的特色。小人物，不是说随便选一个即可，还要有特点才行。《梯田上的风雨丽人和她的养牛致富梦》中的人物特点鲜明——36 岁的洪彦玉，是宁夏大武口嫁过来的媳妇；她以前在城市生活，干过导购员，刚到这里的时候对农村生活不适应。油盐酱醋、酸甜苦辣，都是洪彦玉的经历，她却说："不好的事、不好的记忆，七秒就要过去。"她和丈夫对美好生活的向往——提高收入和要孩子，是小人物的小梦想，贴近现实，能打动人。近几年，在国家政策的支持下，她养牛致富的经过，很有时代价值。这些细节描写，让记者的"眼力"得到充分彰显，让人物形象更加丰满。

脑力：紧扣时代大主题

抓新闻，要善于抓大主题，关于重大主题的报道一直是新闻报道的重镇，这也是记者要发挥脑力的地方。不到 3000 字的《梯田上的风雨丽人和她的养牛致富梦》，实际上是对脱贫攻坚成果的反映。这篇报道是甘肃省平凉市庄浪县赵墩乡井沟村乡村振兴大背景下的一个小典型，却折射出新时代脱贫攻坚的伟大成就。贫困户洪彦玉在政府的支持下养牛脱贫致富，一方面展现出党的好政策在基层的落实情况，另一方面也展示了老百姓对政策的欢迎。

笔力：语言简洁文风实

习近平总书记在党的新闻舆论工作座谈会上强调，要转作风改文风，俯下身、沉下心，察实情、说实话、动真情，努力推出有思想、有温度、有品质的作品。朴实的文风是《梯田上的风雨丽人和她的养牛致富梦》的特色之一。如稿件开头写道:"'你们来了啊,欢迎欢迎!'洪彦玉从屋里出来,热情地招呼我们,声音清脆爽朗。天还下着小雨,院子里有些泥泞,她穿着白色长裤,紧身毛衣外面套了个羽绒背心,扎着高马尾,皮肤白皙,看起来精神又干练……"再如稿件结尾写道:"现在,洪彦玉家的3头母牛中,有1头已经怀孕了,等再过一个月,又有1头能进行人工授精。'一家团圆、早点有孩子,这两个愿望都得靠养牛呢!等家里有10头母牛,我就不愁了,老公也不需要在外打工了。'讲到这,洪彦玉的眼睛里满是希望。"文字的魅力在这里得到了充分体现。"谢谢你们的采访,也谢谢你们报道我们农民的生活、女人的生活。欢迎你们过两年再来,那时候,可能我的养牛场已经开起来了,老公也回来了。"真实的人物语言是洪彦玉的期待,也是我们的期待。我们希望再次见到洪彦玉时,看见孩子在院子里嬉戏,她和丈夫在喂牛,几十头牛在牛棚里悠闲地吃草。

韩店石桥

——古丝绸之路上的旅游村

2020 年 10 月 6 日下午，兰大新闻学子国庆采风万里行第六采访小组离开庄浪县陈堡民俗村，正式踏上前往韩店镇石桥村的路途。关山谷底的雾气混合着小雨在车窗上画出一道沟谷路线图，48 号县道、566 国道与庄华公路盘错相接，沿山而建。坐在车里，我们感慨着这条两千年来历经沧海桑田变迁的古丝绸之路，对这个充满故事的古驿站充满期待。

古丝路旅游村的新故事

车子打了个弯，就停在了石桥的桥头，我们此行的目的不是这座桥，而是关山脚下这个叫石桥的村子。这里的桥是后来修建的，历史上到底有没有真正的石桥，只能问身后的关山了。这时，雨恰好停了，仿佛为我们更好地倾听故事提供方便。下了车，韩店镇副镇长张建平在村口等待我们，他说："我们这里可有故事了，古代的、现代的、魔幻的可都不缺。"

走过石桥，映入眼帘的是矗立在沙堆之上张骞出使西域的驼队雕像，几个孩童在雕塑身边玩着沙土。张建平说："往前走不久就是云崖寺，那可是古丝绸之路陇坂古道上的重要一段。这里就是张骞之子张绵曾经任亭驿之职的地方，因而这里又叫'张绵驿'。"由于石桥距离云崖寺古道段如此之近，自然成了当时往来驼队商贾停脚打尖的地方。

这里曾经是商贸往来的驿站，虽不是最繁华的地方，却也是古时候金银换兑的山谷。长久的寂静已经让关山耐不住寂寞了，随着旅游业的发展，这里再次充满了生机。

朱大娘对于村子的发展有着深刻的理解："过去只能通过山上的几亩田靠天吃饭，别说吃肉了，能不能吃饱还是问题。现在好了，有生意了，坐在这里卖小吃的都能挣好多元（钱），想吃肉就随时能吃到肉。去镇上也方便了，6块钱公交车就能坐到县城里面，不贵还快。去年村里头还修了3D电影院，都不用出去就能看电影，日子过得好得很。"

朱大娘有两个儿子，一个在新疆，一个在天水，都已经成家立业，老两口现在和家里老人、孙子住在这里。她说到这里，脸上止不住为孩子们的骄傲的笑容。在说到享受天伦之乐时，她谈到了她的梦想："我还要在景区里开一家农家乐呢，吃的喝的都经营上。"

张建平说："现在景区正在建设中，初步计划是大部分建成后再引资。现在对于周边的农户都是挨个走访说服，年初下海的一部分人也能起到带头的示范作用，让一部分人先富起来再带着大家一起富。咱们景区是不设门票的，全力打造旅游产业，带动本村群众走旅游路、吃旅游饭、挣旅游钱，让大伙真正在乡村旅游产业中得到实惠。"

时代记忆墙的乡愁

石桥村是一个历史与时代相碰撞的村落。采访完朱大娘一家，我们跟着张建平往景区里走，一面放满了老物件的乡愁墙震撼了我们。这些只在电视与博物馆里见过的物件，现在一气儿镶嵌在石墙里面。

石桥村党支部书记朱茂义说："石桥村旅游景区是中天集团承接建造的，这面墙上的物件多数都是私人收藏，其他的都是从各地收购而来。至于设计，这面墙并没有早先的预想图，完全是监督建造的人随性设计而来，没想到会这么火。"

这面饱含了乡愁的时代记忆墙，将父辈们那个年代的艰辛有血有肉地呈现在我们面前。这里的每一个老物件都有故事，故事里有人物的梦想、有悲欢的场景、有乡愁和思念，也有新闻及故事。这是时代留下的斑驳痕迹的记忆墙，也是记录时代变迁的一面镜子墙！

通往致富路的两条快车道

俗话说："要想富，先修路。"在石桥村景区门口下车，便能看到一条正在修建的高架桥，那就是"天平高速"的一段。"天平高速"作为甘肃省高速公路网规划中纵贯陇东南地区的一条重要省际快速联络线，全线长 238.5 公里。这条新时代的高速公路线在途经庄浪县境时，沿着庄浪 S304 省道布设，与这条 2006 年改建的庄华公路共同承担起平凉市及沿线乡镇的致富之路。

早在 2018 年，韩店镇石桥村村民惠喜梅面对镜头时就说过："随着石桥村被建成乡村旅游示范村之后，经常有游客到村里休闲游乐，摄影爱好者也常到村里采风。"近几年，随着镇上将旅游作为石桥村致富的破题之策，大力发展旅游业，游客数量也开始指数倍增长。这无疑为韩店镇带来了新的交通难题，原有的省道已无法满足新时期的游客量，而正在建设中的天平高速将有效缓解这一问题。

站在石桥村后的山上看天平高速和庄华公路，就像是看一对兄弟携手互进，"两条历史的对话路"为石桥村带来致富的希望。

下午 6 点左右，为期一天的采访在雨中的石桥结束。炊烟升起在山谷里，增添了一抹诗意。车的后视镜里，张建平的笑容和那座石桥叠加在一起，融化在雨雾里，一起融化的还有满是乡愁，满是新故事的石桥村。

（付　帅　邓泽玉　魏一鸣　王光瑞　傅志坤）

手记：

关山脚下石桥村，初见"时代记忆墙"

持续 4 天的"兰大新闻学子国庆采风庄浪行"已圆满结束，但庄浪的民俗风情，历史文化、梯田景观和特色旅游给我们留下了深刻印象。

10 月 7 日，看过了美丽的庄浪梯田，我们来到了韩店镇石桥村，石桥村是甘肃省乡村旅游的样板村。

初见石桥村的"时代记忆墙"，老物件纷呈，故事灿烂，浮现眼前。每一个老物件，都有故事，故事里有梦想、有人物、有场景、有新闻、有鲜明的时代记忆。石桥时代记忆墙，是庄浪县乡村旅游的真真实实的亮点，是网红打卡地。

关山怀抱里的石桥村，是丝绸之路必经之地，有著名的"张绵古驿站"。张绵，是张骞的儿子，生在匈奴，归来之后，便在石桥驻守一方。

石桥是一个有乡愁、有历史、有文化、凝结着时代变迁的地方，值得我们去挖掘、提炼和报道！

我们看到的旅游区里的 14 栋民宿更像别墅，我起名为"石桥民宿"。

据韩店镇石桥村党支部书记朱茂义介绍，石桥村旅游区一期工程投资 6000 万元。从 2019 年开始，建成 10 家农家乐，这 10 家都是建档立卡贫困户，村上给予每户补助 1 万元。

（韩　亮）

点评：

由点及面　展望乡村振兴新篇章

2020 年 10 月 6 日下午，兰州大学新闻学子在韩店镇张镇长的带领下了解韩店镇石桥村的致富故事。这条两千年来历经沧海桑田变迁的古丝绸之路，如今变为了乡村振兴的致富路。这篇文章注重场景描写，选取了三个代表性的故事，以点到面循序渐进地拉开乡村振兴的新篇章。

环境描写——"雨"中沉浸感

现场如矿藏，是开放的，又是封闭的。通过环境细节描写，还原现场，还原一个真实而饱满的现场。稿件开头写到雨，例如，"关山谷底的雾气混合着小雨在车窗上画出一道沟谷路线图"，让我们对采访现场的想象具体化，具有沉浸感，仿佛置身于现场。小雨迷蒙中驱车前往韩店镇，车窗被薄薄的雾气覆盖，隐约可见路两旁的树在急速后退。到达现场后对雨也有描写，例如，"这时，雨恰好停了，仿佛为我们更好地倾听故事提供方便。"雨停，采访正式开始。结尾时的雨，例如，"为期一天的采访在雨中的石桥结束。炊烟升起在山谷里，增添了一抹诗意。车的后视镜里，张建平的笑容和那座石桥叠加在一起，融化在雨雾里，一起融化的还有满是乡愁，满是新故事的石桥村。"在雨中完成了韩店石桥乡村振兴故事的采访。

从点到面的循序渐进逻辑

我们在写作之前，总要考虑先写什么，再写什么，最后写什么。这也就是所说的逻辑。进一步说，逻辑对写作是非常重要的，它在写作过程中起着极其重要的作用。稿件从三个方面去落笔：平凡人的平凡事情——朱大娘，代表景物——乡愁墙，最后到政策——修路致富，从点到面逻辑紧扣，层层递进，故事里有梦想、有人物、有场景、有新闻、有鲜明的时代记忆。写作离不开逻辑，一篇没有条理、不系统，没有逻辑的文章，无法让读者喜欢。作者用典型事物以小见大，串起文章逻辑，从乡村振兴、脱贫攻坚的变化到国家支持的政策，展望了致富的美好期盼。

历史和现在的故事对比

关山怀抱里的石桥村，是丝绸之路必经之地，有著名的"张绵古驿站"。张绵，是张骞的儿子，生在匈奴，归来之后，便在石桥驻守一方。石桥是一个有乡愁、有历史、有文化、凝结着时代变迁的地方，这里有古代的故事，更有现代的故事。稿件开头引出丝路背景，让读者对石桥村的故事充满期待。张骞出使西域的驼队雕像，云崖寺带入朱大娘的故事，历史与时代碰撞的老物件乡愁墙，而石桥村的日子也会越来越好。

报道的不足之处是主题不集中，特别是第二个小故事和其他两个故事之间缺少一个连接的主线。其次，缺少相关背景材料，对石桥村作为旅游示范村如何带领村民走向致富路的叙述不够翔实具体。

"石桥民宿"焕新生　村民致富增福利

2020年10月7日，"兰州大学新闻学子国庆采风庄浪行"的第三天，灰蒙蒙的天空终于放晴了，出现了久违的太阳。秋日暖阳中，我们走进了关山脚下的石桥村。

石桥村，位于距庄浪县城30公里的韩店镇，东边毗邻云崖寺森林公园。汉武帝曾在这里建立了古丝绸之路的第一个驿站——张绵古驿站。近年来，在乡村振兴的背景下，石桥村大力发展乡村旅游，已初步建成一个生态旅游度假村。在村子的西边，有一个别具特色的石桥民宿群。一间间小小的民宿，承载了很多故事，也吸引了众多游客和大大小小的会议。

初见"石桥民宿"

如果把豪华酒店比作一道西式快餐，那"石桥民宿"就像一道地方小菜，令人回味无穷。穿过铺满历史感的时代记忆墙，往里走，能看到整个生态山庄的外貌。推开那扇厚重的院落大门，就望见了14栋小别墅式的三层民宿傍山而立。

远眺民宿，周围绿草成茵，树木环绕，一排竹子伫立在草地中，与青砖黛瓦、风格复古的民宿建筑相映，典雅宁静，瞬间勾勒出一幅"土地平旷，屋舍俨然，有良田美池桑竹之属"的世外桃源之景。

跟着韩店镇石桥村党支部书记朱茂义的步伐，我们慢步走进民宿。与其外表形成反差的是，民宿内部装修融合了现代简约的风格。

"方便舒适是我们首先考虑到的问题。"朱茂义用略带方言的口音说道，"把细节都要考虑进去，每个房间都配备了独立卫生间。"为了满足游客的娱乐需求，房间里还安装了卡拉OK设备。

每层楼的楼梯下面还有一个小房子，是给客人们准备的厨房，民宿提供柴米油盐，客人可以自己做饭。"这也是一种体验。"朱茂义说。

再往里走，一座可供300人同时就餐的生态餐厅映入眼帘。餐厅内假山与各种花草树木坐落在四周。置身餐厅，仿佛走进了植物园，整个餐厅都充满了大自然的气息。不想自己做饭的客人可以在这里享受美食。餐厅一侧搭建了一个舞台，供举办婚宴、小型演唱会、年会等活动使用。

产业互动走新路

"这个灯笼是我们这儿的灯笼厂生产的。"指着大厅里挂着的灯笼，朱茂义满脸笑容。

最近几年，石桥村建起了巾帼车间，主要业务是做宫灯，吸纳了许多中老年妇女就业，已就近就地转移就业60余人。"年龄比较大的或者行动不便的人，都可以做。"

"民宿那边的桥下面要打几个拦水坝，以后在里面放一些鸭子、鹅之类的，也是一道风景。"民宿群的尽头是花崖河水库，是庄浪县城区饮用水源地之一。在水库和民宿群之间，不仅有桥，还有座半露天游泳池。"听承包公司的老总说这里还要打造一个水幕电影，我也没见过这个东西，你们应该比我清楚。"朱茂义继续热情地向我们介绍。

生态庄园内，11个集观赏、采摘等为一体的温室采摘棚以及围绕景区环形路种植的万寿菊田、山野水吧等景观也已建成。石桥村的乡村生态旅游整合了农业等其他产业，这些产业未来也会形成良性互动。通过打造生态旅游度假村，能够让传统产业和旅游产业深度合作，让石桥村的良好口碑传出去。

村民吃上"旅游饭"

石桥村距离云崖寺景区4公里左右，是云崖寺的"前花园"与"后厨房"，近年来乡村旅游的建设步伐加快。因为坐拥云崖寺、庄浪梯田等旅游资源，石桥村生态庄园的兴建，也解决了云崖寺及周边景区内无住宿的问题，给大量游客提供了一个歇脚的地方。

随着时代的变迁，曾经的古驿站已成了甘肃省优秀乡村旅游示范村。抓住乡村振兴的建设机遇，这里的村民不再单靠打工种地来谋生，他们享受到了旅游红利，吃上了"旅游饭"。近几年国家政策的落实和旅游样板村的建设真正推动了石桥村的振兴。

据朱茂义介绍，石桥村旅游区一期工程由庄浪县中天房地产公司投资6000万元建设。从去年开始，建成10家农家乐，这10家都是建档立卡贫困户，村上给予每户补助1万元。目前，石桥村正在进行第二期工程，投资6000万元，正在系统规划当中。同时摸底第二批贫困户，其中有9户已经在筹备中。

"我们村子的整体面貌得到了改善，好多设施都完善了。每到周末，外地的游客就到我们村子旅游。"朱茂义是看着石桥村一步一步走过来的。现在的石桥村，就像村前建起的高速公路，踏上了小康致富的快车道。

石桥的民宿，承载着诗和远方，给过往的游客带来温馨惬意的幸福时光，也会切切实实给石桥村带来好日子。

中午两点多，我们离开石桥村，在"张绵古驿站"牌楼下合影，阳光正好，不远处，是一座高高架起的高速公路。

（曹静伟　刘　念　张　琳　王姝君　熊新幸）

手记：

翻开西北故事的第一页

2020年10月7日，我们来到石桥民宿。实际上前一天晚上，我都没有找到选题，除了沮丧不安之外，还有一些害怕。这一趟出来，如果交不出一篇满意的作业，对于渴望成长的我来说，怎么讲也是一种遗憾。接下来的旅程中，石桥村生态庄园让我眼前一亮。

石桥村，位于距庄浪县30公里的韩店镇，东边毗邻云崖寺森林公园，两地相距4公里左右，因此石桥村也被称为云崖寺的"前花园"与"后厨房"。汉武帝曾在这里建立了古丝绸之路的第一个驿站——张绵古驿站。因为坐拥云崖寺、庄浪梯田等旅游资源，石桥村生态庄园中的石桥民宿群的兴建，解决了云崖寺及周边景区内无住宿的问题，给大量游客提供了一个歇脚的地方。石桥村成为乡村振兴战略下庄浪旅游业的一个缩影。

在韩老师的鼓励下，我抓紧报了选题。以石桥民宿为采访据点，以初见石桥民宿、产业互动走新路、村民吃上"旅游饭"这三部分作为采访和写作重点，将乡村振兴的背景下，大力发展乡村旅游，且已初步建成一座生态旅游度假村的石桥描绘出来，以游客的视角去观察这个村子，去介绍这个别具特色的石桥民宿群。

在采访之前我们小组四人对石桥民宿展厅进行了详细了解，然后和展厅工作人员进行了半个小时左右的"聊家常"，这是采访的基础，也是根本。韩店镇石桥村支部书记朱茂义听到我们从对石桥民宿群建设的初衷，到内部装修的理解后说："你们不错啊，这么清楚！我再跟你们讲，村里还建了巾帼车间呢，主要是做灯笼和宫灯，上了年纪的妇女有活儿干，有钱挣，高兴得很！"朱书记打开了话匣子，决定亲自带着我们参观石桥民宿群，亲自当一次讲解员。这也让我感受到了采访前对采访地的人文历史、经济发展等各方面做足功课、撰写采访提纲，且"说人话"的重要性。

朱茂义说他没咋接受过采访，不太会在镜头前面发言，但看到这么多省里的大学生来，心里特别高兴，觉得这个村子，这个民宿群，是有前途的。比起自己"受关注"，朱书记更希望对石桥民宿的关注多起来。除了常规的采访问题，我们将眼光从民宿群内，移到了民宿群外。我提到民宿那边的桥下面，是清澈见底的溪流，朱书记瞬间露出笑容，说："我要打几个拦水坝……"采访中找到新角度以及采访对象愿意聊的话题，是我所兴奋的事情。

此刻，作为一个采访者，我似乎可以闭嘴，只要目光注视、耳朵竖起，与他一起共情聆听就好。经过这次采访，我才知道，采访对象的话匣子打开了，所有你能想到的、想不到的精彩的采访内容就全都出来了，毫不费劲。这和以往一问一答、缺乏惊喜的采访方式不同，让我这个不擅长与人交谈的人，变得开阔了，原来交流是这样顺畅舒服的一件事。

下午两点多，我们离开石桥村。西北的土地上，总有故事讲，如何讲得鲜活、动人、让大家喜欢，绝非易事。此次踏上庄浪的土地，对我们来说是一次历练、一次成长，我们在实践中学习新闻，学习讲故事的能力，学习触摸真实的世界，而这也成为我们翻开西北故事的第一页。

（曹静伟）

点评：

如何写好体验式新闻报道

《"石桥民宿"焕新生　村民致富增福利》从记者的第一视角呈现了一个温馨又现代化的旅游度假村。2017年党的十九大提出乡村振兴战略，乡村旅游作为乡村振兴战略的积极实践，紧贴时代脉搏，把握乡村命题。该选题具有显著性、时效性、贴近性的新闻价值，更是时代发展的有力号召。

稿件生动立体的场景描写，鲜活生动的引语以及新闻背景的专业叙述，勾勒出了美丽的度假村全貌这个核心场景，通过记者的参观视角，将叙事动态化，同时巧用四元素写作方法，将叙事层层推进，升华主题。

抓住动词，勾勒动态场景

白描手法以朴实、简要为主要特征，是描写方式当中的"轻骑兵"。将白描手法应用到新闻写作当中，用质朴和精练的语言来勾勒新闻事件和新闻人物，增强新闻作品的可读性和真实性。稿件用白描的手法，生动立体地勾勒出核心场景"石桥民宿"。"穿过铺满历史感的时代记忆墙，往里走，能看到整个生态山庄的外貌。推开那扇厚重的院落大门，就望见了14栋小别墅式的三层民宿傍山而立。"动词是语言中最活泼、最生动也是最重要的一类，这一段描写抓住了动词"穿过""推开""望见"，写出了动态的观看过程。远眺民宿，周围绿草成茵，树木环绕，一排竹子伫立在草地中，与青砖黛瓦、风格复古的民宿建筑相映。几个简单的动词"环绕""伫立"便勾勒出了民宿的全貌，生动鲜明，与题目中的"焕新生"相呼应。动词将记者的采访过程动态化，参观的过程、旅游业的建设、乡村的未来规划，仿佛一切都是动的。

巧用写作四元素，推进动态叙事

四元素写作法指的是叙述、描写、引语和背景四个元素的有机组合，根据文章的叙事节奏，引语＋描写，将声音和画面相结合，呈现现场感，比如这一段：与其外表形成反差的是，民宿内部装修融合了现代简约的风格。"方便舒适是我们首先考虑到的问题。"朱茂义书记用略带方言的口音说道；叙述＋引语，引语成为鲜活的例子，让叙述变得具体，故事有感染力，比如：最近几年，石桥村里建了巾帼车间，主要业务是做灯笼和宫灯，吸纳了许多中老年妇女就业，已就近地转移就业60余人。"年龄比较大的或者行动不便的人，都可以做。"描写＋

背景，将看得见的现场和看不见的现场相统一，呈现出了新闻要素"原因"；引语＋背景，呈现出了事件的过去与现在，历史维度增强了稿件的思考性。这四个元素的组合，将场景动态化，叙事动态化，使得段落结构均匀，逻辑层层递进，行文流畅。

要写好体验式新闻报道，离不开典型的场景与典型的故事，要把握事件的过去、现在与未来。这方面稿件有些许不足，比如采访对象较单一，缺少游客的体验感受；整体叙事较为表面，缺少鲜活的故事、鲜活的人物，尤其在最后表现村庄风貌改善的时候，最好用具体的数字做对比，多一些真实性和感染力。

梯田故事

紫荆山下"铁姑娘"再聚首

2021年10月3日下午，甘肃省平凉市庄浪县紫荆山下的庄浪县梯田纪念馆被蒙蒙雨雾笼罩。40多年前一起修建梯田的"铁姑娘"们在这里相聚。她们共忆往昔青春岁月，同话梯田修筑中的酸甜苦辣。

"吃了苦、流了汗，我们把青春都献给了梯田。"魏亚敏回忆起少女时期修筑梯田的往事。

从20世纪60年代起，庄浪县为了改变当地人吃不饱、穿不暖的现状，动员一批又一批人民弘扬"与天斗、与地斗"的精神修筑梯田。全县各生产队响应号召，纷纷成立了农田基建常年专业队，魏亚敏所在的"铁姑娘"队也是其中之一。经过34年的艰苦修建，庄浪千百年来逐步形成的坡式阶地被整修为水平梯田。如今的庄浪被誉为"梯田王国"，拥有100万亩水平梯田，实现了水不出田，土不下山；大灾不减产，小灾保丰收。

"把地修平，吃饱肚子"

还未修建梯田时的庄浪是个名副其实的穷山沟沟。"说起为什么要修梯田，我可真是要给你好好说道说道。"谈起这个话题，魏亚敏打开了话匣子。

1964年之前的庄浪山沟纵横、水土流失的问题十分严重。庄稼种不出来，地里粮食没有收成，缺衣少穿是常态。面对严酷的自然条件和落后的生活状况，为了让乡亲们吃上饭、不饿肚子，敢于战天斗地的庄浪人民掀起了梯田建设的第一次高潮。

最开始修建梯田的是民兵连的成员，由于后期人手不够，庄浪县开始组织成立"铁姑娘"队。为了激起大家修筑梯田的热情，庄浪县接连打出了"愚公移山，改造中国""工业学大庆、农业学大寨""全县学上寨"等口号。在这一声又一声催人奋进的口号声中，一位又一位稚气未脱的小姑娘走出家门、爬上山坡，拿起铁锹和铲子，用自己的双手送走一方又一方的土、种下一寸又一寸的希望。

"我们刚开始的时候就是想把地修平，吃饱肚子。"坐在魏亚敏身旁的魏菊香补充道，"我记得修梯田是 1968 年，我十二三岁那会儿开始修的，一直到 1977 年我结婚的时候第一批梯田才基本修完。"

交谈中，"铁姑娘"们重现了当时特有的"坡头相亲"——"铁姑娘"与男子约在山坡上见面，但姑娘们苦于没有像样的衣服而羞于见对方，便会把男子"骗"到坡下，自己站在坡上远远看一眼。庄浪的梯田见证了一位又一位"铁姑娘"从少女到母亲的这段宝贵时光。

"这个女子么，哟嘿！"

在修筑梯田的过程中，条件非常艰苦。铁姑娘罗岁劳回忆，那时全靠太阳和月亮来看时间，早上看星星，晚上看月亮。为了让大家不落队，她们还编出了号子。

"铁姑娘"一听到"号子"，全都兴奋起来。"对对对！还有号子！"魏亚敏、魏菊香和罗岁劳一起喊起了旧日的号子歌。她们站成一列，后面的人把手搭到前面人的肩膀上，一起唱着、喊着：

"这个女子么，哟嘿！"

"哟嘿！"

"石头子号么！"

"木把把！"

"喜平（魏亚敏乳名）穿了个毡夹夹！"

"铁姑娘"们喊着从前的号子，时间也倒退回那个专属于她们的 70 年代。这朴实的号子，串联起了"铁姑娘"之间共同的记忆。她们把汗水和青春献给了这片土地，用双手将深山变成了梯田，将荒芜大地变成了希望田野，将曾经的梦想变成了现实，也将贫苦落后变成了富足有余。

在那个艰苦的年代里，"号子"就是"铁姑娘"心中的一抹"火焰"，在劳动疲惫之余喊出响亮的号子，让她们重新打起了精神、鼓足了劲儿。梯田也正是在这一声声号子中、在"铁姑娘"们的双手中逐渐成型。如今，眼前的"铁姑娘"们已经青春不再，但她们的坚毅与奉献让我们重新回到那段芳华岁月，她们的精神将永远熠熠生辉。

在"铁姑娘"的无私奉献中，在庄浪的广袤大地上，在历史的滚滚长河中，艰苦奋斗和自强不息的精神成了庄浪人民不畏困难、奋勇向前的强大力量。

"还记得'万人'景观吗？"

谈起当年修建梯田中遇到的难处，魏亚敏和她的姐妹们异口同声说："那可真是太困难了。"

修筑梯田是一件极其耗费体力的工作，"铁姑娘"们不仅要负责清理土块，还要夯土、犁地，而食物并不果腹。生吃国家发的救济红薯片片，公粮不够了偷牲口的细草然后做成菜饼饼，都是稀松平常的事情。"吃上这些不顶饱，所以我们干活儿经常是头发昏来、腿发软、嘴里还想吐酸沫沫呢！"魏亚敏的这句俏皮话逗笑了在场的所有人。

吃不饱没有打倒这群"铁姑娘"们，拦在她们面前最大的难题谁都意想不到。

"哎，你们还记得当时的'万人'场景吗？"罗岁劳抛出的问题又成功地勾起了大家对以前的记忆。

当年修建梯田的时候，"铁姑娘"只是众多生产队中的一员，日头上来之后一块地至少有一个大队、八个生产队总共一百多个人一起干活，山上全都是埋头苦干的人们。中午休息的时候，还需要把车子抬起来，人躺在车子底下睡觉。

人一多，姑娘们上厕所就变成了一个大麻烦。"当时我们把上厕所叫作'万人'景观。"付变变说，"因为一个人上厕所，需要我们其他姑娘手拉手围成一个圈，把她围在中间给她放哨。"

除了这样的"万人"景观，"铁姑娘"们为了方便上厕所还会自发带板子。如果有人需要，其他人就用板子把她四周围起来。"铁姑娘"们一边说着，一边爽朗地笑着。在庄浪的梯田上，铁姑娘们用她们的智慧化解了一个又一个棘手的问题，用她们的坚韧修平了一个又一个山头。

雨停了，"铁姑娘"们互相挥手道别。此时，天空显得澄澈，紫荆山下，大家都有各自的路需要继续前进。

（王　颖　肖国庆）

手记：

采访的瞬间性和戏剧性，才能够诞生火树银花

这是我第一次采访别人，也是我第一次独立完成一篇稿件。

国庆采风结束之后，我和我的同伴回忆起这次的采访之行，脑中闪过的第一个词就是"意外"。意外的采访主题、意外的采访之旅、意外的返程。那一天，我们被接二连三的"意外"砸中，这篇稿件最后也成型于这样的意外之下。现在回想起来，正是采访中事件发生的瞬间性和戏剧性才让我对这次的采访记忆犹新、才能够诞生这篇稿件。

"那你们就去采访铁姑娘队吧"

采访当天早晨，酒店外，雨正下得淅淅沥沥。看着大家成群结队地从酒店坐

车离开前往采访目的地，我和我的同伴在酒店大厅茫然地看着对方，心里不停地打鼓：今天我们还能顺利采访到之前就约好的采访对象吗？

8 点 10 分，酒店大厅里只剩下稀疏的几个人。韩老师在等待的间隙和我俩聊起了天。聊的过程中得知，原来约好的采访对象临时有事无法按照原来的计划来酒店接我们，如果想要继续完成采访任务需要自己坐公交去村里。我和同伴随即掏出手机搜去公交站的路线，韩老师制止了我们。

"不安全，人生地不熟，这样去不安全。"韩老师一边抽着烟一边和我们说。话音未落，老师看了一眼手机，弹了弹烟灰，抬起头说："谁做铁姑娘这个选题呢？那你们就去采访铁姑娘队吧。她们下午会在梯田纪念馆里面重聚，纪念馆离这里不远，快去吧。"像是落水的人抓住了一根救命稻草，我和同伴一边与老师道谢一边撑起伞，脚步不停地向庄浪县梯田纪念馆走去。

我们俩对"铁姑娘队"这个意外得来的选题没有做过功课。一路上，我们一边百度搜索着相关新闻报道了解庄浪梯田建设的背景，一边商量着采访提纲。

"阿姨，您看是这个意思吗"

虽然在采访开始之前我对"铁姑娘队"以及庄浪梯田建设的背景、成效进行了粗略的了解，自以为这次的采访应该会顺利进行下去。但从未想到在采访过程中，语言成为我与"铁姑娘队"的阿姨们最大的交流障碍。

当阿姨们回忆起当年梯田建设时的景象，大家的情绪开始变得高昂。你一言我一语，为我的写作增加了不少素材。但我和同伴都不是甘肃人，阿姨们的普通话里时常夹杂的庄浪口音，让我们的采访一度变得苦难重重。更多的时候我都在与语言作斗争，当阿姨们回忆故事时，我一边与她们进行眼神交流，一边用笔记录。一个故事回忆完，我再用普通话复述一遍，之后通常还会加上这样一句"阿姨，您看是这个意思吧"。当确定我对阿姨们讲述的故事理解正确后，阿姨们才会开启下一个话题。

之前的学习中我们常从理论的角度学习怎样做好一次采访，从未切身实践过。因此在我与同伴事前沟通采访细节时，也从未考虑过语言不通会对采访有这样巨大的影响。采访过程中出现的意外，也在提醒我们实践的重要性。

"我们的伞呢"

采访完是下午的五六点，我们一路将阿姨送到了回家的公交站。挥手道别后，我与同伴也准备回酒店。走到半路，我感觉手里空荡荡的，便说"我们的伞呢"。

我们把伞落在梯田纪念馆里了。于是又匆匆忙忙原路返回，纪念馆早已关门。我抱着试一试的心态，通过微信与工作人员联系。

工作人员来的时候天已经黑了，他一步并作两步，拾级而上帮我在馆里找着伞。"你们这些娃娃不容易，大老远地来这里，能帮就要帮一帮啊。"这是我向叔叔道谢时，叔叔的原话。一下子就被叔叔的这句话温暖到了，这样的意外里遇到的这位热心叔叔，让我真切感受到韩老师上课讲的那句话"要把采访对象当作你的亲人，用真心去感受"。用真心去感受，用真心去交流才能在采访中、写作时放上自己的感情，才能写出真情实感的稿件。

对于这次国庆采风的记忆，已经成为跳跃式、充满间隙的一段回忆。但是还记得回程，我们背着书包走在路的一侧，走在那条笔直的公路，夕阳已经落在了远方果林农田里，夜幕爬了上来。我想许多个意外让这次的采访变得难以忘怀，意外本身也是采访的一部分。

（王　颖）

点评：

贴近人物再现梯田上的青春印记

　　该报道以纵向时间轴叙述了庄浪从吃不饱穿不暖的困境到如今"梯田王国"的历史。在庄浪变身"梯田王国"的过程中，有一群姑娘功不可没。她们走出家门、爬上山坡，拿起铁锨和铲子，用自己的双手铲平一块块山坡，筑造一片片梯田；她们将自己的青春献给了梯田，她们就是"铁姑娘"队。本文主题鲜明，突出了"铁姑娘"们吃苦耐劳、坚韧乐观的精神，弘扬女性真善美，传播正能量，采写上运用平民眼光贴近人物，贴近生活，细节传神，是一篇能够吸引读者的报道。

植根生活，贴近人物

　　本报道再现了"铁姑娘"修筑梯田的往事，贴近生活，让先进人物深入人心，引发读者共鸣。"坡头相亲"重现了铁姑娘青春时期羞涩又大胆的一面；编出的号子体现出她们克服困难、苦中作乐的精神；"万人"景观生动地呈现了当时条件的艰苦与姑娘们的坚韧。平凡的英雄最让人感动，"铁姑娘"们将自己的青春献给梯田，才成就了如今的"梯田王国"。

再现生动场景

　　"'当时我们把上厕所叫作"万人"景观。'付变变说，'因为一个人上厕所，需要我们其他姑娘手拉手围成一个圈，把她围在中间给她放哨。'"手拉手围成圈把姑娘围在中间，这一细节描写极其贴近生活原貌。在当时艰苦的条件下，姑娘们没有地方上厕所，但她们没有抱怨，反而不拘泥于小节，自行组成"万人"景观，解决基本问题，既体现了姑娘们在建筑梯田行动中的豁达坚韧，又表现出她们的智慧巧思。

叙述＋描写＋引语揭示人物特征、突出主题

"'铁姑娘'一听到'号子',全都兴奋起来。'对对对!还有号子!'魏亚敏、魏菊香和罗岁劳一起喊起了旧日的号子歌。她们站成一列,后面的人把手搭到前面人的肩膀上,一起唱着、喊着:'这个女子么,哟嘿!'"

这是全文最精彩的部分,有画面、有声音。这部分通过叙述＋描写＋引语呈现了现场,语言富有节奏感,通过动作、表情、语言揭示人物特征,并突出了将青春献给梯田的"铁姑娘"们的坚韧与乐观。

离人物近些再近些

贴近人物包含两个方面。一方面记者通过自己的观察和采访进入人物的精神世界。另一方面记者的采访要深入细致,通过资料和人物回忆等呈现过去的场景。例如"坡头相亲"部分如果采访再深入一些,就可以使姑娘们的穿着打扮和行动更具体形象。她们当时的穿着如何,她们怎样调皮地将男子"骗"到坡下,远远看一眼的眼神如何,这些均可展示人物的喜怒哀乐,更好地表现"铁姑娘"们的性格特征,为人物活动及其个性展现提供舞台,揭示人物的精神风貌,使人物形象栩栩如生。

庄浪尖刀连："再回首恍然如梦，再回首我心依旧"

2021 年 10 月 4 日下午 2 点，位于甘肃省平凉市庄浪县的庄浪县梯田纪念馆一侧的小屋子里，一群在 20 世纪 70 年代曾被称为"铁姑娘"和"尖刀连"的老人们，重新围聚在一起。

我们介绍自己是兰大新闻学院的学生，魏彦斌直直腰站起来，拉过掀开门帘还未进屋的魏亚敏。"她们就是铁姑娘。我们？我们是那尖刀连哩！"于是我们在采访"铁姑娘"之余，惊喜地发现了"尖刀连"的存在，梯田建设的男性形象也因此跃然纸上。

一公里之外，"中国梯田化模范县"纪念碑静默无声，那是我们的来处，也是他们的历史。这是一个时代的群像，参与其中的每个人都是鲜活而灵动的，我们在不同生命痕迹的展露中，看到了这片大地上生生不息的庄浪精神。

"这是一个奇迹，也是一个时代"

魏世杰蹲坐在纪念馆的门前。三两个年轻人走入纪念馆，又走出纪念馆。魏世杰看着我的眼睛说："这是一个奇迹吧，你们年轻人是不是都这么觉得？其实我看，它也是一个时代。"

"我们这一代人受了苦了。"这几个字就这么轻描淡写地从魏世杰嘴里说出来，他摸摸自己的脚踝，"那个时候哪有鞋，就穿一个草靴子，连袜子也不穿。"在这样的条件下，每个人需要完成每天 12 方土的任务量，而 1 方土需要推 12 车。

"20 世纪五六十年代的时候一个小镇也就一辆马车，到 70 年代有了东方红拖拉机，80 年代改革开放又有了小汽车。"在魏世杰看来，我们的国家在不断走向一个"更好的时代"。

我递过纸笔请他写下自己的名字，他有些羞怯地笑笑，说自己"没学过几天文化"，但仍一笔一画地写下了"魏世杰"三个字。

"我们庄浪人，就是思想意识好得很"

魏世举曾是村里的支书。他有些沉默，手里始终提着一袋大烟叶子。我问及"尖刀连"这个名字的由来，他正了正身说："我们尖刀连就是冲锋队，跟她们铁姑娘分不开哩，就是要完成任务，没有一点余地。"

"农业学大寨"的 20 世纪 60 年代，靠救济粮过活的庄浪人向黄土高坡要耕地，从此开启了一个开山辟地的新时代。"我们早上 4 点就要出工，看不见路，就每个人打上灯笼、点一盏煤油灯。"

魏世举所在的村子有 2400 多亩地、1300 多口人，全村"把苦吃了、把累受了、把汗流了"，才换来下一代安居乐业的小康生活。庄浪的梯田建设是当代的"愚公移山"，魏世举直言："我们庄浪人虽然饿着肚子，但是思想意识好得很。"

纪念馆的墙壁上有 16 个鲜红的大字，"实事求是、崇尚科学、自强不息、艰苦创业"，这是后人总结的"庄浪精神"。在魏世举看来，庄浪精神的核心就是"吃苦耐劳"。

前人栽树、后人乘凉。魏世举始终说的，便是"不能忘、不能忘"。他微微欠身，变得热络且健谈，我看到这个西北汉子隐忍之下柔软的那一面。"我们现在觉得很幸福，子子孙孙的生计都有了保障，都能享受生活了。"

"关于尖刀连，我三天三夜都说不完"

1973年高中毕业后，魏彦斌被分配到专家队负责梯田建设的策划和规划。这项需要"把握精度"的工作概括来讲就是测定一条中心线，然后依据中心线的位置来撤走上方的土石，并将其转移到下方做填充。若测量出现失误，那么上方则会有坍塌的风险，下方的土地也无法填充平整。

魏彦斌虽属"专家队"，但同样也要下地干活，"那时候三个人一辆架子车，一天就要运26方土"。魏彦斌提起一位叫"魏世世"的工友。魏世世是家中独子，生活十分拮据，曾三天饿着肚子参与到梯田的建设，累了就原地躺下休息一会儿，起来喝口水就接着干。这只是一个很简单的故事，但千千万万的庄浪人民，都是这样踩着泥土和着汗，一步一步将贫瘠荒芜的黄土高坡，修建成了如今的绿水青山。

在20世纪六七十年代的庄浪人心里，最具体而实际的愿望，就是想方设法用他们的苦干精神改造这片土地，给子孙后代多创造一点能长粮食的土地。"现在庄浪千变万化了，这不就是梯田带给我们的利益吗？"魏彦斌说。

走出纪念馆，"尖刀连"几位老人的背影汇入人潮，如来时一般无声而静默。而这座县城已然是一个新世界了。我看着他们身后的远方，细雨迷蒙中有大片大片沉寂的绿，那里有他们的根。

（肖国庆　王　颖）

手记：

紫荆山下，我们把东大街走了七遍

进度条走过第三遍。我又一次把进度条拖回它起始的位置。已经凌晨3点40分了，屋子里暗黄色的暖光让人昏昏欲睡，瞄一眼角落里的加湿器，我起身添了些水。怎么没声音？拿起手机，语音备忘录的播放键被按下了暂停。霎时又恢复了那种嘈杂——进度条走过三遍后，该听懂的录音还是听不懂。

一

中午 11 点 30 分，我看着铁门被轰隆隆地拉紧。我们从东大街匆匆走来，天阴得仿佛与山相接，雨丝模糊不见但很真实地落在衣袖上。十月初便这样冷吗？纪念馆的大叔压了压帽檐，指向一侧的小巷，尽头是扇窄窄的铁门："下午铁姑娘她们会先到我那去。"

我们回到东大街，地砖已经有些湿滑了。明明是中午，却不见什么热闹的光景。我捧着一碗鸭血粉丝汤，没吃完便打起瞌睡。走过东大街，不远便是纪念馆，但大门紧闭。这是中午的一点，看来鸭血粉丝汤的热乎劲不够持久。

拐进纪念馆一侧，略显逼仄的小路通向一间几平方米的小屋。魏世杰老人正啃着一个馍馍。他的脚边，小太阳取暖器将屋子照得通亮。我瞥见墙角的大烟叶子，那是魏世举老人的心爱之物。现在是下午 2 点 30 分，这些在 20 世纪曾被称为是"铁姑娘"和"尖刀连"的老人，重新借由这几平方米的小屋子围聚在了一起。

二

这种感觉有些奇妙——馆内陈列的器物都是老人实际使用过的，但他们仍对讲解乐此不疲。玻璃内外是被分隔的两个世界，他们在垂暮之时重新看到自己的来处，或许是种更奇妙的感觉。

采访被安排在纪念馆角落的小放映室。我们开始显得局促——尤其是我们发现没办法与老人进行流畅的沟通后，这颇有些"交流的无奈"之感。魏亚敏老人嗓门洪亮，咯咯笑着，她的一侧，另一位老人不时凑近我耳边说些什么，重听录音才知是与魏亚敏老人所讲的相异的两件事。魏世杰老人则蹲坐于馆外，他像是喃喃自语，需要一个倾听者的角色，不过听来也实在费劲。但有句话我听得很清："没有共产党就没有新中国。"

天是阴的，但雨停了。现在是下午5点，老人们从历史中走出来，回到他们原先的生活中去。顺利的话，我们也该离开这条东大街了——但很不幸，护佑我们的伞不再伴身了。它从海边悠悠而来，最终湮没在一个不知名的雨天里。于是在这条东大街上，我们又走过了第六遍和第七遍——找伞与买伞。

凌晨5点50分，窗外黑暗褪去，天仍阴沉沉的，青灰的冷色调里，藏着一丝明晃晃的倦意。我向远处挥手，希望太阳能就这样升起来。加湿器又有些喘息了。进度条走过第五遍，我开始准备按下自己的暂停键——进度条走过五遍后，该听懂的录音，还是听不懂。

本来要采访"铁姑娘"的我们意外采访到了"尖刀连"。这次稿件的形成，可谓是意外之喜。新闻就是这样，充满意外，也许有时还会有遗憾和惊吓，但也因此，它格外有魅力，吸引着一代又一代新闻人去挖掘宝贵的矿藏。

（肖国庆）

点评：

跨越时间长河　见证庄浪精神

该报道在叙事策略上采用现在和过去交叉叙述的方式，在老一辈的讲述中，回顾在历史长河中逐步成长的庄浪县城。用曾经和现在做对比，更生动地展示了庄浪这些年来发生的翻天覆地的变化。如果只从现在的角度下笔，单纯描写如今的庄浪有多么好，显然是单调的、死板的，更展示不出伟大的"庄浪精神"。而这篇文章，就从时间跨度上来描写这一变化，通过对比出新闻，通过反差讲精神。"千千万万的庄浪人民，都是这样踩着泥土和着汗，一步一步将贫瘠荒芜的黄土高坡，修建成了如今的绿水青山。""'农业学大寨'的20世纪60年代，靠救济粮过活的庄浪人向黄土高坡要耕地，从此开启了一个开山辟地的新时代。"
这些描述无不在展示庄浪这几十年的变化，通过对比和反差揭示主题，展现庄浪
精神。

巧用引语，升华文章主题

引语在消息写作中必不可少，在新闻报道中，巧妙地使用合适的引语，尤其
是直接引语，能够为新闻报道增色。

恰当地使用直接引语，对于还原真实和重现现场的细节，有非常大的作用。
它能使读者产生身临其境之感，充分展示被采访者内心情感与人物个性。

"我们这一代人受了苦了。"

"那个时候哪有鞋，就穿一个草靴子，连袜子也不穿。"

"我们早上4点就要出工，看不见路，就每个人打上灯笼、点一盏煤油灯。"

报道中这些直接引语的使用，使读者充分感受到当时庄浪人民为建设家园所
受的苦，且为新闻事实提供佐证，增强了文章的真实性。

此外，报道中的直接引用还具有总结文章、提炼主题的作用。"'20世纪
五六十年代的时候一个小镇也就一辆马车，到70年代有了东方红拖拉机，80年
代改革开放又有了小汽车。'在魏世杰看来，我们的国家在不断走向一个'更好
的时代'"……这段行文中，引语和叙述交叉进行，相互佐证，是一段总结性内
容。直接引语的恰当使用，提升了文章的真实性，而且用人物的直接引语更有
力，比记者叙述或发表言论更客观，也更生动。

这篇报道以历史的维度展开叙述，充分展现了大时代变化下小城市的发展变
迁，从黄土高坡到绿水青山，从无名小城到"中国梯田化模范县"，同学们用生
动的描写，细致的笔墨，描绘出埋藏在庄浪人民心中的庄浪精神。

庄浪梯田上的"活愚公"

　　中国有一个家喻户晓的古代寓言故事叫愚公移山，它颂扬的是锲而不舍、持之以恒的精神。在甘肃省平凉市庄浪县柳梁镇李堡村有这样一个人，他坚持修建梯田、坚持修路几十年，当地村民称他为"活愚公"，他就是李虎成。

　　2021年10月4日上午10点，在淅沥的秋雨中，车子翻过一道又一道高高的山梁，公路两边是繁密的树木。经过40多分钟的颠簸，我们终于到达李堡村村委会。接待我们的是村干部杨亮亮。"我们老主任人好得很！70多岁了还一直坚持做好事，无怨无悔。"杨亮亮话音刚落，我们就看到一位瘦瘦高高的老人。他穿着一件旧旧的呢子外套，手里夹着一杆老旱烟，冒着小雨走进了村委会，他便是李虎成。

"修梯田就是为了更好的生活"

　　李虎成在十几岁的时候，就跟着大人们修梯田。回忆起当年修梯田的经历，他说："我记得那时候是1964年，我还是个娃娃。就是为了更好的生活嘛，大家都在山上修梯田。修出了梯田来种地，种地才有吃的。那时候虽然年龄小，但也不怕吃苦不怕累，一心只想着往后的日子过得好，能吃饱饭，就蒙着脑袋干了。"

　　这之后的30多年间，村子里的老百姓都用自己的双手开挖梯田，一直到20

世纪 90 年代，村里有了三轮车、手扶拖拉机，才开始用机械代替人工修挖梯田。"现在我们能看到的梯田的样子，基本上都是用人工挖出来的。"杨亮亮告诉我们，"修梯田这项工作从未停止过，现在依旧会修，最大的变化就是村民们双手被解放了，不用蛮干了。"

谈到对修梯田十年如一日的坚持的时候，李虎成说："我自己是过过苦日子的人，所以想着让村里的人都过得好一点，别人快乐，我也就快乐了。"

"看见不好走的路，就想挖"

梯田修好了，村民们开始在这里种庄稼，栽果树。但这些生产用地大多数都在村对面的阳圪峁山上，而通往这里的路陡峭又泥泞，修路的机器设备也开不进去，这就造成了李堡村一直以来的"出行难"问题。1993 年初，当时还是农村农业合作社社长的李虎成下定决心要修出一条通往庄稼地的路，一个人一双手一把铁锹，是村民们几乎每天都能看到的场景，慢慢地附近村民们都被感染，修路的队伍也逐渐壮大起来。经过 6 个多月的苦干，一条长约 5000 米、宽 4 米的田间道路修成了，这是李堡村第一条通往庄稼地的大路。此后的几年里，村民们又挖通了很多大大小小的土路，刚开始是架子车走，后来三轮车都可以直接开进地里，村民们的生产生活方便了很多。

后来村里规划了百亩苹果园，李虎成又开始修通往果园里的路。村与村之间路途遥远，通行不便，他又开始修村与村之间的路。几十年间，他带领村民修通了村里长长短短的道路有 6 条，50 公里之多。"他一个人拿手这么挖，手心起了很多大泡。他不叫一声苦，不喊一声累。我们都看他挖得辛苦，大家就齐心合力把这个路挖通了。"李堡村村干部赵轩说。

多年来，一条条村社道路从无到有、从窄到宽都是李虎成带领李堡村的老百姓们一铁锹一铁锹铲出来的。为了修路，铁锹坏了 6 把，胶鞋磨破了 13 双，但他依然坚持义务修路，并乐此不疲。

路修通了，李虎成开始带领群众栽树。"爱修路，爱栽树，还爱平地，这是党的栽树政策。所有对人民有好处的政策，我都一贯学习，一贯做。"就这样，村里的房前屋后、道路两旁、所有荒山都栽上了树，村里的生态环境也发生了大变化。"梯田边上种松树，里面种桃树、杏树。种树嘛，就是种经济林。"李虎成望着村委会对面一片葱茏说。

"地冻三尺，心热一丈"

李虎成对村子里的改变并未止于此。直到现在，到了冬天，李堡村的饮水问题一直是百姓生活的一大难题。因为天气原因，水管很容易被冻破。俗话说"天晴修水路"，为了解决老百姓的饮水难题，李虎成和赵轩一起合作，一个挖水路，一个接水路，两人协力修水管。"我觉得这是为大家做好事嘛。作为一名党员，我应该学习老主任的奉献精神，趁着我有能力也为大家伙儿做点力所能及的事。"赵轩说。

"地冻三尺，心热一丈"，这是李虎成重复一次又一次的话，"我们非把水路挖通不可"。有的时候外村的人家水管被冻破了都会找他们，而他们也会义不容辞地去帮忙。

"我今年才70岁，还很攒劲，还能干得动，这么多年都是这么过来的。"为了百姓方便，为了家乡建设，不怕苦不怕累的精神已经深深刻在了李虎成的骨子里。

杨亮亮说："老主任李虎成为我树立了一个榜样，对我影响至深。我们同为乡村干部，除了要在村镇建设和发展上做出成绩来，还要凝聚民心。走进老百姓的家中，走入老百姓的心里，设身处地为百姓着想，为百姓做实事，做百姓都认可的好书记。"

（魏丽红　姜琪）

手记：

采访和写作都是思考的过程

2021 年 10 月 3 日，我们在几位老师的带领下，踏上了庄浪采风的征途。同行的同学们都很兴奋，我心里略有些不安，这是我研究生开学以来第一次参与采访活动。在阴雨绵绵中，我们进行了为期三天的采访活动。在这短暂的三天时间里，我体验到了作为一名采访人员应该具备的能力和必须注意的问题。虽然时间匆忙，但是这场活动带给我的影响却是长久的。

采访之前做足准备

为了这次采访能够顺利圆满进行，我们做了充分的准备。为了行动方便，我们分了小组，在出发之前不断进行讨论，确定选题，尽可能让每一个选题都有可行性和价值。然而尽管我们的准备很充分，在采访当天依然出现了状况。由于天气原因，我们的选题不得不放弃，重新找选题。这是在采访过程中很难预料到的情况，是一个很大的不确定性因素，充分准备都可能没有可采访的素材，更何况不准备呢。

采访过程中要有新闻敏感，抓新闻点

放弃了我们原本的选题之后，我们重新找了选题。因为没有提前做好了解工作，我们不得不一边进行采访一边挖掘素材。我们的第二篇稿子《庄浪梯田上的"活愚公"》就是我们在采访李堡村支部书记时挖掘出来的。所以不管是什么时候，都要保持高度的新闻敏感，新闻往往体现在一些小人物和小细节上面。

写作是一个精雕细琢的过程

通过这次采访，我深深体会到一篇有价值的新闻稿件实属来之不易，且不说艰难的采访过程，写作的过程也很困难。在新闻稿发出去之前我们每天要做的就是改稿，也许最后的成稿不是最优秀的，但是这个过程是我们每一个新闻学子都要经历的。每一篇稿件的事件、背景、人称甚至是标点符号，都要经过仔细考虑。

采访和写作都是思考的过程，更是积累经验的过程，只有通过足够多的实践，认真对待每一次采访，才能拥有更精准的新闻敏感，才能写出有价值的新闻稿件。新闻稿件不是语言的简单堆积，而是有思想有温度的表达。

（魏丽红）

点评：

用鲜活生动的语言谱写一首英雄的赞歌

这篇人物通讯报道，用鲜活生动的语言描写了甘肃省平凉市庄浪县柳梁镇李堡村的"活愚公"——李虎成用40年时间带领村民修筑梯田、坚持修路的事迹，树立了一位有情怀有温度的先进人物榜样。文章避免"高大全"式的塑造、说教式表述，呈现了一个当代版愚公移山的故事。作者基于李虎成生活环境和生活方式深入了解与扎实采访，着力于人物细节的潜心挖掘、人物性格的精心塑造和人物内心世界的立体展现，使一个有血有肉、鲜活生动、可亲可敬的人物形象跃然纸上。

选取人物精神触发点，塑造典型人物形象

庄浪梯田上的"活愚公"作为本文的标题，具有故事感，吸引读者兴趣。"活愚公"是村民对李虎成的概括，更是人物精神的触发点，是对人物精神的高度凝练。"活愚公"生动形象地表现出了李虎成在困难面前迎难而上，执着坚定、敢

为人先的精气神，使大西北人的坚韧不拔、率性豁达一览无余。

片断式呈现，细节化微观镜头

作者从小处着手，精心剪裁、严格挑选出多个具有典型意义、能反映事件本质特征的小情节、小片段，围绕主题，在大主题中展现小情节，呈现化大为小、小中见大的表现效果。例如："他一个人拿手这么挖，手心起了很多大泡。他不叫一声苦，不喊一声累"；"为了修路，铁锹坏了 5 把，胶鞋磨破了 13 双，但他依然坚持义务修路，并乐此不疲"……这一个个细节，呈现出李虎成"功成不必在我，功成必定有我"无私奉献的人物形象。

矛盾式设计，冲突调动读者情绪

冲突是展现人物性格的手段。冲突往往因矛盾而生，能够引人入胜。这篇人物通讯不同程度地运用了冲突和矛盾。文章中在几对矛盾冲突的交织中波澜起伏。人与自然的矛盾，村民出行与陡峭路况之间的屏障，村民饮水与寒冷的天气之间的不适……矛盾共生，冲突迭起，而李虎成坚守初心，不断克服困难的过程恰好塑造了主人公的品格与魅力。作者巧妙地将这些冲突梳理成一组组脉络清晰的音符、一个个矛盾冲突的交织点镶嵌在行文过程中，读者的心随之起伏律动，令读者更加直观地感受到李虎成带领村民修建梯田，开山凿路的万般艰辛和不易，更为深刻地理解和体会"活愚公"精神的宝贵无价。

老支书讲述庄浪梯田第一村的变迁

经历 1 个多小时的颠簸后，天越发阴沉，满天都是厚重、灰蒙蒙的乌云。不经意瞥过车窗，层层叠叠的梯田，红绿交映，漫山遍野，煞是好看。2020 年 10 月 6 日早上 9 点左右，"兰大新闻学子国庆采风庄浪行"第二采访小组来到"庄浪县梯田化第一村"大庄村的村支部。

在与赵墩乡乡长张唯的交谈中，一位老人进来了，他略微颤抖的手指夹着烟，佝偻着身子面带笑意来到我们身边坐下。他是大庄村的老村支书魏国珍，今年 75 岁，他给我们讲述了大庄村 50 多年的变迁。

"当年的生活，苦得很啦！"烟雾缓缓升起，我们跟着老支书的思绪回到那个满是血汗的梯田建设的年代。

赵墩乡地处庄浪县西北部，地势东北高西南低，境内山峦重叠，沟壑纵横。大庄村位于赵墩乡中部，俗话说"靠山吃山"，而曾经的大庄村却是穷山。先辈们留下的荒山陡坡、沟沟岔岔，遇旱地裂，逢雨泥泻，人想要上去很难，更别说在上面种植作物了。

1964 年，庄浪县委、县政府做出了《开展治理坡耕地为主的农田基本建设的决定》，大庄人和庄浪广大干部一道开始了建设梯田的历史。梯田建设的历程，是庄浪人与温饱抗争，向自然挑战的艰辛史。据统计，其中有 30 人献出生命，116 人负伤致残。

1991年，魏国珍担任大庄村支部书记时，整个庄浪县都处在梯田建设的热潮中。村里的男女老少自发走向田间地头，赶修梯田，日复一日。从夏天到冬天，从大汗淋漓到手脚生疮，年复一年。到1992年，大庄村填平了大小沟壑120多条，建成治沟淤地坝2座，挖创水土流失面积4.8平方公里，共建成水平梯田5610亩，梯田面积占到耕地面积的98%，率先实现了梯田化。

经过30多年的接力，付出了一代又一代人的心血。到1998年，大庄村终于实现了水不出田，土不下山，大灾不减产，小灾保丰收。2019年，大庄村实现了全村致富。

目前，大庄村耕地面积5660亩，全村共1727人，人均耕地面积3.3亩。村民们通过种植苹果、玉米、马铃薯以及部分养殖业和创业合作社等形式走向了自己的致富路，人均年收入能达到5000元左右。"过去和现在可不能比！之前的'三跑田'已经成为'三保田'了。"老支书激动地看着我们，眼睛里满是掩饰不住的亮光。

一个多小时后，一地弹落的烟灰意味着我们的采访已经接近尾声，走出大庄村村支部，一道一道梯田上秋意正浓。

（屈青青　陈皖皖）

手记：

那些被知道和未被知道的人和事

10月6日，我们小组的成员从庄浪坐大巴历经1个小时到达赵墩乡，然后租车去往大庄村。天越发阴沉，满天是厚重、灰蒙蒙的乌云，有种风雨欲来的感觉。9点，我们小分队来到了庄浪县梯田化第一村——赵墩乡大庄村。尽管在出门采访之前做好了充足的准备，包括一些背景资料、采访对象的信息。但是在实际采访过程却和我们预先构思的不太一样，过程中也需要临机应变，去进行相应调整。

在这位 75 岁大庄村老村支书魏国珍徐徐讲述的过程中，我萌发了要将大庄村这 50 多年间变迁写下来的想法。说做就做，前期在网络上找了很多资料和图片，也到庄浪县梯田纪念馆实地去看当时的史料以及一些工具图片，感受大庄村从贫困村到梯田第一村日复一日、年复一年的挑战、抗争和建设。

在采访魏国珍书记的过程中，我努力去听也很难听懂这位老人家说出的方言，但是好在陪同的赵墩乡乡长张唯以及我甘肃本地的小伙伴在，他们在前期采访和后期整理中给了我莫大的帮助。

采风活动中，我们碰到了 88 岁的杨爷爷，他是抗美援朝老兵，战争对他的听力和视力造成了很大损伤。身边也没有其他人可以给我们传达信息，我们之间的沟通很困难，大声的吼叫也无法让爷爷了解我们的来意，更别说进行深入采访活动了。

我们买了一些适合老人家吃的食品送给杨爷爷，当我们递到他手里时，他不停地说着："我不能要你们娃娃的东西，不能要啊！""应该是我给你们，是我没用了。"听到这，我没有忍住哭了。

杨爷爷有一位孙子也是军人，他翻箱倒柜地找到了孙子的军帽，拍了拍手上的灰，双手郑重地将其递给我们，脸上满是自豪，也仿佛回到了当年那段峥嵘岁月。中途辗转联系了驻村帮扶干部和老人的家人，却没有成功，很遗憾没能讲出老人的故事，这是我这次采访最大的遗憾。

临走之前，我们提出想和老人合影，反复大声地重复几遍，终于让他懂了我们的意图。老人熟练地拿出一堆黑黄黑黄的衣服里面最体面的一件厚外套，套在了身上，我看到了老人额头上不停冒出的汗珠。虽然老人的身板不再挺直了，但拍照的时候努力站军姿的他，也让我感受到了退伍军人的风骨。

庆幸在采访途中遇上很多善良、朴素的人，他们给了我很多灵感和感悟。直到坐上返途的车时，我还沉浸在过去中没有缓过来。虽然我没有亲身体验到关于那个时候的艰苦和奋斗，但是却给了我很大的感触。有些故事被世人所知，而更多的是无数尚未被熟知的人和故事。

（屈青青）

点评：

学会把控采访现场

《老支书讲述庄浪梯日第一村的变迁》以 75 岁的老支书的视角讲述了大庄村 50 多年来的变化，表现了大庄村从贫困村到梯田第一村的变迁。因为同学们在采访过程中对现场的把控不够，造成成文后以背景叙述和数据说明为主，缺乏新意、缺少细节、没有故事感。初次参加新闻实践的同学常常缺少对现场的主动把控意识，我以这个报道为例，简单说明如何把控采访现场。

采访地点的选择

同学们坐出租车到达大庄村的村支部，碰到 75 岁的老支书魏国珍，采访地点选择在村支部。魏国珍当过两年的村主任，14 年的村党支部书记。他同时也是土生土长的大庄村人，是梯田的建设者，见证了大庄梯田的变迁。在村支部采访，采访对象对自我角色的认知更大程度上是"老支书"，如果在梯田采访，采访对象的角色认知就不仅仅是"老支书"而会附加另外的角色，讲出来的故事就不一样，而如果在他家里采访，信息则会更丰富。另外，采访现场的变化也会带来丰富的现场信息，一张照片、一个旧物件都会引出生动的故事。总之，典型现场会突显鲜活细节、会引出生动故事。

采访中陷入被动状态

初次采访的同学常常不够自信和主动，容易被采访对象牵着鼻子走，采访对象说什么就听什么，充当着记录员的角色。庄浪的变迁离不开梯田建设，类似的选题被许多媒体报道过，老支书也被媒体采访过，同学们的报道和之前的报道相比较没有新意，一些语言也是重复的。被报道过的选题如何有新意，依赖于新角度的选择，这就需要同学们在采访前做好准备，尽可能掌握各方面的情况，针对性地设计话题，获得"鲜活"的信息。

话题引导到更有价值的新闻点

采访是目的性很强的一种活动，要根据自己的报道主题和角度获取信息，提问要具体、集中、准确。当采访对象的话题脱离主题或缺少故事和细节时，采访者应巧妙地引导采访对象到更有价值的新闻点。

如何确定《老支书讲述庄浪梯田第一村的变迁》有价值的新闻点？第一，"老支书讲述"确定了叙述者，由他来讲述大庄村变迁主题，在这个主题的限制下他可以讲自己的故事，也可以讲别人的故事。第二，在梯田故事中"求异"。大庄村为什么可以成为梯田第一村？了解大庄村不同于庄浪其他地方的信息。第三，变迁不是流水账，在时间的维度上结合时代背景找出变迁的主要节点，有重点地突出变迁主题。第四，除了背景材料和数据之外，故事和细节也是呈现变迁的主要方式。

红色故事

一位农民收藏家眼里的建党百年风华

国庆佳节，天空中飘着细雨，位于甘肃省平凉市庄浪县城郊水洛镇西关村的嘉禾博物馆在烟雨蒙蒙中更显得诗情画意。这座私人博物馆于 2018 年建成，所有展品均来自农民收藏家王积稼 30 多年来的收藏。王积稼今年 54 岁，从小喜爱读书，在文学、历史、绘画等方面多有涉猎。他 30 多年收藏了 2.2 万件藏品，"全国各省市大学图书馆补充新书的时候会处理掉旧书，我会把这些书收藏起来。平常我也去地摊儿、藏品交流会淘书"。

尽管办博物馆耗资巨大，但他的博物馆从来不收费，"只为守护自己的那份初心"。嘉禾博物馆自开馆以来共接待参观者 18000 余人次，获得了社会各界的称赞和认可。

"100 年正值风华正茂"

进入博物馆，首先看到一条深邃的走廊，左右两边高大的壁柜里陈列着各种展品，走廊中间立着的两个长方形展柜里面整齐地摆放着一排排书籍和琳琅满目的美术作品。放眼望去，上万件展品分类有序。

"今年是中国共产党成立 100 周年，100 年正值风华正茂，所以我给这个展取名为'百年风华'。"王积稼说。从 2020 年年初，他就开始为建党百年的布展做准备，此展共分 8 个部分：经天纬地、开天辟地、改天换地、翻天覆地、惊天动地、顶天立地、战天斗地和人民至上。其中开天辟地、改天换地、翻天覆地和惊天动地这四个标题是参考了中共中央党史和文献研究院院长曲青山先生的党史四阶段。

王积稼告诉我们："是马列主义改变了人类前进的方向，改变了中国，所以我在'开天辟地'前加了'经天纬地'这一部分。"王积稼对马列主义、对中国共产党思想影响的理解非常深刻，在展馆一进门的右手边便能看到很多诸如《马克思的事业：从布鲁塞尔到北京》《共产党宣言》等马列主义相关书籍。在"惊天动地"后王积稼加了一个"顶天立地"，用以缅怀英雄。英雄者，国之干，中华民族历来崇尚英雄、敬仰英雄，中华民族也历来英雄辈出、群英云集。所以王积稼在这一部分展示了中国共产党各个历史时期英雄人物的感人事迹与革命精神。

作为庄浪人的他将第七部分命名为"战天斗地"，以此来展示庄浪精神与庄浪人民的奋斗史。第八部分"人民至上"来源于中国共产党的终极目的——为人民服务，一切为了人民。

"从经典美术作品和优秀文学艺术作品中学党史"

走上通往二楼的10层台阶，博物馆的全貌尽收眼中。整个博物馆占地500多平方米，是王积稼在自家平房顶上修建的一层钢架结构的房屋。为建好自己的博物馆，王积稼经常前往各地博物馆参加培训，学习如何布展。

一年前，王积稼开始为建党100周年构思筹建党史展区。尽管已经有30多年的收藏基础，可他还是不断寻找新的内容来充实博物馆，以达到更好的党史宣传教育作用。谈到办党史主题展览的思路，王积稼有他自己的想法，"从经典美术作品和优秀文学艺术作品中学党史"。从1921年到2021年，中国共产党历经百年风雨，每一个阶段都有代表性的文艺作品，它们以生动活泼的表现手法、细腻真挚的情感表达讲述党史。

在"开天辟地"展区的墙上，挂着一幅名为《七根火柴》的油画。这幅油画描绘了在长征途中，一位生命垂危的红军战士把党证和夹在党证里的七根火柴交给战友转交给组织的场景。在漫长而又艰苦的革命道路上，有无数英雄前赴后继，将生命奉献给祖国，奉献给光荣伟大的革命事业。在这个展区中，长征故事是王积稼着重展示的部分，"红军不怕远征难，万水千山只等闲"。党史学习应从精神学起，从优秀革命前辈的伟大精神中汲取力量。

"这是我经历的年代，80 年代是热烈的年代"

馆内的文艺作品都是按年代排列的，其封面串联成的一幅幅画面按时间顺序展现了一个个历史场景，就仿佛走过了中国共产党的发展历程。

走到"翻天覆地"展区，王积稼像是见到了老朋友一般，对展柜里的藏品如数家珍："这是我经历的年代，80 年代是热烈的年代，人们有理想、爱学习，社会文化大繁荣。"

展馆里的白色灯光透过玻璃照在一件件藏品上，好像给它们重新上了层底色。一个展柜里陈列着唱片，封面色彩鲜艳，封面上的人物神采奕奕，形象鲜活。"每一个封面都有自己的故事。"王积稼说。《理想之歌》的封面被大片绿色填充，展示了知识青年上山下乡，开垦北大荒，在农田里辛勤劳作的场景。《奔向广阔天地》《祖国永远是春天》《我们的生活充满阳光》等唱片的封面具有时代风格并富有生机。"这些封面非常有意思。"王积稼笑意满满，眼里散发着光。

"不是只有党员才是爱党爱国的"

党史专题展览的 8 个展区体现了王积稼对中国共产党的思想来源、发展历程、执政理念的深刻理解。"去年国家文物局发了一个通知，号召全国各地国有博物馆和非国有博物馆做党史展览。"王积稼积极响应国家政策，做好了党史的宣传教育工作。"我十分感恩中国共产党，每一个人都应该学党史、悟党史。"我们询问王积稼是否是中国共产党党员，他笑着说不是，"不是只有党员才需要学习党史，群众也是爱党爱国的。"

"金石可人，博物友我。"王积稼曾在他的桌前挥毫写下此句。这些藏品，承载着属于一个时代的独特印记，唤起了一代人的情感记忆。"不能忘了那个物质条件匮乏、为生活拼搏的时代。"王积稼耗时一年筹办的党史主题展览，饱含他对党和国家的深情热爱，对党史宣传教育具有重要意义。

（张可伟　穆敬一　郭昕诃　杨荣智）

手记：

一篇作品的诞生需要反复打磨

这个选题是在选题座谈会上提到的，庄浪融媒体中心的王主任对这个选题很熟悉，主人公王积稼筹建博物馆的故事已经被各个媒体报道过了。但在我们以为这次的采访只能泡汤的时候，听闻王积稼为建党 100 周年筹办了党史主题展览。我们觉得恰逢建党 100 周年的时间节点，这是一个新的报道角度，是一件值得记录的事情，具有时代性。

王积稼的嘉禾博物馆坐落于庄浪县城郊水洛镇西关村，采访的当日下着绵绵细雨。博物馆的位置不太好找，王馆长亲自出来迎接我们，远远看到他的身影，我们才确定博物馆的方位。"麻雀虽小，五脏俱全"，嘉禾博物馆占地面积并不大，是由王积稼的住所改造而成。王馆长带我们参观，从"经天纬地"到"人民至上"一共 8 个展区，藏品有文献、图书、画作、唱片等，种类繁多，数量可观。馆内全部的藏品都是王积稼自己贷款购买，据他的朋友估计，大概花费有100 多万元。馆内除了藏品外还有王积稼女儿的毕业作品，谈到孩子，王积稼一脸骄傲和自豪。虽然自己没什么文化，但孩子的教育是他一直抓在手里的，目前小女儿即将毕业，三个孩子都毕业于重点大学。王积稼自小热爱读书和收藏，这种文化的基因得以延续。

最终小组根据采访内容和之前做的背景调查写了《庄浪农民收藏家：王积稼眼里的建党百年风华》，稿件主要记录了王积稼为建党 100 周年筹办党史主题展览的故事，并对展馆里的党史展品进行了介绍。稿件由一开始的 2565 字丰富到 2606 字又缩减至 2377 字，最后补充内容到 2605 字，经历了大大小小四次修改，最终定稿。

在修改的过程中，老师提到的主要问题是缺乏细节、人物形象不突出、缺少环境描写，以上的种种问题导致整篇稿子读起来不吸引人，没有亮点。这也是我们在写作过程中遇到的困难：如何将稿子写生动。我们起初将重点放在了馆内藏品的介绍上，主要讲述王积稼筹办党史展览的思路。人物刻画少，而人是稿子中最活跃的因素。这篇新闻又不是实实在在的人物通讯，所以增加环境的描写和人物的反应可以起到适当提亮的作用。比如在介绍 80 年代的藏品时，将藏品的年代与王积稼的生活经历、情感体验结合在一起，"这是我经历的年代，80 年代是热烈的年代，人们有理想、爱学习，社会文化大繁荣"。王积稼热爱收藏唱片封面，"展馆里的白色灯光透过玻璃照在一件件藏品上，好像给它们重新上了层底色。一个展柜里陈列着唱片，封面色彩鲜艳，封面上的人物神采奕奕，形象鲜活"，为下文叙述起到承接作用。

小标题一定要简洁有力，是内容的提炼。最初的小标题字数偏多并且没有重点，"正值建党百年，博物馆里百分之六七十的展品都换新了"这是一稿的一个小标题，"展品换新"没有必要在标题呈现，所以改成了"一百年正值风华正茂"。王积稼农民出身，不是党员，第三个小标题"不是只有党员才需要学习党史，群众也是爱国爱党的"，表意重复，改成了"不是只有党员才是爱国爱党的"，更加简洁直观。

结尾部分，原稿是以主人公的原话结束，老师的建议是意思的表达未尽，再加上一段升华的部分会更准确，所以就有了定稿的结尾段落，使人物形象得到升华，也使全文更加完整。最后，编辑将标题改为《一位农民收藏家眼里的建党百年风华》，去掉了原来重复的部分，这篇稿件发布在新华社的平台上，获得了超过 100 万的浏览量。

（张可伟）

点评:

立足时代背景　寻找新闻采写新角度

农民收藏家王积稼自办博物馆的故事被许多媒体报道过。2020 年 10 月，"兰大新闻学子国庆采风行"活动，同学们采写了报道《500 平方米里的时代变迁——记庄浪农民王积稼和他的嘉禾博物馆》。时隔一年，我们再次走进庄浪，这个选题还可以做吗? 如果做，如何出奇出新?

契合时代背景　具有较高新闻价值

2021 年，恰逢中国共产党建党 100 周年，同学们在采访中了解到王积稼在他的博物馆为建党百年筹办了党史主题展览。特殊的时代背景催生了采写的新角度——一位农民收藏家眼里的建党百年风华，主要立足于中国共产党建党 100 周年"感悟百年党史，坚定历史自信"的时代背景。通过王积稼的布展思路和博物馆展出的油画、唱片等展品重温经典，引发读者情感共鸣，返峥嵘岁月，缅怀革命先烈，激发奋进精神。选题有了新的切入点并具有时代性，有较高的新闻价值，同时使新闻采写具有了视角的限定。

小标题引用人物语言，契合视角的限定

这篇报道的题目是《一位农民收藏家眼里的建党百年风华》实际上对报道视角已经做了限定，所以特别适合用人物的语言做小标题。"100 年正值风华正茂""从经典美术作品和优秀文学艺术作品中学党史""这是我经历的年代，80 年代是热烈的年代""不是只有党员才是爱党爱国的"4 个小标题把报道分成 4 个部分，细化主题的同时增强了文章的条理性。

应用一手资料　拉近场景、人物与读者的距离

有了新的采写角度，还需要通过某种方式使报道鲜活，具有可读性。在写稿的过程中，老师让同学们不断回顾现场，提醒同学们用准确的语言把现场传递给读者，报道中对博物馆展厅布局和典型展品的生动描写让读者身临其境。写作中直接引用了一些典型的人物语言，如"不是只有党员才需要学习党史，群众也是爱党爱国的。""80年代是热烈的年代。""每一个封面都有自己的故事。"这些直接引语贴合主题，符合人物的个性特点，直观地表现了王积稼对党的深情厚谊，对博物馆事业的坚守，同时还展现出他多才多艺的人文情怀。这些第一手材料的运用，拉近了场景、人物与读者的距离。

文学式表达，增强报道的感染力

"国庆佳节，天空中飘着细雨，位于甘肃省平凉市庄浪县城郊水洛镇西关村的嘉禾博物馆在烟雨蒙蒙中更显得诗情画意。"开篇诗化的环境描写为文章营造了轻松的氛围，引人入胜。"英雄者，国之干""金石可人，博物友我"等短句简短有力，富有概括性，点缀在行文之间为文章增添节奏感。"红军不怕远征难，万水千山只等闲"等对仗工整的诗句更加强了文章的文采。"王积稼笑意满满，眼里散发着光。"人物神态的细节描写将王积稼对所收藏唱片的喜爱之情刻画得淋漓尽致。这些文学化的语言增强了报道的感染力。

乡村新事

庄浪苹果园里的"三栖明星"

2021 年 10 月 4 日，微风，细雨。我们坐车到达平凉市庄浪县朱店镇众创职业培训学校的实训现场。一个微微发福、皮肤黝黑的中年男人等在门口，看到我们一行人出现，他用力地挥着手，大喊道："快点，快点，赶快进去拍。"随即一头扎进果园，麻利地指挥学员练习苹果人工授粉技术。他普通话说得不好，语速快，声音洪亮，走起路大步生风，看起来"干散"得很。还没拍完这个园子，他就冲到门口冲我们喊："别拍了，这个园子有什么好拍的嘛，别在这个园子上耽误时间，赶快去下一个。"

他叫王选强，是庄浪县自然资源局的高级工程师。在去见他的路上，我们已经通过司机师傅对他有所了解，"在种苹果上很有一手，是个能人"。不仅如此，他还是个热心肠，果农有困难，他随叫随到。刚见到他时，我心里有点嘀咕：这个憨厚质朴的"黑大个"，真的是位"苹果通"？但通过一天的跟踪采访，这个疑虑消失了，他的的确确是一位令人尊敬的技术工作者。

苹果园里的"主人"

"没有王工，就没有我们果园现在的样子。"果农王建华看着满园硕果，欣慰地对我们说。在他的背后，一树一树红艳艳、脆生生的苹果压弯了枝头。

听到这话，王选强憨厚地笑了。"再不要说了，快走快走，去下一个果园。"

他挥手道，接着大步向前奔去，只留给我们一个背影。待下山后，我们看到他正站在车前，手里还捧着一个红彤彤的大苹果。"你们快拍一下，拍好看点！"他小心地捧着果子，左右张望着寻找背景。拍好后，他看着照片，止不住地说："你们看，这个苹果多红，多大，他这个园子的苹果好啊。"

在半山腰的一个果园里，王选强递给果农一根烟、寒暄起来。聊得畅快时，他爆发出阵阵爽朗的大笑。他和果农都是满身泥泞，外表粗犷，脸上写满自豪与惬意。他们摘下苹果，擦擦土，递给我们："我们的苹果特别脆甜，跟外面的苹果不一样的。"

苹果园里的"百科全书"

在和果农们聊天的过程中，王选强一直在讲种植果树的科学方法。他们先聊到如何授粉，又谈起果树的摘袋方法。"管理果园咱们得打好四个基础……"其他果农纷纷点头。"他可是高级工程师嘞，我们都是从他那儿学会怎么种的，有啥问题不会，反正还是找他来看嘛！"一位果农说。

事实上，王选强的确是位有问必答的"智多星"。他从苹果树的授粉讲起，把庄浪梯田苹果的特征、栽培方法、生产流程等专业问题一一讲清楚。我们问起梯田苹果的"前世今生"，他也分析得头头是道。"你们去网上搜我名字，还能看见我发表的文章，我写的关于如何种植苹果的文章。"他自豪地对我们说。

王选强向我们展示了他的"朋友圈"，挨个看下去，除了苹果，还是苹果。他把微信朋友圈当作科普宣传的平台，每天要发10来条，既有宣传口号，也有种植技术。一路上，只要有空，他就拿起手机，或写或转，十分忙碌。

苹果园里的"打油诗人"

"昔日种粮艰，如今果堆山，梯田美如画，苹果枝头挂，种田吃饱饭，苹果成金蛋，果树钱罐罐，苹果金蛋蛋，致富靠蛋蛋。"王选强用"打油诗"讲起了庄浪县的今昔对比，"这都是我自己写的"。采访中这样的句子出现过很多次。带领我们去化肥厂参观时，牛羊粪正在发酵池里发酵，我们觉得难闻，他却没什么反应。他说："果树一朵花，全靠肥当家。"这种凝练幽默的表达方式，不仅拉近了与他人的距离，还让原本晦涩难懂的专业知识变得生动有趣。很多果农没上过学，专业知识难以理解，王选强的"打油诗"，让很多专业知识入耳、入脑、入心。

其实，在多数情况下，王选强都严肃、专业、令人信服，但有时他又很幽默，让气氛变得活跃轻松。他的打油诗，变成了传播知识的风帆和小船，也变成调和气氛的万金油。

采访结束后，王选强和我们一起坐上返程的汽车，他仔细地盯着手机，一条一条翻阅我们小组的新闻。"这张照片拍得不错，这张不行。看看我拍的这张，好看啊，咱们苹果就是这么红！"在颠簸和笑语中，他举着手机，那张照片里，他举着红彤彤的大苹果，笑得无比开心。

（刘若楠　刘晓敏　戴晓靓　梁尤军）

手记：

采访庄浪果园能人王选强

2021 年 10 月 3 日早晨，我们出发前往甘肃省平凉市庄浪县，开始了国庆采风活动。

在采风前的准备阶段，我与刘晓敏一组，由于环县采风未能成行，所有参加活动的同学都不得不前往庄浪。原有的选题在此情况下无法采用，这就让我们面临一个问题：没有选题，也没有资料。不过，在当晚的选题讨论会上，我们加入了第七采访小组，决定第二天前往果园，采访报道庄浪的果园能人王选强。他是庄浪县自然资源局的高级工程师，据说在苹果种植上很有一手，因此我们很想采访他，了解庄浪苹果种植的妙招。

10 月 4 日清晨，我们在酒店大厅集合，准备前往采访现场。此时，微风细雨，空气清新。我们一行人坐上面包车，前往第一个目的地：庄浪县朱店镇众创职业培训学校的实训现场。到达时，我们的采访对象——王选强老师正在进行苹果人工授粉技术的培训。这是一个很有价值的场景，我们赶快拍了下来。之后，我们跟随他一起，开始了果园的参观学习。这所培训学校里果树很多，我们分散开来，先请教果树种植的问题，再拍摄他如何授粉。没等我们拍完，他就催促我们："这个园子有什么好拍的嘛，别在这个园子上耽误时间，赶快去下一个。"他火急火燎地走了，我们赶忙收拾器材，跟上去想看看，接下来的果园有多厉害，值得他这么骄傲，要着急向我们介绍。

的确，接下的果园，果子一个比一个大，一个比一个水灵。在采访中，我们请教他果树的科学种植方法。他的话匣子由此打开，滔滔不绝地讲起了果树的授粉、摘袋等栽培方法，又向我们介绍了苹果产业的流程。他说了许多专业词汇，我们赶紧录音，以便回去整理。在我们收集好素材后，他又带我们去了化肥厂。

在巨大的厂房中，我们看到了许多用以发酵处理的大型机械。在这里，落果坏果得到了处理，虽然没能被售卖，但它们化作春泥，以另一种姿态回归了自然。短暂的停留后，我们离开化肥厂，前往生产线的末端——供销社。

和此前我们去的山腰、梯田或是工厂不同，这里看起来干净、整洁、现代。漂亮的小屋里，陈列着很多货品。苹果醋，苹果汁，还有干脆的苹果干。在这里，用庄浪苹果加工制成的产品走向市场，完成了这条生产链的最后一环。我们拍下合照，将一天的采访在这里结束。王老师告诉我们这些产品流去何方，告诉我们庄浪的苹果有什么市场。一天采访过后，我们好像也成了这里的果农，了解苹果树，热爱苹果树。

（刘若楠）

点评：

让鲜活的人物跃然纸上

本报道讲述了庄浪县自然资源局的高级工程师王选强通过技术帮助果农科学管理苹果园、助力村民致富的故事，为当今社会提供了具有说服力的乡村振兴"正能量"样本，展现了庄浪人民积极向上奔小康的精神风貌。本报道语言生动，人物鲜活，从写作上来看，有下述三点值得称道。

一是标题靓丽。标题是文章的眼睛，文章能不能抓人，首先表现在标题上。本文标题《庄浪苹果园里的"三栖明星"》，使用定中句式，明确点明了地点与人物，烘托和突出了新闻主题，起到了"锦上添花"的作用，便于读者记忆和传诵。其中"三栖明星"一词，具有悬念，吸引读者去了解"三栖明星"具体指什么。

二是多角度塑造人物，人物形象立体化。本文从人物体型、细节动作、各种感官等角度塑造了主人公王选强的形象。例如"皮肤黝黑""声音洪亮""满身泥泞"等向读者呈现了一个典型的农民形象。皮肤黑是因为常年晒太阳，声音洪亮是因为一直处于空旷的环境中，满身泥泞则是农民行走田间的常态，技术员变成了苹果园的"主人"。本文还从侧面描写了王选强的形象，在没见到王选强时，就已经从司机师傅口中对人物有所了解："在种苹果上很有一手""热心肠……随叫随到。"从司机口中的评价让读者对王选强有了一个初步的印象，便是技术硬，心肠热。而"憨厚质朴的黑大个"与人们刻板印象中的技术工作者形成反差，更加加深了读者对人物的印象。

妙用引语，增强文章可读性。主人公王选强富有个性化的语言通俗易懂、幽默风趣。本报道直接引用人物自编的顺口溜讲起庄浪县的今昔对比，巧妙地引出背景的同时也表现了人物个性化的特点。例如"昔日种粮艰，如今果堆山，梯田美如画，苹果枝头挂，种田吃饱饭，苹果成金蛋，果树钱罐罐，苹果金蛋蛋，致富靠蛋蛋。""果树一朵花，全靠肥当家。"这些引语形象生动、接地气，让人物形象跃然纸上，也使报道具有浓厚的乡土气息。

庄浪县朱店镇:63 岁老党员的电商梦

2021 年 10 月 4 日早上 9 点，密密麻麻的细雨落在甘肃省平凉市庄浪县一层层的梯田上。庄浪"乐村淘"电子商务平台创办人宋小霞与兰大新闻学子国庆采风小分队的同学驱车前往距离县城不到 10 公里的朱店镇杨家铺村。车子在"村村通"盘旋的水泥路上行驶了大约 20 分钟，又上坡拐了一个弯儿，就到了"乐村淘果园基地"。映入眼帘的是连成一片的上下三层梯田，22 亩地里，整整齐齐地种满了苹果树。

"总技术员，快来呀！"宋小霞笑着冲苹果园里的老爷子打招呼，脚下却一步没停，带着我们迎了上去。63 岁的董尚红左手提着苹果筐，右手夹支烟，站在苹果地里，脸上是朴实而羞涩的笑容。"这是咱这 22 亩苹果基地的总技术员，年轻时可是杨家铺村合作社的技术员呢！"宋小霞向我们介绍道。

"我是党员，我就带头种了"

"我叫董尚红，董是董必武的董，尚是高尚的尚，红是红旗的红。"穿着朴素、皮肤黝黑的老爷子有些腼腆地开口，"我今年 63 岁，党龄有近 40 年了，是个地地道道的农民。"

"2015 年，政府号召农民种苹果，镇上的干部来动员我作带头模范，我是党员，就带头种了。刚开始啥也不会，就跟着乡镇技术员学，自己也慢慢摸索，这不现在就会种了！"董尚红边说话边挑着摘那些又大又红的苹果，热情地塞到我们手里，"娃娃们，你们快尝尝！"

说起带头做事，这可不是董尚红第一次冲在前面了。

1964年，庄浪县组织群众修梯田，正值青年的董尚红是冲在最前面的人。"那时候又没有挖掘机，我们就三个人拉一辆架子车上山。冬三月，山上表层的土都是冻住的，就靠人工一锹一锹地挖。哎呀，那个苦哟！"正因为如此，1975年董尚红被推选为杨家铺村大队的团支部书记。

1981年，兰州铝厂招农民工人，中年成家的董尚红又是冲在最前面的人。"我在兰州铝厂干了整整20年。1995年铝厂裁工，72个人里只留下6个人，我就是其中一个，还当上了煅长呢！那时候我在厂子里可出名哩！"董尚红被厂里评为劳动模范，他的照片，被光荣地挂在厂区一角。

2001年，因与兰州铝厂的劳动合同到期，董尚红没有继续留在城市里做一个漂泊者，而是选择返乡务农。时至今日，董尚红带头种的这22亩苹果基地，已经成为"平凉市示范性家庭农场"。

"种果子就要操心哩"

"种苹果的风险很大，如果碰到倒春寒或者老天爷下冰雹，那一整年都有可能绝收。"董尚红指着几个表面有疤的苹果惋惜地说，"今年四月就下了一次冰雹，你看这个疤，就是被冰雹打的，一斤得少卖一块钱！"

种一棵苹果树，从开花到结果，远远没有想象中的那么简单。不仅只因为难以预料的天气，种植环节中的每一步，都需要耗费大量的人力、物力和财力。董尚红家的这片苹果基地，从种下树苗到结出苹果，用了整整7年时间。

"种果子就要操心哩！干啥事都不容易，光有技术是不行的。"董尚红眯眼望着上下三层的果园，给我们算起了这笔"苹果账"：22亩的苹果地，一年至少要施三次肥来保证土壤对果树养分的供给，需要消耗近70袋化肥；果树进入花期时，又需要雇用40到50名工人来匀花、疏果；挂果后要给苹果套袋来预防虫害，对果袋的需求就在 10 万个左右；摘袋后又要铺反光膜来帮助苹果底部上色，这大概需要使用每卷 200 米的反光膜共 40 卷。苹果基地里大大小小的事，都要董尚红操十二分的心。

10 月份苹果开始采摘，他的这份心可算没有白操。董尚红预测，今年套了 10 万个果袋，至少能收 4 万斤苹果，一斤的价格大概在 3.1 元左右，能收入 12 万元左右。等到了明年的丰产期，估计能套 17 万果袋，产 8 万斤苹果。

"我粉丝 2000 多，我老汉也想在网上卖苹果"

苹果种出来，下一步便是卖了。董尚红虽然 63 岁了，但在苹果销售上，他的思想却很"时髦"，他想在网上卖苹果！

与其他一些被智能手机"抛弃"的农村老人不同，董尚红对手机的熟练程度和对直播带货的了解程度，让他的儿子董小兵都自愧不如："我爸玩这些网络上的东西比我这年轻人都玩得好，我的快手粉丝都没他的多！"

董尚红双手熟练地点开快手页面，乐呵呵地向记者展示他在快手平台上的个人账号粉丝数 2518，首页 12 个短视频，平均播放量都过千。"我的视频不拍别的东西，就专门拍苹果，想让全国人民看看咱们庄浪的苹果到底好不好！"董尚红的声音因为自豪而大了起来。

董尚红自学拍摄短视频，做起"电商梦"，与近几年庄浪县搞得风生水起的电子商务有关。他的侄媳妇宋小霞，创办了庄浪县第一家"乐村淘"电子商务平台，目的就是让庄浪人民搭上"电商"的快车，把优质农产品销售出去。今年，董尚红家的 22 亩苹果也要通过"乐村淘"电子商务平台销往全国各地，这给了董尚红很大的启发。

"农闲时我就跟着老师们在直播间里学习，活到老，学到老嘛！"董尚红盯着手机屏幕认真地说。他口中的老师，是快手上一些教授种果树技巧的博主，他把那些博主都设置成了"特别关注"，农闲时就拿出手机"听课学习"。

谈及以后的发展，董尚红直言想继续拍苹果短视频"涨粉"，等明年夏天就开直播，把最真实的苹果基地和劳作过程展示给大家。"咱也没别的想法，就想多卖点苹果哩！"

（闫雪婷　王　健　肖　泉）

手记：

记庄浪和它养育的梯田儿女

2021年10月3日上午，在收拾好器材和必备生活用品后，我们国庆采风庄浪行的大队伍就坐上了前往甘肃省平凉市庄浪县的高铁。历经两个小时左右的车程，中途又在秦安站换乘了大巴。天气灰蒙蒙的，车子行驶了一会儿，车窗外的景色逐渐从林立的楼房变成了大片大片的梯田。在酒店入住之后，老师开始带着我们感受当地的风土人情。在当地媒体朋友的带领之下，我们63人的大队伍一起爬了小山，逛了当地的公园。在与第二天的采访对象取得联系之后，第一天的行程就匆匆结束了。

第二天早晨，在细雨朦胧中，我们采访小队7个人坐上了宋小霞的自驾车前往她的宫灯厂。随着车子的行驶，路过大片的梯田，终于来到了一间农村最普通的平房庭院，里面的几个房间被用作不同的车间，每一个车间都承担灯笼制作的一道工序。工人大多都是农村的留守老人，年龄最大的已经72岁了，平时农闲时做宫灯赚取一些零用钱。在采访过程中，老人们手下的工作却一刻都没停。

在参观宫灯厂的过程中，我的内心是很有触动的。一方面觉得宋小霞真的做了一件大好事，她聘用这些老人，让他们自己挣点钱从而不用向儿女伸手要钱，在某种程度上维护了老人的尊严；另一方面觉得农村的老年人真的太不容易了，一辈子都在乡间地头面朝黄土背朝天地劳作，到了老年却依旧要为生活发愁，和城市中那些退休之后打牌、下棋、跳舞的老人相比，总归是有点落差的。

到了下午，我们一行人又来到了第二个采访地点——家庭苹果园。董尚红一家是庄浪果农的一个缩影，他们大都以家庭为单位发展庭院经济，种植庄浪苹果。庄浪县由于地理位置特殊，四周都是山脉，勤劳的庄浪人民为了更好地生存下去，1964 年开始了 30 多年修建梯田的工作，63 岁的董尚红年轻时就是其中的一员。

10 月的西北在雨水的加持下已经有点冻腿了，董尚红一家热情地邀请我和一同采访的同学坐上他们的土炕，招呼我们吃家常饭。窗外是清冽的西风裹挟着细碎的雨滴，窗内是热乎乎的饭菜和亲切的笑脸，听他们从以前的苦日子讲到现在的好日子，感觉心里也由阴转晴了。

与其他不了解互联网和新媒体的农村老人不同，63 岁的董尚红一点都不落伍，不仅每天利用手机短视频学习苹果种植技术，更是自己经常拍摄更新短视频成为一名博主。目前，他已经有 2500 多粉丝了。他的下一步计划还要开直播卖苹果呢，这让我们这些学传媒的大学生都自愧不如。

采访行程匆匆结束，内心的感受却汹涌澎湃。在与采访对象接触的过程中，我深深地明白，要想做好新闻，要学会在心灵上贴近被访者，带着爱与悲悯去共情，才能写出真正有温度、打动人的好作品。

（闫雪婷）

点评：

小切口表现大主题　个人命运映照大时代

2021 年是极其不平凡的一年，建党 100 周年时全面建成小康社会，是我们党向人民、向历史作出的庄严承诺。如何报道这一伟大成就？这篇文章就以独特的平民视角，报道了老党员董尚红紧跟时代，发展特色农产品，通过电商渠道致富的故事。本篇文章内容紧贴生活，新颖别致，把握时代脉搏，尽显时代气息。

巧用背景材料增强新闻深度

任何新闻都是在一定的条件和环境中产生的，与新闻事件、新闻人物有机联系的条件和环境就是新闻背景，也就是人们所说的"新闻背后的新闻"。该篇稿件中，作者合理穿插了与主题相关的不同背景信息，深入刻画了董尚红作为党员带头冲锋、勤劳致富的形象。

作者首先用直接引语，以主人公的视角介绍了在2015年开始种苹果的缘由，并以现在递给同学们红彤彤的苹果作为结束，表达了种苹果的成功，这是一条真正的致富之路。接下来闪回至20世纪，以第三人称视角，细致地讲述了主人公董尚红在20世纪60年代修梯田，80年代当工人并被评为"劳动模范"的动人故事。最后，回到当下，主人公董尚红给同学们算起了种苹果的经济账……

背景运用得好，是本篇文章成功的一个重要方面。背景可以烘托、深化新闻主题，揭示新闻价值，可以增强新闻的知识性和趣味性，满足受众对信息容量的需求，让受众看得懂，了解得更多。

用细节描写提升新闻作品内涵

对于人物报道，通过描写主人公言行举止，精心挑选看似细小而又重要的场景，最能展示新闻人物的个性特征。

文章中，人物的出场是在自家苹果地里，他"左手提着苹果筐，右手夹支烟……朴实而羞涩的笑容"。人物形象顿时跃然纸上。种苹果绝非易事，接着作者借主人公的口吻，向读者展示种苹果所遭遇的挫折以及种苹果的心得，然后又算起了种苹果的经济账。

文章中处处不留痕迹地运用神态、动作、语言等描写。如介绍自己党员身份的自豪，展示因天气因素导致苹果损伤降价的惋惜，还有主人公做电商要将苹果卖到全国的决心。文章多处使用直接引语，采用了当地俚语，文章虽不华丽，但这些质朴的语言也增强了新闻可读性。

总之，应当在新闻事件发生过程中多多采撷能够打动读者、引发读者共鸣的细节，以达到"无声处见真情"的效果。

文章主题需进一步升华

主题是一篇文章的灵魂。本文以"咱也没别的想法，就想多卖点苹果哩"一句直接引语作为结尾，虽有中心主题，但分析不够透彻，表达不够充分有力，不能有余味悠长之感。

63 岁的老党员紧随时代做起了电商，本文选择了具有特殊新闻价值的人物和事件，在写作中更应将个人的奋斗放在更大的时空背景下审视，给读者以启迪。

2021 年是建党 100 周年，主人公作为党员带领人民群众用勤劳的双手致富，值得颂扬。人人代表中国形象，个个都讲中国故事。把丰富的中国故事挖掘好、讲述好、传播好，考验的是新闻工作者的"四力"。遇到此类主题，我们更应该由个人联系国家，从个人命运向国家民族命运升华。小切口表现大主题，个人命运映照大时代。

庄浪的洋芋种子都来自这里

2020 年 10 月 6 日，雾气弥漫，我们来到位于庄浪县水洛镇李碾村的庄浪县马铃薯脱毒种薯繁育基地。透明的大棚逐渐显露，在雾气中变得清晰起来。停下车，一个身穿红色外套，戴着框架眼镜的中年男人带着两个工作人员站在庄浪县马铃薯脱毒种薯繁育基地门口，似乎已等候多时。这个中年男人，便是庄浪县陇源薯业有限责任公司总经理——马强强。

"它幼小，但高产"

大棚的门口写着"培养室"三个大字，马强强带着我们一行人走了进去。在大棚的最前端，成百上千个脱毒瓶整齐地摆放在一排排架子上，幼小的芽在透明的培养瓶中生长着，进行光照培养。"你看，这个瓶子里有 25 株幼苗，一株可以结 50—60 个种薯。它们很幼小，但是高产。"马强强说。采风小分队一行人不约而同地瞪大了眼睛，惊讶于这株小小的幼苗竟可以产出这么多种薯。

再往大棚深处走，映入眼帘的是一簇簇绿色，生机盎然。马强强娴熟地拿起漂浮着的泡沫板告诉我们，种薯生长到一定阶段后苗被插在带有小方格的泡沫板中，叶片从中生长出来，底下是营养液。说罢，又小心翼翼地将泡沫板放回营养液中。

最里端是马铃薯种薯的雾培中心。一排排高高的架子，上面是绿油油的种薯叶，这些都是被移栽后进行雾培的种薯。马强强走进去，蹲下身来，掀开架子下方的帘子。长长的根茎悬挂在架子上，小小的种薯长在中间，挂着水珠。"雾培法"解决了以前幼苗繁育期长、用苗量大、效率低等问题。喷雾技术让马铃薯的生长过程实现了真正的"无土"。以前，传统的基质栽培1亩约要12万株幼苗，现在每亩仅需1万株，平均单株能够结40粒，是之前的20—30倍。在谈及这些关键信息和专业名词时，马强强主动接过我们的纸笔，认真地在本子上替我们写下来。

"遇到困难总是要想办法解决的"

之前，庄浪的土豆一直采用的是基培法。2016年，马强强带领团队试验雾培法，由于经验不足、技术不成熟以及资金等问题，大家都不敢试用。庄浪县组织研发人员外出学习，学成后开始正式应用。第一年，将收获的原原种进行杀菌处理，然后贮藏，结果一半多原原种在第二年种植时腐烂了。团队开始摸索寻找原因，这一摸索，就是两年。这两年间，马强强和他的团队经过无数次实验、探究，直到最后，他们才发现，原原种收获后不能立刻杀菌处理，而应该先阴干，再进行贮藏。现在，马强强站在这片雾培种薯边，凝视着它们，轻松地说："我们遇到了很多困难，但是总是可以想办法解决的。庄浪是世界上最先开始用雾培法培育种薯的，技术也是世界领先的。"

展台上陈列着各式各样的马铃薯，共32个品种，几乎涵盖了中国所有的马铃薯品种。马强强拿起一个，用皲裂的手指轻轻托着，这是"庄薯3号"，"我们庄浪县选育的马铃薯新品种，曾经获得过甘肃省科技进步一等奖、甘肃省科技进步成果转化奖励"。

"不止3篇论文"

结束了对雾培中心的参观，我们走出培养室，门口的牌子上是公司主要负责人的简介。看着马强强的简介，我小声嘟囔着念到最后一句："发表论文

3 篇……"

"不止 3 篇。"马强强插话道。

"都可以在知网查到吗？"

"当然。"马经理神采和言辞中透露出骄傲。

回到酒店，我们迫不及待登录知网，输入检索作者"马强强"，跳转出了一篇篇论文。《马铃薯新品种庄薯 4 号》《坚守耕地红线　合理开发土地资源》等论文，都是他和团队辛苦耕耘的结晶。抬起头，眼前浮现出的是我们一行人离开种薯培育基地时马强强挥手与我们告别的画面。车子向庄浪县城的方向开着，看着路边成片的土豆地，看着因土豆而致富的一户户农家，他们在夕阳的余晖中渐行渐远，"庄浪县的洋芋种子都来自这里"回荡在耳边。

（杨可欣　林梦琳　武莹景　李于颖）

手记：

贴近现场　呈现现实

2021 年国庆节，我们小组来到了甘肃省庄浪县进行采访，庄浪的产业成为我们关注的新闻点。庄浪的经济发展主要依靠苹果和土豆两样宝贝，这俩宝贝也就顺理成章地成了我们采访的主要内容。

那天早晨，我们联系好了庄浪县苹果站的薛站长。他早早开车来接我们，然后带我们去吃了大碗牛肉面加蛋。早晨我们到了种植苹果的梯田，下午来到了庄浪县陇源薯业有限责任公司。

带我们进入公司参观的是公司的总经理马强强。他给我们介绍了如何培育优质的土豆种子，如何克服资金困难等相关问题。一个个培养皿里，凝聚的都是公司种植研发人员的心血。本来，我们确定写作的切入视角是直接介绍该公司土豆的研发过程和致富方式，但采访结束后，我们决定改变切入的视角。因为我们发现，书写他的经历比单纯的记事更有"人"味，于是我们当晚就决定不写土豆了，而是写培育优质土豆的马经理。

稿子在国庆节后两天成型了。韩亮老师告诉我们小标题尽量都用人物的原话，这样直接、简练，并且更具真实性。这篇稿子经过了3次修改，韩亮老师主要帮助我们修改了开头结尾和小标题。

开头和结尾的修改让稿子更有了画面感，小标题选取了最能体现段落中心的人物原话，突出了内容重点。

庄浪的洋芋可谓是这片土地的"奇迹"。资金不足、技术不成熟以及经验的欠缺都成为培育土豆的阻碍，在阻碍中摸索，这一摸索就是两年。看着眼前一株株幼苗，一个个培养皿，还有公告栏里马经理发表的论文题目，眼前仿佛出现了他们潜心研发的场景。我们也真切地感受到采访一定要到现场的原因：只有贴近现场，才能呈现现实。

（杨可欣）

点评：

新闻与现场密不可分

该报道主要讲述作者跟随总经理马强强参观庄浪县马铃薯脱毒种薯繁育基地的过程，其中花大量笔墨描写了"雾培法"的优势及试验"雾培法"的艰辛过程。文章紧扣一个核心场景向读者呈现马铃薯种子的繁育过程，并且沿时间线叙事，这种叙事无论对作者还是读者，都是最清晰的方式。大西北少不了马铃薯，但人们对种薯繁育过程并不熟悉，这篇报道具有一定科普意义，让人们对常见的马铃薯有了更多了解。

新闻现场与现场的呈现

在马铃薯种薯的雾培中心，"一排排高高的架子，上面是绿油油的种薯叶，这些都是被移栽后进行雾培的种薯。马强强走进去，蹲下身来，掀开架子下方的帘子"。这段描写场景、人物、细节兼具，画面感与现场感十足，"走进去，蹲下身，掀开帘子"这几个动作一气呵成，文字简洁干练，不拖沓，加强了视觉效果，将现场具象地呈现在读者眼前。

现场的呈现离不开具有画面感的文字。"在谈及这些关键信息和专业名词时，马强强主动接过我们的纸笔，认真地在本子上替我们写下来。"作者给予读者的信息，能让读者在脑子里，组合出现场的画面，这就是能体现新闻现场的文字。

新闻敏感与现场观察力

新闻敏感，是指新闻工作者迅速、准确地识别具有新闻价值的事实的能力。新闻敏感有助于迅速及时地发现新闻，比如报道中第三部分写道："我们走出培养室，门口的牌子上是公司主要负责人的简介。看着马强强的简介，我小声嘟囔着念到最后一句：'发表论文3篇……'"

正是由于作者注意到了负责人简介牌子，才发现了论文这个新话题，使报道走出雾培中心，延伸到另一片天地，这正是现场观察力和新闻敏感的体现。新闻敏感需要记者认真深入生活，仔细观察生活，要有孩童般的眼光，始终保持对事物的新鲜感，这样才能挖掘出隐藏着的有价值的新闻事实。

这篇稿件需要改进的地方

这篇稿件需要改进的地方有两点。一是引用的直接引语较少，并且这篇报道中的直接引语大多都用在了大标题和分标题中。直接引语能够体现现场感和人情味，克服单调乏味和概念化，有助于提高新闻真实性和权威性，更客观、更有说服力。既然是向读者介绍马铃薯脱毒种薯繁育基地，不妨多用些直接引语，借助直接引语说话。二是采访对象稍显单一，既然来到了繁育基地，也可以顺势采访下基地工人，听听他们的想法，写写他们的工作，也可以采访当地种马铃薯的农民，他们对不同种子带来的收益感更深。这样不仅能多角度呈现新闻事件，而且也能让稿件的信息更丰富，可读性更强。

庄浪小伙与上海姑娘的浪漫结合

"如果有那样一个黄昏，我们都老了，一把木椅，靠着另一把木椅，一定是，右面是我，左面是你……"

2021年10月4日，甘肃省庄浪县郑河乡史洼村的史家大院里，上海姑娘金怡蕾穿着洁白的婚纱，朗诵着诗歌，随着舒缓的音乐徐徐穿过院子，停在新郎史牧云面前。在司仪的引导下，二位新人交换对戒、深情拥吻，亲人们给他们披上传统民俗里象征美好祝愿的挂红，掌声与喝彩声响彻大院上空。

"我们因诗结缘"

"这是我四爷爷。"新郎拉着新娘的手，把来宾席里坐着的亲戚介绍给她。"四爷爷好！"新娘甜甜地唤了一声。四爷爷的耳朵有点背了，但还是赶紧从怀里掏出红包，塞进新娘手里，用当地人的话说就是："这个姑娘我们认下了。"

婚礼仪式结束，新娘换下了白婚纱，穿着传统的中式婚礼服，坐在铺着红床单的喜床上，边吃饭边听新郎讲述他们的初识。

"我们是因为一首诗认识的。"2017年，史牧云在网络上发布了张枣《镜中》的诗评，新娘的网络昵称恰好就是引用了《镜中》的一句"梅花落满了南山"。"那时候因为这首诗评，加我好友的人很多，其实也是一个巧合。那条诗评有的人很容易就搜到，有的人就搜不到。我和她就是因为这首诗相互加了好友。"

新娘不记得他们第一次见面是什么时候了，但是新郎对自己与爱人的相识过程记得非常清楚。"2017年年末，在杭州，那时候已经认识半年了。"新娘笑着说，"见面之后没有立刻确认关系，总得对他考察考察。"

提到最欣赏新郎的地方，新娘不假思索地脱口而出："责任感，我最欣赏他的就是责任感。这次结婚仪式，基本上都是他在操办，他的朋友们在帮忙，说明他人缘不错。投之以桃，报之以李嘛，他以前也经常帮助别人，所以别人才愿意来帮助他。"

说话间，外面有人叫两位新人去敬酒。新娘从床上下来，一只袜子不小心掉在了地上，新郎立马上前，把袜子捡起来，半蹲在床边给新娘穿好，再穿上鞋。扶她起来，两个人牵着手一起跨过门槛。

"认识我的人都知道我喜欢到处乱跑"

新郎端着盘子，带着新娘在大院里给每位客人敬酒。转到一位宾客前时，新郎说："帮我倒点酒。"新娘拿起酒瓶，小心翼翼地往出倒，酒液刚出瓶口，新娘立马把酒瓶竖起。"再倒点儿。"新娘又添了一点，但还是没有没过杯底。宾客打趣道："这么心疼他呀！"

这段姻缘并非一帆风顺，也曾遭遇种种阻挠与波折。新娘说："我是学文学的，就是有一点爱做梦，也没想那么多，一步一步地就走到了现在。相信爱情，才能够遇见爱情。"

谈起对未来生活的打算，新郎与新娘并没有准确的答复，而是用一句诗来回答："对一切事物，我们'应作如是观'。"

新郎坦言："我以前非常喜欢对人生进行规划，但我得过重度抑郁症，后来走出来了，并且完全康复。从抑郁症出来以后就不再做规划了，走好脚下的每一步路，也就走好了人生的任何一步路。所以我现在没有什么规划，对人生就是很接纳。"

在新郎的公众号文章里，写了这样一句话"认识我的人都知道我喜欢到处乱跑"。对于这种生活方式，他解释说："有一句鸡汤我不喜欢，但很有道理，说'因上努力，果上随缘'。也许走去看花，但路上看到石头好，就去看石头。"

借用一位宾客对这对新人的形容："用诗意的方式生活，才是真正的诗人。"正是这份洒脱与浪漫主义情怀，让他们摒弃物质的般配，选择灵魂的契合。

"来参观一下史牧云的书房"

婚礼快结束时，不知是谁喊了一句："快来参观一下史牧云的书房！"于是很多宾客掀起门帘，跨进史家大院的西屋。进门靠墙，摆放着三个大书柜，上面整整齐齐摆满了书。有人说："不敢相信，在这小山村的屋子里还有个图书馆哩！"

屋子的南墙上，贴了一排略微泛黄的海报，都是著名文人，张爱玲、鲁迅、路遥等等。史牧云的成长就沉浸在文学的海洋中，但他的文学道路并非一蹴而就："我是学建筑的，一开始在中铁工作，后来辞职了。"

婚礼上的宾客，除了亲戚外，一大半都是两位新人的文学友人。"牧云很厉害的，他有自己的公众号、短视频账号，做自由撰稿人，2018年还出版过诗集，叫《牧云的风》。"

当地的村子里，很多人家门的牌匾上会写"耕读第"三个字，当地人解释说："耕，就是土地耕作；读，就是读书学习。人们希望地里庄稼和知识修养一样兴盛。"

新郎出生在乡村，靠文学走出乡村，又因文学回到乡村。他的抖音账号里，点赞量最多的视频是记录村庄里一位扫雪的老人。微博上，最近的一条更新是山村印象，并配上了他自己写的诗："不用去禾木，这是更原始更地道的村落。不用去喀纳斯，秋在这里也熟了。"

婚礼结束，宾客散席，每个人都拿着喜糖和传统绣花鞋垫离开。新郎一直送到了村口，抱拳和每个人说："感谢你们，今天招待不周。"并目送每一辆车离开。

朦胧的细雨给新人送上情意绵绵的祝福，也滋润着小村庄的一草一木，这些村庄里的花木，就像这对新人的日子，在文学与诗意的映衬下越发鲜艳。

（郭昕诃　杨荣智　穆敬一　张可伟）

手记：

致敬田埂上不服输的庄浪人民

"能行能行！"——这是我们在庄浪听到最多的话。

到甘肃以前，就对甘肃人的朴实与好客有所耳闻。"那儿的人特别淳朴，我们找不到去学校的路，随便问了一个老太太。老太太指路给我们，还一直把我们送出了几条街，直到能看见校门了，她才和我们道别。"小李是我的发小，本科就来甘肃读书，他爸妈四年前送她来兰州，这就是他们对甘肃人民的最初印象。

我妈听完这番话，拍着手说："啊呀，那太好了，把女儿送去我们也安心了。"

彼时的我，还不能预料到一个月之后，会在甘肃省庄浪县遇到什么坎坷，又是怎样得益于那里和蔼可亲的人的帮助。

四处碰壁与绝处逢生

"放弃去环县的采访，都去庄浪。"出发前两天，我们收到这个"噩耗"。同组的成员和我说："完蛋了，我们准备的用不上了，得推倒重来。"

一种焦虑的气氛开始凝固在我们周围，推倒重来就意味着采访的选题与素材需要重新确定。在到达庄浪梯田酒店的当晚，组长去抽签，和第一次一样，还是第一组。对于第一组拟定题目的分析，韩亮老师只给了我们四个字"任务艰巨"。

那天下午，我们从晚饭后就开始为了选题进行讨论，一直到凌晨2点。预拟题有一个非常宏观的大主旨，就是庄浪新城区的发展，但是如何确定采访对象呢？如何通过人物的生活细节去体现这个宏观的大主旨呢？这些都是困扰我们的地方。

直到最后，我们都没有非常详细而完整的计划，只有一个目标"明早5点，到街上去"。

到街上去，边走边发现，对那晚凌晨2点的我们而言，可能是"下下策"，但没想到却意外闯入了庄浪县城夜幕下的滚烫生活。

"小勤包子店"是幸福街上唯一的光源，走进干净整洁的店面，右边三张桌，左边三口锅。我们刚进去，煮豆浆的锅沸腾了起来，豆泡把锅盖顶开，咝咝响着往外溢。中年男人听见声响，赶紧从橱窗里出来，揭开锅盖，热豆浆的香气瞬间裹挟所有人空空的胃。

"坐吧，吃点啥？"

"四碗豆浆，一屉包子。"

给我们备好吃的，中年男人回到橱窗后，闷头擀着手里的面皮。他的老婆坐在一口盛着土豆馅儿的大锅旁，熟练地用长筷子一挑、一按、一捏、一转，圆混混的包子就坐在了竹编子上。

热豆浆烫口，店里也只有我们一桌客人，于是边吃边和老板聊起天来。

"老板，你们家包子真好吃，这豆浆也是现打的吧。"

女人低头笑起来："我们做这个二十多年啦，原先在老汽车站那边干，现在搬到这边了。为了孩子读书方便。我们早上3点就要起来准备早饭，豆浆都是现磨现打的，包子也都是现做的。"

吃完早餐，我们询问是否能对夫妻二人做一篇采访报道，女人有些羞涩，说："不了吧，不了吧。"然后看向男人，男人没发什么话，还是让妻子做决定。女人不好意思地说："我们就是普通人，没什么可报道的，算了吧。"

回到清冷的街上，天边泛起鱼肚白，我们陆续又走访了几家店，但收获有限。虽然遇见了很多可爱的人，但离写成稿件还差得远。上午，我们去拜访了之前联系过的农民博物馆的馆长，参观了他的收藏。就在我们以为这是唯一素材的时候，馆长很热情地和我们说，他中午要去参加一个婚礼，新郎是他的朋友，有文化有才气，他愿意带我们一同前往。

至此，才刚刚开始我们奇妙的人生际遇。

泥潭陷阱与救赎之手

驱车半小时，我们来到了庄浪的一个小村庄。绵绵细雨让村里的空气十分清新，也让土路都变成了泥沼，没走几步路，鞋上已经全是泥巴。停好了车，我们徒步进村，在路上看到很多人家的门楣上都写有"耕读第"三个字，我好奇地问馆长是什么意思。

"耕，就是土地耕作；读，就是读书学习。人们希望地里庄稼和知识修养一样兴盛。"馆长解释说。彼时的我还仅仅以为这是一种民俗罢了，但当我后来回忆起庄浪之行，我发现这三个字其实已经融入了当地人的骨血，成为他们不可多得的精神面貌。

农民博物馆的馆长，只是源于兴趣，从农民走向了民间收藏家的道路。他的博物馆里，有许许多多的画作、唱片、书籍、文献资料，他用文化艺术的发展历程来体现建党百年的社会变迁。我们参加婚礼的这位新郎，小院儿的西屋里有三个整整齐齐塞满了书的书架，墙上贴着路遥、张爱玲等文人的海报，都是他对文学追求的印证。

事实上，正是这种文学气息的孕育，有了那天村庄里的热闹。新郎与新娘因诗结缘，他们的宾客也都是来自全国四面八方的媒体朋友或从事文学相关工作的人。我们刚到的时候，婚礼尚未开始，就去拜访这些宾客。没承想，在下山的道路上，我在泥泞的道路上滑了一跤，裤子上沾满了泥巴，由一个同伴搀着我。途中，一户人家出来一位妇女，她看见了我，邀请我到她家换换衣服。

我永远忘不了那天的心情，表面上显得我不急不恼，但内心却因为自己压根没有换洗衣服而感到焦虑。那位妇女给了我新的裤子，还帮我冲洗了满是泥巴的鞋子，我想给她转钱却被拒绝。她还紧紧牵着我走完了余下的下山路，她是我那天在陌生山村里的救赎。

最后离开前，我没再见到她，只能拜托新郎帮我把一个兰州大学的文创挂件转交给她，以表谢意。

投之以桃与报之以李

在庄浪的最后一天，我们跟随乡政府的工作人员去了当地的梯田与苹果园。庄浪的梯田是独特的，它不同于南方水田的那种波澜如镜，也不同于北方的那种高山之上一览无余。庄浪的梯田是云雾缭绕、层层叠叠、盘旋而上、色彩浓郁。

那天我们在庄浪的梯田之乡受到了格外热情的款待，毫不夸张地说，嘴就没停过。在参观大棚的时候，村主任在自家大棚里给我们摘了熟到自然开裂的西红柿；在梯田上，品尝了脆生生的庄浪苹果；在果品交易园，正在给蛇果打包装箱的女人们挑选了品质最佳的蛇果给我们尝……

一路上，我们都感受到了这里的热情好客，他们馈赠我们太多，我们只能用尽绵薄之力去回馈这片土地上的人民。不管是视频宣传还是文字稿件，我们都试图记录他们的面貌与精神，那些田埂上不服输的庄浪人民啊！

（郭昕诃）

点评：

在乡村婚礼的戏剧性场景里讲乡村新故事

采风活动中，同学们身处事件发生地，既是记者，也是事件亲历者。她们偶然"闯入"了（新闻）婚礼现场，用细腻生动的镜头式语言，真实记录了这一现场盛况，力图把读者带到当时的环境中去感受现场氛围。本文讲述了庄浪小伙与上海姑娘因"文学"这一相同兴趣爱好，相识、相知、相恋，并最终走入婚礼殿堂的故事。在这场乡村特色婚礼中，我们体味其所蕴含的时代变迁，观察到的是乡村的新风尚、新时代的新故事。

抓现场，看得见的现场 + 看不见的现场

现场如矿藏，既是开放的，又是封闭的。在新闻的采访中，我采访A，但我发现了B，发现了C。意料之外的新闻（故事），总是容易被忽略。作者在寻找选题时，见到了之前联系过的农民博物馆馆长，经过他的引荐，才得以参加了这场有特色的乡村婚礼。所以，我们在寻找选题时、在现场采访时，要有一种发散性的思维，让思维活络起来；在人们所忽略的角落，也许就"柳暗花明又一村"，又有新的发现。

"看不见的现场"是特别需要记者去问的，或直接，或含蓄，或软硬结合、绵里藏针。尽管在本篇文章中，无须体现人物冲突，无须与受访者进行交锋，但是"看不见的现场"的描述也发挥着增加信息含量、推动故事发展、丰满人物性格等作用。例如，新郎和新娘讲述二人因"文学"相知相识，后又介绍他们的人生规划，新郎回顾过往等，这些都极大提升了人物的真实感和立体感，增强了文章的可读性和趣味性。

抓对比，新闻性与戏剧性的有机结合

什么是新闻性？在新闻采访中有这样一条规则："平常人，非常事；非常人，平常事；非常人，非常事。"而在戏剧结构中，也讲求突破和改变现状，是新奇的，不一般的，是意想不到的。显而易见，这与新闻、新闻价值的认识趋向一致。

来自庄浪农村的丈夫因"文学"与来自上海的妻子喜结良缘。婚礼上的宾客，除了亲戚外，一大半都是两位新人的文学友人。家里还有一间陈列书籍的"图书馆"。这一桩桩，一件件，都与我们日常生活中所了解到的农村旧貌有着显著差别，每一件都吸引着读者去走入现场一探究竟。"平常人，非常事"的新闻报道

与人们的固有意识产生了强烈的反差，产生了极强的戏剧性效果。

抓细节，乡村婚礼展现西北新故事

"细节是新闻的生命"，没有细节的新闻就没有艺术感可言。细节决定了一篇新闻稿件的深度，也可以使整篇新闻报道散发神韵，在新闻报道中起到画龙点睛的作用。

站在西北看中国。在行进中发现，去采写一个又一个乡村新故事。同学们在呈现，也在提炼现场。乡村里，很多人家门的牌匾上会写"耕读第"三个字，当地人解释说："耕，就是土地耕作；读，就是读书学习。"人们希望地里庄稼和知识修养一样兴盛。"耕读第"牌匾、新郎史牧云的书房、新郎新娘直接引语讲述二人"因诗结缘"，这些信息的补充，表现了乡村里对知识的重视，也通过新婚礼展现了乡村新风貌。

文章结尾晦涩难读，修辞手法运用不当。在此做出修改："今日朦胧的细雨，滋润着小村庄的一草一木，也好似给新人送上了情意绵绵的祝福。这对新人的日子，在文学与诗意的添彩下越发鲜艳。"

文化传承

一生只做一件事：农民艺术家的剪纸之路

2021 年 10 月 5 日上午 9 时许，天空淅淅沥沥地下着小雨，我们一行四人驱车来到距离甘肃省平凉市庄浪县城 11 公里外的良邑中学。车刚停下，就看到马路对面一位大叔大步流星地向我们走来。整齐的背头，崭新的西装，十分显眼。他叫李敏贤，良邑中学保安兼学校剪纸课老师、南京大学文化与自然遗产研究所聘请的剪纸创研员、平凉市民间剪纸艺术大师、甘肃省民间文艺家协会会员。

数十年如一日的坚守是一位普通人对热爱之事最朴实的表达，李敏贤从上小学开始剪纸，今年 58 岁的他，足足剪了 46 年。

从草根到大师，家境并不富裕的李敏贤，剪纸之路并不顺利。

"我为这个流过泪"

走进李敏贤的剪纸辅导室，剪纸作品摆满了整个屋子，有花卉、动物、人物……一幅幅作品栩栩如生。

"七八岁的时候看见奶奶坐在炕上，拿着剪刀，拿着红纸，当时就是好奇。印象深刻的是，每年家里过年，贴窗户纸（窗花）一块一块的，就是觉得太好看了，像电视屏幕一样，太神奇了。"回忆起儿时的画面，李敏贤眼中闪着光。

在奶奶的影响下，还在上小学的他拿起了剪刀。从此，剪纸成为他的挚爱。

李敏贤曾经是一位军人，1987 年退伍后，他和普通人一样结婚生子。由于工作不稳定，生活很拮据。为了生计，李敏贤不得不出去打零工，他做过瓦工、水泥工、电信工、油漆工……没有多余的钱来支持自己的剪纸爱好，他的剪纸事业也随着工作的不稳定断断续续。

"吵过架，儿子高中的时候家里没有钱了。"在那段艰苦的日子里，家里都是李敏贤的妻子一人操持。在苦日子与挚爱间取舍时，这位曾经的热血老兵也曾无数次流过泪。若没有夫妻这么多年来的相濡以沫、理解宽容，恐怕李敏贤的剪纸之路会更加坎坷。"也没办法，他就这么一个爱好嘛。"李敏贤的老伴无奈地笑着说。

"千里马常有而伯乐不常有"

2011 年，事情有了转机，李敏贤遇到了改变他一生的人——张骅。"他是我的伯乐。"李敏贤满是感激。

张骅是良邑中学原校长，一次偶然的机会，他在《平凉日报》副刊看到了李敏贤的剪纸作品，很是欣赏，决定邀请他来学校教孩子们剪纸。"李老师保持着农民本色，还有大师般的艺术素养。人很朴实，在艺术方面特别热爱，除了剪纸，还有国画、书法方面都很不错，我很欣赏他。"张骅这样评价。

学校腾出三间教室和橱窗专栏，建立庄浪县剪纸传习所，专门用于李敏贤为学生传授技艺，进行剪纸创作。张骅的邀请改变了李敏贤的人生轨迹，在中学当保安，工作稳定，更重要的是还兼任学校的剪纸老师，这是让李敏贤最开心的事。他终于解决了"挚爱"与工作间无法平衡的难题，踏踏实实、全心全意地投入到剪纸的工作中。

"从零开始"

"那时候也没人教，我就自己摸索着剪。但是走着走着却把路走弯了，因为剪得太抽象了，没人看得懂。"直到 2009 年，李敏贤报名参加了南京大学的培训班，"通过这次的学习，才知道啥叫剪纸，啥叫剪纸符号，什么是元素和内涵，然后我就从零开始。"从那以后，他的剪纸风格大变样。"推翻以前的思路，挖空自己。"李敏贤现在的剪纸作品，贴近生活，内容丰富，元素多样，画面生动，颇有寓意。也是从那次培训开始，他的剪纸造诣更加精进，为后来剪纸之路的行深致远打下了坚实的基础。

2018年，李敏贤获得了"甘肃省剪纸艺术十人精品展"作品入围荣誉，这是他最引以为傲的成绩之一。在这个精品展中，虽然没有获得前三名，但是和全国的剪纸大师联袂展览是对他剪纸造诣的肯定。

2021年2月，李敏贤被聘请为南京大学文化剪纸创研员。一位只有初中文化的老农民，从没想过有一天能走进大学，当上著名学府的剪纸创研员。"目前给学生上了三次课了。"李敏贤双眼微眯，乐呵呵地说道。

"剪纸重要的不仅是技艺，更重要的是它的文化"

"剪纸要有剪纸的味道。"李敏贤谈到创作时，严肃地跟我们讲，"把剪纸的符号和文化丢了，那就不叫剪纸。剪纸的门道就是剪什么要像什么，呈现的东西既要简单，又要恰如其分。"

剪纸辅导室里有一幅巨大的画轴，这幅画轴上共有400多张形态各异的蝴蝶。这样的画轴总共有4个，保存着近千只蝴蝶。这些蝴蝶有的像花朵，有的像猫，有的像青铜器上的图案，有的像猫头鹰……同一题材，每一张都不重样，就在我们感叹构思巧妙时，李敏贤感叹道："这些都是观察生活点滴得到的元素。"

2020年，李敏贤创作了抗疫题材的作品，以娃娃为主体展示了抗疫的种种场景。扎根民间，贴近生活，立足社会，他的创作之路才有了根基，有了精神。

"剪纸，是我今生的爱好和追求，我是'苦中创作乐着剪'，很知足。"从农民到剪纸大师，李敏贤倾尽一生，热爱并坚持做一件事。"苔花如米小，亦学牡丹开。"这是一个平凡人不平凡的故事，新时代里每一个对梦想的坚守都值得歌颂。"我还有个梦想，就是出两本面向中学生的剪纸书。"期待李敏贤的梦想早日落地开花。

（魏佳欣　高　震　陈妹凡）

手记：

用眼看、用心听，品平淡生活，敬一生挚爱

人们常把黑暗中的光称为"救赎"，而与李敏贤的相遇，便是我的"救赎"。庄浪连日来的降雨使我们计划中关于护林员的选题取消了。沮丧和迷茫是我们小组 3 人当时最真实的状态，因为护林员原是我们最期待，也是有希望出好作品的选题。束手无措时，遇见了庄浪融媒体中心的李刚老师，他为我们提供了一个新的思路。他说村里有一个农民剪纸艺术家，之前接受过电视台的采访，并说愿意帮我们联系采访对象，看看是否可以约一下时间，让我们回屋等消息。晚上 11 点，我收到李刚老师的微信，说跟采访对象约好了时间地点，到时陪我们一起去采访。收到消息的我们欣喜若狂，抓紧开会制定了采访大纲，等梳理完采访者的资料已是次日凌晨两点。躺在床上闭上眼睛，脑海中的思绪依然不断翻涌，激动得了无睡意，身体却很疲累，左右翻腾了一会儿，逐渐感觉思绪愈来愈沉并沉入空洞中。清晨，睁开眼望向窗外，外面白雾蒙蒙中夹杂着雨水，我们开始了一天的庄浪采访之旅。

关于采访，我是一个实战经验基本为零的人，庄浪行是我第一次真正意义上全身心地走进那些与我素昧平生的人。在与他们的对话中，我感受到他们在坚持自己所爱之事的幸福和喜悦，还有他们对未来生活的憧憬和向往。这些都让我觉得他们的灵魂是那么的鲜活、饱满，虽平凡但却从不平庸，普通但梦想很伟大。李敏贤让我明白，虽生而为人难逃庸碌，但仍要终此一生铸就人生的与众不同。

对李敏贤的采访很顺利，一见面他就迫不及待地带我们参观他的"宝贝们"。我们抛出一个问题，他可以回复很多内容，一上午的采访下来，已是素材满满。他讲述与"挚爱"的故事时，我望着他，不止一次被他眼中闪烁的光所感染。黝黑的皮肤，爬满皱纹的脸，岁月虽在他脸上留下痕迹，但他眼中的清澈却如少年，他对剪纸的热爱和锲而不舍让我们深受感动。

　　李敏贤身后的故事很多、很厚重。每一件故事的背后都值得我们去发掘，但由于时间问题，我们并没有将每件事情的细枝末节都了解清楚，光是这些，他的故事就已经非常饱满了。依依不舍地告别后，回来的车上我们十分兴奋，是一种无法言喻的情绪。趁着兴奋，我们将框架、叙事结构讨论出了个大概，那时我感觉文章的雏形已经在脑海中呈现出了七八成，但后来发现是我太天真了。开始动笔时，发现素材取舍让我们头大，并未像我们想象中的那么简单。不停地写，不停地推翻，再写，再推翻，重复了不知多少次，直到写得想吐才停下。10月10日中午12时，我们的稿件刊发出来了。看着报道，心中感慨万千，每一个字都那么熟悉，虽然是读了上千遍的文字，但并不厌倦，依然觉得那么可爱。

　　遇见李敏贤很幸运，因为他的故事不需要华丽的辞藻，只需要将真实的故事呈现出来就足以动人。感谢我的小伙伴姝凡和震哥，感谢他们在我思绪枯竭时，如及时雨一般滋润了我的这块枯田，忘不了大家一起在酒店挑灯码字时的相互鼓励、相互扶持。感谢陪伴、感谢这份友谊，让我成长，让我明白即使面前是黑暗，但终会迎来光。

（魏佳欣）

点评：

于细节中见新闻

　　《一生只做一件事：农民艺术家的剪纸之路》是一篇平凡人不平凡的新闻故事，报道紧紧围绕主人公李敏贤展开，情节富有张力、冲突感强。从儿时与剪纸结下情缘，到成年在坚持剪纸的道路上坎坷曲折，既讲出主人公对剪纸爱好的执着追求——一生做好剪纸这件事，另一方面也讲出了主人公对剪纸传统文化传承下去的美好期盼。稿件中"现场＋情感场"的细节彰显出他对剪纸"登山则情满于山，观海则意溢于海"的可贵精神。

细节呈现新闻

细节是新闻报道中故事情节的"细胞"，一个关键的细节能够将人物刻画得更为传神。例如，第一部分的结尾："今年58岁的他，足足剪了46年。"是对这位农民艺术家朴实无华做好剪纸一事的最好表达，三言两语就能将人物和事件的特征框定，交代清楚主人公的背景，同时为第一部分"我为这个流过泪"进行情节推动上的铺垫。

此外，文章第四部分当中清晰简练地交代了现场细节："这幅画轴上共有400多张形态各异的蝴蝶。这样的画轴总共有4个，保存着近千只蝴蝶。这些蝴蝶有的像花朵，有的像猫，有的像青铜器上的图案，有的像猫头鹰……"正是通过这样的描写与叙述，读者才能"看到"作者所要呈现的东西，包括生动鲜活的新闻现场。

段落均衡　新闻叙事节奏流畅

新闻的段落安排到位，能够降低读者的阅读成本，提高效率。稿件借用四个分标题进行分层，用最凝练、准确的语言归纳概括出层次大意，让读者在第一眼就能读懂每一层的意思。以标题为基础，可以谋划好篇章结构，做好条块上的分割，就像盖房子一样，通过梁、柱、墙、板这些建筑构件来分隔好功能空间。

稿件紧紧围绕"一生只做一件事"这个主题的同时，注重对引语和背景材料的合理利用，故事内容一下子有了跌宕起伏——主人公的剪纸事业从开始时的不稳定，继而"从零开始"重新对剪纸学习深造，到最后"扎根民间，贴近生活，立足社会，他的创作之路才有了根基，有了精神"。这样的叙事避免了平铺直叙，增加稿件的可读性。

500 平方米里的时代变迁
——记庄浪农民王积稼和他的嘉禾博物馆

2020 年 10 月 6 日，兰州大学新闻学子来到庄浪县西关村。天空阴沉沉的，飘着小雨，气温随之转凉。我们跟随王积稼穿过一个地面坑洼不平的泥泞巷子，再上一个小陡坡，经过一座快要坍塌的土房子，终于见到了王积稼建在自家庭院二楼的嘉禾博物馆。博物馆很新，水泥墙面，红色大门，两旁贴着对联，正上方是"嘉禾博物馆"五个大字。

1967 年出生的王积稼，今年已经 53 岁了。"我改过名，原来叫'积家'，是我爷爷起的，'积善之家，必有余庆'，我觉得可能是让我积攒家业。积攒不下来，没有家业，那就积攒庄稼吧。"他出身于世代务农的家庭，却有着端庄儒雅的书生气质。这位"隐居"在小巷里的收藏家，就是这家博物馆的主人。

推开博物馆的大门，薄薄的光线笼罩着整个展厅，展品包裹在清冷的气息中，整个展馆显得庄严而静谧。咔嗒一声，王积稼打开了馆内的灯，入眼的是一排排整齐的展柜，左边的柜台上摆满了博物馆的宣传册，右边的展柜里陈列着老旧的读物，墙上也挂得满满当当。

"这些是连环画、小人书，你们没看过，我们小时候就是看这些长大的。"王积稼介绍起他的展品，如数家珍。在这 500 平方米的房子里，紧凑地堆满了 2 万多件藏品，这些是王积稼 30 多年来收集的"宝贝"。

"我就想留住一份记忆"

王积稼天资聪颖，受母亲和姐姐手工剪纸、编织的熏陶，从小就在工艺、绘画、文学等方面显示出天赋，对于各种课外读物更是喜爱有加。

"小时候就喜欢看各种小人书，看完也舍不得扔，听过的磁带、学校的毕业照我都留着，有意思的东西都会收集起来。"说起收藏，王积稼话多了起来。

天气本是阴沉沉的，但嘉禾博物馆里却是亮堂堂的。这个博物馆从结构到展品布局都是王积稼一手设计的。屋顶上开了八个天窗，用透明玻璃嵌着，光线从这几块大玻璃中投射进来，照得馆内展品格外清楚，那些老物件的年代感扑面而来。

嘉禾博物馆里收藏了从 1981 年创刊至今的每一期《读者》杂志，从民国时期到新中国成立之后各个时代的毕业证书，还有庄浪县当地众多民俗纪念物等等。2020 年 6 月，甘肃省博物馆协会非国有博物馆专业委员会成立大会召开，王积稼的嘉禾博物馆作为平凉市唯一一家非国有博物馆受邀参加。

"在我参加甘肃省博物馆纪念馆长培训期间，《中国博物馆》杂志总编辑安来顺先生说博物馆应该把眼光放到近现代上来，甚至是当代。因为博物馆收藏的都是有年代感的东西，但是现在发展这么快，很多老物件已经找不到了。"

20 世纪 60 年代的煤油灯、70 年代的缝纫机、80 年代的黑白电视机，在他眼里，每一个都是一个时代的见证，一段岁月的印记。"我就想留住一份记忆。"王积稼说。

目前他的博物馆分为中国共产党、伟人、抗日战争、国庆专刊展、《读者》、庄浪地方文献展、庄浪地方文物、历史的光影、中国考试制度简史、名人信札、老皮影、艺术之美、我与博物馆等十多个板块。

"我不敢记账"

20 世纪 80 年代，王积稼高考失利，因为家境困难没有再补习，从此开始了养家糊口的生活。上有老下有小，生活的重担让他不敢松懈。他干过零活，搞过装潢、开过书店，还办过画廊，但他还是会忙里偷闲读各类书籍，去外地给店铺买耗材的途中碰到旧书古物都会买下来带回家。

妻子对他这个爱好一直不支持，开销大，没回报，但这浇灭不了他对这些老物件的热爱，家里的藏品还是一件一件地多了起来。妻子生气之余扬言要烧掉这些"破玩意儿"，王积稼实在舍不得，便动了办博物馆的心思，把这些东西都归置起来。他曾找过一个商人朋友当合伙人，但朋友觉得办博物馆无利可图，拒绝了他，他决心自己要把博物馆建起来。

2017年起，王积稼通过从银行贷款和亲朋好友借款，共筹资200多万元，开始筹建博物馆。2019年9月26日，嘉禾博物馆正式揭牌开馆。那天，他在朋友圈写下这样一段文字："酸咸苦辣五十年，痴心不改三十载；夸父追日不量力，精卫填海梦成真！"

我们好奇他这些年购买藏品花费了多少，王积稼扶了扶一只腿缠着胶带的黑框眼镜，不好意思地说："我不敢记账。"据他的朋友估计，王积稼30多年来购买藏品大概花费100多万元。

"实在不行了就都捐给国家"

"社会在城市化，乡村日益减少。新媒体、新文化对传统民间艺术的冲击使这些古老的艺术后继乏人。所以说，对它们的继承不仅仅是几个传承人的问题，而是全社会的共同担当，这是我们要思考的。"这是王积稼9月10日在陇县文化馆举办的关陇社火传承保护论坛上的一段发言。

王积稼这些年常到各地的大学校园、美术馆、博物馆、纪念馆参观学习，积极参加与博物馆相关的学习交流会，最近还参加了甘肃文旅的短视频创作培训班。他告诉我们，他打算在抖音快手上介绍这些藏品，把地方民俗历史都传播出去。

现在庄浪县经济发展越来越好，很多人搬进了新家，家里的老物件无处安放，听说王积稼办了博物馆，就送到他这儿。"他们说放我这儿以后有机会还能见一面，要是放在别处就当成垃圾扔掉了。"如今对于王积稼来说，收藏已不仅仅是一种爱好，这些藏品是物化的历史信息，承载了世事变迁和文化传承。

东西越来越多，博物馆又是免费开放，无资金回报再扩建。"现在就是我一个人在撑着，很多人问我以后要是不开了，这些东西怎么办。我觉得这些东西对个人来说意义不大，以后实在不行了，就都捐给国家吧。"王积稼用低沉的嗓音回应着，说完他低下了头，整理起桌上散落的老照片。馆外不远处传来邻居翻修旧屋的声音，馆内开始恢复平静。

（范竹清　刘　畅　叶晓梅　孟　媛）

手记：

一方建在柴米油盐上的纯净空间

初次听到嘉禾博物馆可以作为一个采风点，我心想大大小小的博物馆有很多，它有什么特别的地方吗？采出来的东西很平淡怎么办？查阅资料后发现，对嘉禾博物馆报道已有数篇，这家博物馆的馆长是农民出身，馆内的几万件展品都来自于他几十年的收藏，博物馆就建在他自己的家里。

采访当天，我们一行人提前联系了王积稼，很早出发准备去博物馆看看。坐上出租车后司机不知道具体位置，询问当地人要么摆摆手，要么几个人指出好几种方向。无奈之下我们再次拨通王积稼的电话，他说："待在那儿，我来接你们。"

博物馆确实不好找，在大街上罗立着的门店中间，有一条碎砖块铺成路的小巷子，穿进去是一片老居民区。往里走几户人家，才看到挂在二楼大门高处，颜色不太显眼的"嘉禾博物馆"几个字。

王积稼走在前面带路，他转过身时，我看到他黑色方框眼镜的一只腿用胶带缠了好几圈。平时偶尔也会有人前来参观，但因为还早，今天我们是第一批。他为我们打开博物馆的门，"啪嗒"一声打开灯的瞬间，顿时有种时空穿越感。与刚走过的泥路相比，这儿整齐陈列着的满墙藏品，让这个干净宽敞的房子仿佛凝缩了另一个空间。

我们从头看起，他很熟练地介绍藏品陈列布局的构思和它们的来历。王积稼讲话极其温和平缓，从始至终听不出语调的变化。我们和他交流时，声音也不自觉地比平时降低两个调，我总觉得他身上有早期长袍文人的气质，流露着善良和谦卑。

这个不大的博物馆里，紧凑地堆满了2万多件藏品，我们仔仔细细参观了一遍，一上午就过去了。王积稼中午还有事，便约好下午两点再来采访，他坚持两点开车到我们住的宾馆接我们。果然两点刚到，他便打来电话说已经在楼下了。

再到博物馆，他先带我们到一楼他们全家日常起居的地方看了一圈。不同于二楼的地板砖和白墙，这里只是简单的水泥地面，东西不算多但也干净整齐。在我们四处张望的空隙，他洗好了一盘苹果准备端到二楼。我依然没有看见他妻子的身影，从之前的报道中有所了解，他妻子一直不支持他做博物馆，不免产生一些猜疑。后来我还是问了出来，"您爱人呢？好像一直没看见她。"

"噢，我在街上有个广告店，她在看店。"

博物馆对外开放不收费，广告店是他家目前主要的收入来源。

博物馆里很静谧，屋顶开了八个天窗，脚下是用透明玻璃做的地板，低头就能看见下面的家。这里光线很足，正适合采访。我们围着他的工作台坐下，聊到兴起时大家都站起来随他到一件老物件前细细打量。

王积稼自己高考失利后就没再上学，但他的三个孩子都考上了不错的大学，说到这看得出他挺高兴。在博物馆的高考专栏区，三个孩子的录取通知书整整齐齐地摆放在展示柜里。

天色不觉已晚，王积稼坚持邀请我们一起吃晚饭。在街上的一家餐馆，大家都喝的茶，席间也不曾举杯，他只是不时问我们吃不吃得惯，还是一如既往平和的语气。大家都已经吃得差不多了，他主动提出想朗诵一首海子的诗，是那首熟悉的《面朝大海，春暖花开》，他很喜欢。"和每一个亲人通信，告诉他们我的幸福，那幸福的闪电告诉我的，我将告诉每一个人……"念到这句，他突然有些激动，声音也开始哽咽。我们望向他有些不知所措，扯下几张纸犹豫要不要递给他，但他也十分克制，很快就恢复了平静。

后来在离开庄浪的车上我回想这两天的经历，开始反思之前的刻板印象。为什么一定要做过轰动的事才能叫伟大，才值得被采访、被记录？一个普通人能怀揣梦想，对爱好如此坚持和纯粹，在今天已实属难遇，而且我们不必一定要做伟大的人。那天王积稼有一句话重复过好几次，他做这些就是一个底层老百姓对传统文化的坚持而已。

或许，博物馆随着知名度的提升会越来越好，或许因为经济压力最终没落，王积稼看上去对这件事并没有很焦虑，每天待在博物馆里的时候，他只觉得内心丰盈并踏实无比。

（范竹清）

点评：

有价值的人物　有细节的现场　有条理的叙事

本文写庄浪农民王积稼和他的嘉禾博物馆，500平方米的空间里是储存着的历史记忆，是看得到的时代变迁。喜欢收藏的王积稼自己开了家博物馆，从结构、展品到布局均亲力亲为，他说："我就想留住一份记忆。"文章不仅介绍了王积稼的博物馆，还写出了王积稼本人的一些经历和难处，使人物形象更加饱满。文章最后升华主题，对于展品的收藏，从个人爱好走向社会担当，走向文化传承。

人物选取颇具新闻价值

一般来说，新闻人物的选择要有"特殊性"或"典型性"，这样才有新闻价值，才有传播效果。一位普通农民自己开了家博物馆，这件事本身就属于"新鲜事""非常事"，而这间博物馆里，放着"60年代的煤油灯、70年代的缝纫机、80年代的黑白电视机"，时代的记忆在这里储存。那些曾经熠熠生辉，又逐渐被淘汰的物件，并没有被遗忘，对于从那个年代走过来的人来说，这些展品亲切又贴近。

新闻价值是新闻传播主体衡量、选择新闻事实的依据，从新闻价值的角度来说，农民王积稼和他的嘉禾博物馆具有显著性、接近性、趣味性的特征。这样的事件，是人们感兴趣的，想探究的。这样的人物，是少见的，更是值得书写的。

现场呈现与细节相结合

在去往嘉禾博物馆的路上，"我们跟随王积稼穿过一个地面坑洼不平的泥泞巷子，再上一个小陡坡，经过一座快要坍塌的土房子，终于见到了王积稼建在自家庭院二楼的嘉禾博物馆。博物馆很新，水泥墙面，红色大门，两旁贴着对联，正上方是'嘉禾博物馆'五个大字"。这段场景描写属于镜头感很强的段落，"泥泞巷子""快要坍塌的土房子""博物馆很新"这种细微描写表现了博物馆所处的环境，有对比，也能将人拽入现场。

现场呈现离不开全景和特写，也离不开人，现场因人而生动。王积稼的博物馆里有两万多件藏品。"我们好奇他这些年购买藏品花费了多少，王积稼扶了扶一只腿缠着胶带的黑框眼镜，不好意思地说：'我不敢记账。'"这句话有好几处细节，回答问题时"扶眼镜"的动作、不好意思的神态，一只腿缠着胶带的黑框眼镜，以及实在的直接引语。这些是细节，也是现场，更是因人而生动的现场。

纵式结构理清叙事脉络

在文章的诸种结构中，纵式结构被称为最自然而又最重要的次序。它是按照事物发生、发展的时间顺序，错落有致地组织材料、安排层次的一种结构方法。本文按照参观嘉禾博物馆的时间顺序写所见所闻，中间运用倒叙、插叙等笔法，写王积稼的生活经历以及开这家博物馆的缘由，避免了平铺直叙。

"入眼的是一排排整齐的展柜，左边的柜台上摆满了博物馆的宣传册，右边的展柜里陈列着老旧的读物，墙上也挂得满满当当。"作者在王积稼的带领下，参观展品，了解故事，这个过程本身就是遵循时间顺序的，按照纵式结构布局，作者所见即读者所见。

并且纵式结构使叙事更有条理，本文清晰地将王积稼和嘉禾博物馆的故事呈现给读者，从喜爱收藏到建博物馆，虽然妻子不大支持，但难抵热爱，后来个人热爱发展成社会担当。由于其情节展开的依据是事物的自然进程，因而条理清晰，线索分明，便于人们了解事件脉络。

最美劳动者

一位乡村兽医 23 年的坚守

2021 年 10 月 5 日，我们来到甘肃省平凉市庄浪县卧龙镇杨魏村平凉红牛庄浪县核心育种场。在这里，我们见到了庄浪县柳梁镇畜牧兽医站站长程万辉，他正在认真地检查着场里每一头牛的状况。一见到我们，程万辉就兴奋地指着一只正努力尝试站起来的小牛犊向我们讲道："你们看这只小牛，今天早上 9 点生的，就在你们来之前半个多小时。"一谈起牛，原本少言寡语的程万辉一下子打开了话匣子。

"他总是只顾工作，不顾自己"

如果不是庄浪县动物卫生服务中心主任柳志成提到那段往事，我们根本不会想到眼前的程万辉是一个摘除了脾脏的人。2017 年秋季集中免疫时，程万辉骑着摩托车冒雨前去柳梁镇赵岔村给牛打防疫针，途中不慎摔倒，掉入路旁 3 米深的涵洞里。他强忍伤痛坚持工作，直到免疫工作快结束时因疼痛难忍跌倒在地，被养牛户送去了医院。柳志成在说这段过往的时候，程万辉一直低着头，有些不好意思。故事讲完了，他才轻轻说了一句："那个养牛户救了我的命。"说罢，便又低下了头。

因为错过最佳救治时间，程万辉的脾脏被全部切除。经过 5 个月的康复治疗，他的身体稍有好转，便不顾家人亲朋的反对，继续回到原来的岗位工作。当我们询问康复后有什么后遗症时，程万辉说："都是小毛病，就是免疫力没有以前好了，总感冒。"柳主任又接着说道："老程总是这样，只顾工作不顾自己。"

如今，程万辉依然坚守在基层畜牧兽医站上，因为新育种场刚成立，目前还没有人专门做这项工作，程万辉就被抽调到了这里。新的工作地点离家远，地方偏僻，如何解决午饭成了程万辉的一大难题。周边的一些养牛户得知这一情况后，经常邀请程万辉去吃便饭，他也会将家里的好东西拿来与养牛户们一起分享。和养牛户处成朋友是程万辉的工作方式，只有走进养牛户的心坎里，他们才愿意实实在在地交流养牛过程中遇到的问题，接受新技术，才能真正富起来。

"疫情期间他一直坚守在工作岗位上"

走进程万辉的办公室，柳志成指着房间内存放的防疫物资说："去年疫情期间，老程也一直坚守在工作岗位上。疫情刚暴发的时候，他一听说防疫物资短缺，就想尽办法多方筹集口罩、防护服等各种防疫物资，并组织畜牧站疫情防控人员对柳梁镇街道进行全面消杀，解决了我们镇上的燃眉之急。"

疫情期间，忙碌的不仅有奋斗在抗疫一线的医务工作者们，还有一群穿梭在乡镇之间的畜牧工作者。由于公共交通停止运行，程万辉每天早晨6点就必须从家出发，徒步去给镇上130家养殖场发放消毒药品，累计消毒面积1126.9平方公里。

走到牛场前，程万辉给我们每个人发了一个口罩。"虽然我们牛场很安全，但防疫意识还是一直要有的。"一提到防疫，程万辉的脸上露出一种严肃的神情。在确保每人都戴上口罩后，他才带我们走进牛场。"老程这个人啊，工作起来严谨得很。"柳志成笑着说。

这些只是程万辉工作的一个缩影，这些年来他一直默默无闻地坚守着兽医工作者的职责，守护着当地的畜牧产业。

"我就这样干了23年"

"这个是我们给牛配种时使用的输精枪，"程万辉一边说一边把几副输精枪整齐地摆在桌面的铁盘上，然后提起一个保温壶小心翼翼地往一个空水瓶中倒入三分之二的水，"一会儿我们取出液氮罐中的冻精管后需要放到温水里让它解冻，然后才能放到输精枪中。"程万辉娴熟地向我们演示着取冻精的过程。当他将冻精管放入输精枪的枪管后，我们本以为取冻精的过程已经结束时，程万辉的一个动作示意我们还没结束——他在冻精枪外包上一层塑料袋，然后拉开衣服拉链将缠有塑料袋的枪管放入了自己的衣服内侧。"这个方法有点土，但是管用。"程万辉含蓄地笑了笑，拉上衣服拉链继续说道，"让冻精管的温度接近人体的温度更能保证受精的成功率。"

程万辉凡事都要亲力亲为。他每天要赶最早的一班公交车从县城到达乡镇的兽医站，拿起医疗箱又马不停蹄地前往各个养殖场进行冻配工作，时间是宝贵的，一分钟都耽误不得。程万辉负责着当地四个大型肉牛养殖场的冻配改良、防疫、产犊等工作。办公桌上摆放的冻配登记表详细地记录着养殖场里每一头平凉红牛的冻配信息，配种的日期从月初到月末、年初到年尾清晰可见。日复一日，年复一年，登记表上的日期在不断变化，配种人员的名字却始终未变。晴天一身汗，雨天一身泥，程万辉就这样周而复始地奔波在各个牛场间。

"无论严寒酷暑，风霜雨雪，只要一个电话，他总会第一时间赶到现场。"程万辉每天穿梭在各个养殖场之间，忙碌的背影成为柳梁镇一道熟悉的风景。对于不善言辞的程万辉来说，埋头做事能让他踏实，带给他心安，只有脚底走过的路，才是最实在的。"23年就这么干下来了，也不觉得有啥，早习惯了。"程万辉笑着说道。

"平时我对年轻一辈也是很严格，不严格不行。"程万辉已经培养了三名基层畜牧兽医站站长，他们正带领年轻一辈进行冻配技术的创新。乡村振兴离不开像他这样默默坚守在基层工作的人，是他们，用日复一日的坚守和付出共同守护着这片西北沃土。

"哞——"，一声牛的叫声吸引了我们的注意，程万辉细细一看，笑道："又是它。这只小牛刚出生没两个月，总是认不准牛妈妈，我总说它是吃百家饭长大的。"日复一日的朝夕相处早已让程万辉和这些牛群建立起了深厚的感情，看着牛犊从出生到长大再到孕育新生命或走出庄浪，他和牛群一起周而复始地走过一年四季，承担着守护的职责与使命。他看着那头刚站起来的牛犊，喃喃道："枯燥？咋会枯燥呢，跟牛待在一起我安心，养牛户也安心。能让咱庄浪的牛产业越来越好，我就高兴。"

（陈文卓　程　洁　卢艺璇　王　阳　赵婧懿）

手记：

只有贴近生活才能写好生活

庄浪这座城市给我的第一感觉，就是和我的家乡非常相像，都有着小县城所特有的烟火气息，也有着淳朴的乡土人情，而且更为巧合的是，苹果同为庄浪和我的家乡的支柱产业之一。由于这种种相似之处，虽然国庆采风行是第一次来庄浪，但我却有了一种类似于回家般的感觉。

此次庄浪行我们小组的选题是庄浪的三大支柱型产业之一——牛产业，而带领我们了解庄浪牛产业的动物卫生服务中心主任柳志成，也是我们此次采访的核心人物。我们在他的带领下，完成了对草料中心、养殖场、养牛户等地方的走访，也随着他的脚步走近庄浪、了解庄浪。

得幸于柳主任是一位健谈的采访对象，整个采访过程推进得顺利而又愉悦。柳主任还让我们称呼他为老柳，这样显得更加亲切，也快速拉近了我们之间的距离。在老柳的带领下，我们去了位于良邑镇的绿亨草业中心，去了郑河乡的两个肉牛养殖场，去了养殖农民专业合作社，也去了畜牧兽医站。经过这些地方，我们更加清晰地了解了牛产业的整个产业链，从饲料的供给到养殖再到医疗保障，同时还了解到养殖户因为养牛生活发生的变化。

我们跟随老柳更加深刻地了解了牛产业，在和他的交流中，我们看到了他对牛产业和这片土地的热爱。老柳有这么一句话让我印象非常深刻："看老百姓富起来了，养牛养得越来越好，感到做基层工作很有成就感，在平凡的岗位上感觉很骄傲。"这是他扎根庄浪工作 21 年的感触，也是千千万万个扎根基层的工作人员的缩影。

在和老柳聊天的过程中，我们听到了兽医程万辉的故事，看到了一位乡村兽医 23 年的坚守。对待工作极其认真的程万辉话不多，许多他认为普普通通不值一提的事，在我们看来却恰恰是他不平凡的证明。只有在聊起小牛犊和专业工作时，程万辉的话才会多一点，加上老柳补充的一些事迹和细节，我们对他的了解也逐步加深，在稿件《一位乡村兽医 23 年的坚守》中才得以成功展现出一位形象丰满的乡村兽医程万辉。

积累到了足够多的采访素材后，我们开始写作，经过对素材的梳理和一次次的讨论与思维碰撞后，《跟着老柳走庄浪——牛产业二三事》和《一位乡村兽医 23 年的坚守》这两篇稿件逐渐成型。在写作的过程中我们有对内容的仔细斟酌，有在产生大家都满意的思路时的欢欣雀跃，也有在一遍遍修改后的成长。

经过这次庄浪行，我也明白了如果不去贴近生活，只靠想象，是写不出来生动鲜活的稿件的。只有去走近，去贴近，去用心感受，才能够写好生活。庄浪行虽然结束了，但是感受生活、热爱生活、写好生活的磨炼永远在路上。

（陈文卓）

点评：

用讲故事的方式做好优秀人物报道

本报道通过乡村兽医工作者程万辉的事迹，向读者展现了大多数基层兽医工作者的常态。乡村振兴需要技术人员长久地坚守岗位，程万辉在自己的岗位上工作了23年，让读者真正地看到基层人员坚持的意义。本报道用讲故事的方式叙述了程万辉的过往与现在，一名乡村兽医工作者的形象跃然眼前，整篇报道精彩生动，感染力强。

美国普利策新闻奖得主富兰克林曾经说过，新闻报道故事化是"用故事化手法写新闻"，通过对话、描写、场景设置等去挖掘出新闻事件里"让人兴奋、富有戏剧性的故事"。

该报道标题《一位乡村兽医23年的坚守》简洁、朴实并具有故事感。报道开头"程万辉就兴奋地指着一只正努力尝试站起来的小牛犊向我们讲道：'你们看这只小牛，今天早上9点生的，就在你们来之前半个多小时。'一谈起牛，原本少言寡语的程万辉一下子打开了话匣子。"有场景、有声音、有细节。接下来叙述了程万辉曾经强忍伤痛坚持工作最终因错过最佳救治时间而切除脾脏的过往，典型事件表现人物；接下来以白描手法让读者看到人物在疫情期间工作的严谨与专业，最后又以动作细节升华人物。

讲故事需要突出典型人物。宏大的主题往往需要微观的表达，需要将具体的主题内涵落脚于具体的人。有了典型人物才能有吸引人的故事，才能使报道真正具有打动人心的力量。特别是优秀人物报道要善于发现和表现最能体现时代精神、对人们有激励和鼓舞作用的典型人物。从本篇报道中，我们了解了一名乡村兽医工作者的日常，从中窥见所有乡村兽医工作者的坚守。乡村条件差，工作艰苦，需要的是不怕苦不怕累的工作人员能下基层真正服务群众。本篇主人公程万辉就是一个优秀的基层代表，"强忍伤痛坚持工作"，体现了他对工作极其负责；

"那个养牛户救了我的命"，文如其人，少言寡语却做事实在；"防疫意识还是一直要有的"，工作严谨不和稀泥。

　　细节是故事中最能触动人心的部分。细节决定一部作品或一个人物塑造的成败，细节是人物生活中最真实、最具特色的精华部分，是新闻的活力所在。一滴水可见太阳，一个细节可见人生。这篇报道在运用细节上是很成功的，它以白描的手法，聚焦近景，写出了程万辉对工作的热爱与尽职。"他在冻精枪外包上一层塑料袋，然后拉开衣服拉链将缠有塑料袋的枪管放入了自己的衣服内侧。"形象地将人物呈现在读者眼前，使人觉得人物就站在自己面前，伸手可触，因此想要形象、真实、可信地表现人物，就要让细节说话。

庄浪梯田上：擅长"务苹果"的焊接工程师

从兰州回来的焊接工程师董小兵站在先辈们修成的梯田上，凝视着自己硕果累累的果园，情不自禁地说："这些年，庄浪梯田上种满苹果后，庄浪就风调雨顺了。"庄浪人将种植苹果亲切地称为"务苹果"。七年来，董小兵在外包工程的同时一直在家乡庄浪坚持务苹果，他终于等到了丰收的季节。

2021年10月4日上午9点多，我们的汽车在蜿蜒的山路上绕了几个弯，停在甘肃省平凉市庄浪县朱店镇杨家铺村一个果园门口，门口的标识牌上写着"乐村淘苹果基地"，这里是董小兵的苹果园。果园里红彤彤的苹果压弯了枝头，在园子的一角，一个中年人身着浅色夹克和牛仔裤，戴着眼镜，身上粘着泥土，精气神十足，他就是这片园子的主人董小兵。

从工厂到苹果园

从2001年到2017年的17年间，董小兵先后干过专职消防员、焊接工程师，这期间自己也承包过一些工程。两年后，家里的苹果事业开始忙碌起来，他便离开了原来的厂子。

回忆当年在兰州石油机械化工厂的经历，焊接工程师董小兵感叹："电焊这个行业现在年轻人很少从事了，收入还是相当可以的，农闲时分我还可以出去接工程，一年下来也能挣10万元。"在他身后，是刚经历了一场秋雨洗礼的果园，红富士苹果挂满枝头，等待果农们采摘。

2007年，董小兵决定辞掉兰州的工作回家种苹果，身边很多人都表示不理解。董小兵有他自己独特的看法："平凉的庄浪、静宁是特别适合种苹果的地方。这几年果品质量最好、价格最好，苹果价格回落的情况下，庄浪苹果价格在全国还是排在第一名。"聊起务苹果的技术，从秋冬季节摘完苹果后的土地开沟施肥、打清园药、除虫、冬剪，再到来年春夏的匀花、疏果、套袋等各个环节，董小兵都门儿清。

庄浪近些年来改天换地般的变化，董小兵看在眼里，记在心里："最近10年庄浪梯田能有这么好的效益，苹果是支柱性产业。"

"务苹果"还得靠我这一大家子

"农忙的时候，我们一大家子人就把灶搬到山上，一天吃饭都在果园里。"董小兵指着山上的果园说道。早些年，董小兵的父亲和大哥在兰州铝厂工作，后来他们都回到庄浪老家开始务苹果。

说起返乡创业的原因，董小兵说很简单："外面再怎么好，没有家的感觉，父母在外待久了，不愿待了，城里的是房子，村里的是家。"而且他家处于庄浪苹果的最优生产区，有政府帮扶，经济效益好，赚的钱比他们之前打工赚得多。

董小兵家的22亩果园是市级示范性家庭农场。在庄浪县，一般像两口子带孩子这种"单帮子家庭"是务不了这么多苹果的，不仅人手不够，而且还面临着贷款的经济压力。果园平时主要由哥哥和父母照看，嫂子和媳妇在县城里陪孩子们读书，自己在农闲时干回老本行，接一些工程，可以补贴前期务苹果的一部分成本，因此他家务苹果没有贷过款。在除草、施肥、套袋、摘果最忙的时候，会雇一些附近的村民来干活，一年下来能雇四五十个人，这也增加了当地村民的收入。

"我想把苹果的销路扩大"

"苹果只有卖出去才能产生效益。"董小兵说。在他看来，当地的"乐村淘"电商平台解决了卖苹果的难题，他每年摘下来的几万斤苹果，主要靠"乐村淘"来收购。庄浪"乐村淘"是由当地致富能手宋小霞引进创办的一个电子商务平台，主要是借助网络帮助老百姓解决农副产品的销售问题。董小兵是第一批与"乐村淘"合作的果农之一，每年国庆前后苹果下树时，"乐村淘"的工作人员就会来到董小兵家的苹果储存间，给苹果套上保护膜袋，装箱，通过线上销售的方式发往全国各地。除了依靠"乐村淘"，董小兵还想学习视频拍摄，通过快手、抖音网络直播的方式拓宽苹果的销路。

在谈及务苹果和干工程这两件事时，他说："多方发展，多挣一点还是好的，就算遇到冰雹、倒春寒等恶劣天气绝收时，对家庭影响也不是太大。"

"务苹果风险很高，但我会好好弄，慢慢学习，这也是一个不断进步的过程。"董小兵带着我们穿行在挂满红苹果的园子里，满怀希望地咧开嘴笑着说，"果子会一年比一年好。"

（王　健　闫雪婷）

手记：

那些从心底流淌过的庄浪故事

此次"国庆采风庄浪行"活动让我放下了之前的"偏见"。原本我以为去年的"庄浪采风"已经把好故事采完了，以为庄浪除了梯田、苹果和红牛好像再没什么了。事实上，我发现是自己浅薄了，关于这片土地上的人和事三天三夜也讲不完。

不期而遇的采访对象

董小兵这个采访对象是闫雪婷和我采风第一天在董小兵的果园中临时决定的。

本来我们小组的大选题是"宋小霞的新打算、新车间",抽到这个选题时我们小组 7 个人不禁面露难色,一致认为这个选题不好写。因为宋小霞是当地的"致富能手",有关她的报道非常详尽,于是我们小组为了力求稳妥完成任务,初步打算中规中矩地写一篇交差。我和闫雪婷打算从侧面去刻画宋小霞,从小角度切入去反映宋小霞对庄浪的杰出贡献,比如写一位在她的"宫灯车间"干活的中老年妇女,或者在她的带动下返乡创业的青年。事实证明我们多虑了,不仅因为宋小霞的个人魅力让我们折服,而且她的身上还有许多未曾挖掘的好故事。更幸运的是,在 10 月 4 日宋小霞带我们在梯田上寻访过程中,我们遇到了我们心中所期盼的那个采访对象——回乡"务苹果"的焊接工程师董小兵。

初见董小兵是在他家的苹果园里,这是个一大家人共同经营的苹果园,足足有 22 亩。相比于 63 岁的"老父亲"董尚红热情憨厚地道的农民形象,董小兵显得冷静。刚开始他话不多,我们主动问起关于他家苹果的事,他对我们有问必答。无意中说出他之前在兰州当过工程师,闫雪婷敏锐地认识到,"这个人有故事",于是我们达成共识就写他了。

拉家常式的采访

十月初的秋雨落在庄浪梯田上,泥土湿润清新,漫山的苹果树愈发绿中透红,鲜艳极了。但这对苹果成熟采摘期的果农们可不是个好天气,他们不得不停下来盼着太阳早点出来。也正是天气的原因,我们才可以和董小兵坐下来交流,听他讲这些年的经历、苹果的故事,还有庄浪梯田的故事。

正式采访是在 10 月 5 日进行的,当天雨已经停了,但是地上仍然湿漉漉的。我们提前一天就约好董小兵,他在家等我们。他们家住在距离自家果园大约一公里的山下,院子不算大,只有砖结构的正房,正房背对着院子外面有一间小屋是他父母住的地方。董小兵的父亲热情地招呼我们坐在热炕上，距离就这样拉近了。记得韩老师在课上说过采访时最好坐下来，不要站着采访。董小兵家的土炕让我们感到温暖亲切，而且他们坐在自家的热炕上不会拘束，说起话来就自然。我们除了提事先准备的问题，其余时间一直都在用心倾听，整个过程温馨而舒缓。

反复打磨的稿子

采访结束已是 5 号中午，距离老师要求交初稿的截止时间还有半天，回到酒店我们匆匆开始写作。"董小兵""庄浪梯田""苹果园""焊接工程师""农民"这几个词从我脑袋中蹦出来，很快我就有了写作思路，拟标题、写开头、拟分标题，写作似乎还算顺利。因为我是第一次采访写作，看到的听到的都想一股脑写下来，于是便有了初稿长达近 3000 字的"流水账"。我们组的徐姝敏同学看了我的初稿后直摇头，一针见血地指出我的文章不仅冗长而且思路有问题，没有突出核心人物，文章前后衔接不畅。和徐姝敏交流完改稿思路已将近午夜 12 点，我们组不擅熬夜的张成祐同学帮我改稿，一句一句挨着往过改，改到了凌晨 4 点，总算有了一篇还像样的初稿。虽然三稿之后就定稿了，但中间的修改过程也颇为曲折，毫无新意的标题、别扭的分标题、突兀的结尾……对照韩老师上课讲的"四五六"原则反复修改，最终顺利刊发。

庄浪的故事还有很多，我们脚下奔走得再勤快些，手里叙事得再勤奋些，目光所及之处，那些温暖的故事便涌入心头。

（王　健）

点评：

从反差中出新闻

　　庄浪人将种植苹果亲切地称为"务苹果"，"务苹果"与焊接工程师这两种工作很难让人联想到一起。农业与工业，乡村与城市，形成一种微妙的反差，两个如此跨度大的职业，中间有什么故事？本文讲述了主人公董小兵从化工厂到苹果园的经历，返乡创业的原因与扩大苹果销路的努力，从反差的吸引中一个动人的故事娓娓道来。

反差中出新鲜感

　　报道的开篇有一张主人公董小兵的照片，黑框眼镜与颇具知识分子的气质很难让人联想到传统意义上的果农形象，在互联网上有人用"反差萌"来形容这样的形象。

　　人们第一眼看新闻的时候大多会首先关注两个点：标题与图片。本篇文章中标题的苹果与工程师形成的反差与图片中的人物形象的反差感实实在在勾起了人们的好奇心，不仅如此，"务苹果"这样的一眼不甚理解的方言在亲切的同时又给读者展示了新鲜感。

反差中出对比

　　对比是一种修辞手法，也是一种推进新闻写作的叙事逻辑，反差必然带来的对比使得新闻报道的写作有一个连贯的中心逻辑。在这种逻辑下，首先可以有一个较为明确的采访方向，过往的经历、转变的原因、现在的情况、今昔的对比、未来的展望等等，另外也可以很好地把在新闻采访中得到的素材有效地组合起来。

　　从回忆当年在兰州石油机械化工厂经历时的感叹到董小兵与"乐村淘"合作

通过线上销售的方式将苹果发往全国各地的现状，不同的素材在反差的对比中得到了很好的组合。

反差中出故事

反差与对比这样贯穿的逻辑可以在行文时有一个时间的线索来推动叙事，可以是线性的叙事——过去、现在、未来。也可以不断地在过去和现在中交叉，还可以是想象另一种时空下可能性的蒙太奇的穿插，不仅为新闻的写作提供了一种可供选择的叙事逻辑，也为这样的叙事提供了更多的可能。

焊接工程师董小兵回忆当年在兰州石油机械化工厂的经历时，在他身后，是刚经历了一场秋雨洗礼的果园，红富士苹果挂满枝头，这样的对话和环境的组合在反差的叙事逻辑中被赋予了新的意义。

本文的一个不足是没有将这样的反差细致地去写，全文几乎全部在写种苹果的经历而寥寥几笔带过了作为焊接工程师的经历，题目中读者出于反差的好奇心没有得到很好的满足。诚然本文的主题是种苹果的现在进行时，但如果将过去时乃至将来时运用其中会更好。

庄浪县中医医院的一天

10月4日，国庆节的第四天，阴雨蒙蒙，我们来到甘肃省平凉市庄浪县中医医院。庄浪县中医医院始建于1983年4月，从最初的几间小房子发展到现在拥有北城院区、中医馆、南城新院区三个院区的二级甲等中医医院。在这平凡的一天，庄浪县中医医院的故事像往常一样开始。

早晨7点，雨后的庄浪天刚微微亮，还没有到上班时间的医院很安静。昨天夜里至今晨，中医医院的门禁拦车杆多次起落，两辆救护车和几位患者驾车从这里通过，保安也是一夜未眠。这日复一日的值守，只为了这个岗位所承载的责任。

8点，肺病科主任朱建新已经查看完了7床病人的状况。"这是家属打通电话远程指导着急救下来的，慢性肺病患者每急性发作一次就会加重一次，对他肺功能的伤害是不可逆转的。"朱建新向科室年轻医生讲解着一位患者的病情。下一床患者的年龄大、听力不太好，朱建新俯下身子在老人耳边大声地说："叔，有啥不舒服你给我说。"查房结束后，朱建新立马下楼开始今天的门诊诊疗工作。他说节假日找他看病的大多都是工作日期间很忙的人，要更加珍惜患者的时间。

9点了，外科医生李小平从上班开始到现在一刻也没有停歇。来看病的有很多外地患者。一位外地患者家离医院很远，来看一次病路上要花费1天的时间。李医生知道这个情况之后，延长了坐诊时间，让远道而来的病人都能看上病。

"假期里病人也多，有些病人离得远，我这里能为他们节省一些时间就为他们节省一点时间。"说话的间隙他一直没有停笔，认真地为患者开处方。

"来了，来了。"10点，王晶医生在查完房后也匆匆下楼开始门诊诊疗工作，她迅速坐下来投入到工作状态，开始为患者查看片子。"最近有没有较大的情绪波动，有没有特别劳累的时候？"王晶医生看向患者的眼神里透露着关切。年幼时，奶奶脑出血没钱治疗，在床上度过了两年瘫痪的日子，所以学医的王晶从业时选择了心脑病科。他说："通过我们的康复治疗，能让更多的病人恢复生活自理，这就是我最大的贡献了。"

11点，急诊科走廊里，一位患者挂着拐杖慢慢行走。医院里最忙的就是急诊科。今日凌晨，一位中年男子因饮酒引发心悸气短一个多小时，同伴拨打120送来抢救，但患者拒绝住院，医生嘱托好注意事项后患者自行离院；破晓时分，一位旅者在高速公路上急性哮喘发作，120迅速出车赶至高速抢救；上午，赵墩乡一位村民因误食野菜间断性呕吐6小时有余，家属急呼120后送来抢救……急诊科的医护人员为了让病人得到及时有效的救治几乎是忙了通宵，待病人稳定后他们才默默离开。程君杰医生说："我们急诊科是没有假的，要一天24小时坚守。患者随时来，我们随时看。"

中午12点，医院食堂人头攒动，病患家属来食堂打饭。一位患者家属正在和配菜员沟通，希望面食可以煮得久一点、软一点，以便老人食用。"我们这儿的饭菜大多是为患者提供，经常要根据患者的需求适当调整，整体来说菜品都比较清淡，也是为了照顾到病人。"食堂配菜员讲道，"饭吃好了，休息好了，病也就慢慢好了。"

13点，ICU重症医学科仍在忙碌，在监护仪的嘀嗒声中，这里显得安静、紧张。时间就是生命，只要有病人，王辉医生都得在这里与时间赛跑。他不分昼夜，全年几乎无休。王辉医生说，他现在救治的这个病人原先住在呼吸科，因为突然性的心脏骤停，经抢救后转到ICU进行进一步观察治疗，现在情况稳定了，估计明天就可以转出去。在这里工作压力很大，王辉医生只能自己扛。他说虽然很苦很累，但俗话讲救人一命，胜造七级浮屠，干医生就是最好的职业。

14点，马腾飞医生正在给患者查看膝关节，这位患者虽然年轻，但常年膝盖疼痛。马医生耐心地拿出了膝关节模型，向患者讲明疼痛的原因以及以后生活中需要注意的事项。马医生非常在意每一位病患。三天前，马医生为一位股骨头坏死的患者进行了手术。为及时了解患者的恢复状况，马医生常常在门诊、住院部两头跑，即使在一层楼里，马医生的步数也常常上万。马医生说，他最大的成就感来自患者的痊愈。

15点，牙科医生魏亚莉正在拆一副新的手术工具，为她今天的第10位患者检查牙齿。这位患者牙疼了很多天，觉得牙疼挺一挺就过去了，不是什么大病，一直拖着没来看病。疼痛让病人双眉紧蹙，魏医生一边工作一边告诉患者："人们都说牙疼不是病，疼死没人问。很多人还是传统的观念，其实牙疼的时候，还是来检查一下比较好。"她安慰病人放轻松后，开始拿喷头为患者清洗口腔。

假期里不少学生趁着有空来医院看病调理身体，16点，妇科医生董继萍的诊室外还在排着长队。一位患者向董医生讲述自己时常为痛经所折磨的烦恼，董医生先是查看了患者的舌苔，接着又进行把脉，把脉时发现患者手脚冰凉。她叮嘱患者多用花椒、生姜、盐和艾叶泡的水暖暖手脚。董继萍医生说："医者仁心，不是说出来的，而是从临床实践中感悟出来的。"

在医生忙碌的接诊过程中，医院药房也随之忙碌起来。17点，中医药房里的王菊霞手对着一沓处方，穿梭在各种药柜之间，手中拿着铜杆秤，为患者抓药。"中医药材多且杂，每天要抓几百服药。别看这个药房不大，一天跑来跑去也不轻松嘞。"她熟练地找到处方上的每一味药材，仔细核对之后进行称装："这可是救命的药，不能出错。"说罢，她又投入到工作中去了。

"放轻松，这个一会儿就不疼了。"刘来明医生安抚着患者的情绪。现在是18点，他刚刚把过脉，正在为患者进行小针刀手术。患者被腰部的疼痛折磨得疼痛难忍，刘医生想让患者放松心情，讲起最近在诊疗室发生的一件趣事转移患者的注意力："国庆假期前来进行针灸治疗的人很多。前天有个患者带着小孩来做治疗。小孩看见这个针好奇得不得了，一点也不害怕，还吵着要试一试，说像孙悟空塞进耳朵里的金箍棒，现在的孩子胆子真大哩。"他笑着告诉患者："娃娃都不害怕，你还害怕。"在他轻松幽默的讲述中，诊室里传来笑声。

节假日里，护士正常上班。住院部骨科病区外，到19点，护士陈倩倩已经值班1天了。她的工作是负责骨科病区的二次预检分诊工作。"您好！先生，医院规定每个患者的陪床家属是固定的，请您配合我们的工作，感谢理解。"这句话她记不清说了多少遍，大部分家属都是比较配合的，但有些家属因为担心患者不肯走，就在病区门外看着，陈倩倩也不好再劝阻，只能提醒他们做好个人防护。"疫情防控期间，医院在这方面做的工作还是比较多的，都是为了患者好。"她轻声说道，"家属都是担心患者，医院里的医生和护士一定都会尽职尽责地照顾患者，希望家属放心。"

夜幕降临，雨还在下。从清晨到日暮，一天的忙碌看似结束，却又未曾结束。365天，8760个小时，日复一日，年复一年，庄浪县中医医院的医务人员一直坚守在各自的岗位上，守护着庄浪人民的健康与生命。

（周虹君　贾倩伊）

手记：

在路上，有方向

再次打开稿件，思绪回到了国庆节，耳边似乎还能听到雨落庄浪淅淅沥沥的声响。庄浪采风之行是我第一次真正参与采访，和我想象中的采访不一样，从出发开始，就注定了这是一次非比寻常的经历。

在路上：最好的新闻永远是在路上发现的

我们小组原本是参与环县采访的，就在出发的前一天被告知无法前往环县，所有人全部改变计划去庄浪。经历了一系列退改签，我们终于在 10 月 3 日跟随大部队顺利到达庄浪。

由于行程的改变，我们原本的选题用不了，老师让我们重新抽签决定选题。我们组抽到了庄浪县中医医院。抽到这个选题的时候，我很茫然。这与我们来之前花费大量精力和时间整理的环县素材完全不一样。医院本身复杂的环境让采访的难度加大，一切都充满着未知。我们很担心，韩亮老师安慰我们："别怕，明天去了就知道了。"

走出会议室已是 10 月 3 日 23 点 47 分，窗外下着淅淅沥沥的小雨，扑面而来的寒意让我更加清醒。结束了集体的大会，我们几个人回到房间里又开了小会。不打没有准备的仗，我们还是得做些什么。小组讨论说就做人物专访，找到医院里的典型人物进行深度采访，大致列一个采访提纲，整理医院的背景材料。就这样看似简单的准备工作，我们也讨论到了第二天凌晨 2 点。此时，距离我们正式采访不到 6 小时。

事实证明，最好的新闻永远是在路上发现的。做好准备工作，勇敢地不断追寻，总能找到需要的东西。10 月 4 日早上 8 点，我们见到了与我们对接的工作人员李琴。李琴带着我们驱车来到采访的第一站——庄浪县中医医院南城院区。南城院区 2021 年 7 月才开始投入使用，刚刚走进门诊大厅，就看到"一切为了人民健康"的字样。我们的第一个采访对象朱建新医生此时并没有在办公室，他在住院部查房。我们提议去住院部看朱医生查房，得到允许后，我们来到住院部。

医院的采访环境远比我们想象中的要复杂，我们不能影响到医生的正常工作，不能为了采访而采访，我们像朱医生身边的实习生一样，跟在他身后记录着。朱医生查房结束后，要去门诊坐诊。我们再次回到门诊室时，排队的患者已经很多。我们在门口等待朱医生，这期间很多患者看到我们戴着采访证欲言又止。我和同伴们决定，把采访证收起来，不要把自己当作采访者，而是把自己当作真正的患者去观察和体验。为了不打扰医生和患者的时间，我们找他们短暂的空闲沟通交谈。比起采访，更多的是观察，用我的视角来记录医院的一天。

10月4日早上，我们采访了7位医护工作者，下午驱车前往庄浪县中医医院北院院区和中医馆，下午见到了5位医生。一天的采访结束后，我们的腿很酸疼，但正是这种一直在路上的状态让我们感觉很充实。

有方向：找准方向才能写出好新闻

这一天并不是特别顺利。首先是医生们大多数用方言与我们交流，我们在语言沟通、素材记录方面有难度。第二，与我们最初想做的人物专访不同，我们的采访对象很多，且分散在3个院区中，信息量大且复杂。第三，采访对象工作繁忙，我们与采访对象沟通时间较少，无法深度挖掘，而且在采访过程中要注重隐私，在了解过程中尽量避开了一些敏感信息。

现场采访收集到的信息琐碎零散，写稿时让我们苦恼不已。如何将这一天分散的采访串起来成了我们最大的问题，我们无从下手，向老师求助。赵爱莲老师告诉我们："要有一个方向，找准新闻方向才能写好新闻稿。"赵老师提议我们分成两部分来做，第一部分选择一位采访对象做人物专访，第二部分记录医院的所见所闻，采用平行蒙太奇和交叉蒙太奇的手法将今日的所见所闻串起来。我们试着按照时间线将稿子串联起来。第一版稿子写得太空太大，没有落到实处，没有体现出每个人的特质。我们又再次回到现场记录的素材中去寻找那些被我们忽视的细节。改了一遍又一遍，没有思路和灵感的时候就打开韩亮老师的公众号去学习。在一遍遍的修改中，越发对稿件的中心和主题理解得深刻，找到了想要表达的主题和意义。最后也算是把这篇稿子串了起来。它不像是一个新闻稿，也不像是随笔，与我最初想象中的稿件完全不同，虽充满遗憾，但对于我们来说在过程中进步已经非常可贵。

感谢我们的指导老师赵爱莲和韩亮。采访当日赵老师不放心我们三个，特意赶到医院来看我们，给我们很多鼓励，修改稿件也是非常仔细和认真，让我们受益匪浅。感谢庄浪县中医医院的各位医护人员的配合与支持，感谢我们的向导李琴姐的帮助，在我们稿子完成后帮我们修改订正错误。

此次特别的采访经历，让我经历了很多人生的第一次。第一次真正以记者的身份去采访，这个职业并非看上去那么光鲜艳丽。想要做一个好记者要贴近实际、扎根群众、走进生活。第一次采访这么多医生，才知道医生这个职业身上的责任感与使命感有多重，第一次与患者如此近距离地交谈，才知道他们内心的痛苦与挣扎。敬畏生命！珍爱生命！每一个职业都神圣而伟大，对每一份职业都心存敬畏，对每一份善意都心存感恩。

希望自己能够不忘初心，坚守作为新闻人的原则和底线。希望自己能够始终有方向，在路上去寻找自己，去摘到属于自己的月亮。

（周虹君）

点评：

用电影蒙太奇手法组织材料

10月4日，国庆长假第四天，同学们去庄浪县中医医院采访。因为采访点多、采访对象多等原因，收集到的信息琐碎零散，写稿时如何处理素材成为他们面临的难题。我建议同学们分成两个选题来做，选择一位主要采访对象做人物通讯，选择几个典型人物或典型片段采用平行和交叉蒙太奇的手法表现医院的一天。最后，同学们用时间顺序把典型人物和典型场景连接起来，并结合蒙太奇的手法完成稿件《庄浪县中医医院的一天》，以点带面呈现了庄浪县中医医院普通的一天。

时序结构是按照时间顺序安排材料的方式，是最简单的结构材料的方式，使用得不好容易写成流水账，读起来索然无味，使用得好，则会使报道在简单的形式中现新意。平行蒙太奇和交叉蒙太奇是电影剪辑方法。平行蒙太奇是把不同时空或同时异地发生的两条或更多的情节线并列表现在同一结构内。这种手法利于概括集中，节省篇幅，扩大影片的信息量，并加强影片的节奏。由于几条线索并列表现，相互烘托，形成对比，易于产生强烈的艺术感染效果。交叉蒙太奇是把同一时间不同地点发生的数条情节相互依存，其中一条情节影响其他情节，多条情节相互依存，最后汇聚在一起。这种手法极易引起悬念，造成紧张激烈的气氛，加强矛盾冲突的尖锐性，是掌握观众情绪的有力手法。

该报道用 13 个时间点将住院部、食堂、保安室、急诊室等多个场景和医生、护士等多个人物串联起来，结构直观明了、报道内容繁而不乱，给予读者时间流逝中空间感的交替。报道中形式上的时序结构与电影的"蒙太奇"手法相结合，例如，"牙科医生魏亚莉正在拆一副新的手术工具，为她今天的第 10 位患者检查牙齿""在医生忙碌的接诊过程中，医院药房也随之忙碌起来""住院部骨科病区外，护士陈倩倩已经值班 1 天了"等句子强调时空的转换与交替，把不同时空或者同一时间不同空间的事件统一在一条时间线上，繁杂琐碎的材料以清晰的结构表现出来产生相互烘托的作用。

新闻报道用事实说话，本篇报道中白描手法对人物语言、神态、动作以及环境等进行展现，让读者从所勾勒的语境中体会到人物的内心活动，呈现真实而具体的事实。抓住"中医医院的门禁拦车杆多次起落""俯下身子在老人耳边大声地说"等细节进行描写，突出人物形象，让平淡中见不平凡，使读者更能体会到庄浪县中医医院医务人员对病人无微不至的照顾和爱岗敬业的精神。在描写急诊科室的工作日常时，作者通过连续的事例列举将读者带入紧张的工作现场，无须多加渲染就能表现出急诊科工作的繁忙。

显然，同学们对于时序结构和蒙太奇手法的结合使用手法还不够熟练，不同时空和同一时间不同空间的交叉融合不够，时间和空间的割裂感较强，没有很好地表现出蒙太奇应有的效果，但是这种尝试让同学们体会了新的组织材料的方式。

庄浪果农王建华：会管理，才能种出好果子

2021年10月4日下午3时，雨淅淅沥沥地下着，我们采访的车辆颠簸在甘肃省平凉市庄浪县泥泞的山路上。半小时后，在庄浪县自然资源局林业高级工程师王选强的带领下，我们在庄浪县新王村供销综合服务社门口见到了王建华。他没有和我们主动打招呼，站在王选强身后略微有些局促。

"你们要采访的就是他，他叫王建华。"直到王选强向我们介绍了他，他才一步一步走近我们，脸上浮现出羞涩的笑容，向我们微微招了招手。

今年53岁的王建华是甘肃省平凉市庄浪县朱店镇新王村村民，他个子不高，皮肤黝黑，脸上有着抹不掉的岁月痕迹。"小心滑，走到路边的沙子上。"腿脚有些不便利的他带着我们沿泥泞的山坡慢慢走向他家的果园。

山坡上是满园的红，硕大诱人的果子结满枝丫，空气中弥漫着淡淡的果香，沁人心脾。几分钟后，我们来到了王建华的果园门口，这里只是他的一亩果园，面积不大，果树栽种整齐有序，每一棵树上都挂满了红彤彤的苹果。"你们不会看嘞，有的果树枝丫弯了不结果子，你看我的没有那样的。"到了果园，王建华的话匣子一下就打开了。

"会管理，才能种出好果子"

"这几年，在苹果管理上吃了很多苦，取得了一定的成绩。"面对镜头，王建

华有些拘谨，双手紧贴裤边，身子也站得直直的。

"刚开始我也不会种，加上霜冻、干旱，收成很不好。"谈起很多年前刚开始种苹果的经历，王建华颇为感慨，"苹果树上的技术活太多了，都是有时间性的，错过时间就白做了。"

庄浪县位于甘肃省东部，属农业部（今农业农村部）划定的黄土高原苹果优势产区之一。这里土质好、昼夜温差大，种出来的苹果色泽红艳、果肉紧实、含糖量高，好看又好吃。但也因为独特的地理条件，在冬春时节极易出现霜冻，导致苹果减产甚至有些品种绝产，给果农造成巨大的经济损失。

"去年其实收成不太好，又是霜冻又是疫情，一年的辛苦啊就这样没了……"不仅是王建华，庄浪县去年受霜冻影响而导致收成下降的果农还有很多。

为了让果农们掌握科学种植的技术，庄浪县一直持续开展果园实用技术培训和咨询服务，技术人员对果农进行"一对一"帮带。这几年通过技术人员的指导，再结合自己摸索出的经验，王建华已经掌握了科学管理果园的方法。"地上放的这个我们叫反光膜，用来反射阳光，这样果子才能晒得颜色均匀，才好看嘞。放的角度也需要注意，不然太多阳光聚焦就把果子烧坏了……"谈及果园管理，王建华有说不完的话。

正是因为在果园种植技术上颇有心得，周围很多果农常来向他请教。"所有问题我都一一回答，苹果技术群我加了五六个，私聊问我的也有300多人。"这几年，王建华不仅自己种出了好果子，也带动周围果农种出了优质果。庄浪县还请他当了三年技术员，一年发1.2万元的工资。

"2015年镇上果园比赛，我的园子拿了一等奖嘞。"王建华告诉我们，明年他要做优质的商品果，向单果发展。"要通风透光，注意预防气候灾害，再加上科学配方，地下和树上相结合，才能长出好果子。"王建华对自己的果园满是期待。

"还是要吃苦"

"我以前是种庄稼的，种庄稼收成不好嘛。"结束了在果园短暂的交谈，王建华和我们一起慢慢向山下走去。"那时候政府提议种苹果，我就开始种苹果，一晃眼都种了14年了。"

庄浪县起初发展果园，也不是一帆风顺。在种庄稼和种苹果之间，来回斗争了近十年，最初甚至会出现树苗刚种好就被拔掉的事情。经历了零星栽种和规模扩张两个阶段，王建华和他的果园一起见证了庄浪苹果的第三个阶段：适宜区全覆盖，规模化发展，产业化经营。如今，苹果成了庄浪人民致富的"金蛋蛋"。

"别看他腿脚有些不便利，但他是村里最能吃苦的人。"王选强向我们反复说了好几遍。小学六年级时王建华参加篮球比赛时受了伤，比赛得了冠军，却因为家里穷没法就医，腿留下了病根子。

从决心种苹果开始，王建华经常起早贪黑。为了能给家里多增加些收入，他不仅要种植好自家的果园，还要在冷风中骑上摩托车去40公里外，帮人修剪果园，别人休息了，他还在干活。"没办法，两个孩子读书的时候果园还小，收入也不多，家里生活开销都得靠这个果园，确实吃了不少苦。"

嫁接树同样辛苦，有时风大，太阳晒，为了趁着天气好把活早点干完，王建华有时顾不上吃饭，很多时候就吃一点自己带的干馒头，再喝几口水，一天也就撑过去了。

"手脚都冻麻木了，但是能多挣一点，还能给别人的果园解决问题，也挺好的。"说起那段日子，王建华很释然。

"我现在这个园子也算是高产园，我很满足"

我们跟着王建华来到了他的另一个果园，"这个面积有14亩，要不是我一个人忙不过来，我还能再多种几亩。"说起这个，王建华脸上既幸福又透露着一丝无奈。

王选强告诉记者，已经实现了果园适宜区全覆盖的庄浪县，接下来要靠机械化和扩大果树间距，带动全县果园种植往优质单果的方向发展。

"我现在这个园子也算是高产园，一年大概能收入三四万元，我很满足。"收入多了，日子变好了，王建华打心眼里高兴。

王建华有一儿一女，都在新疆上班。前两年，他的孙子出生了。"孩子他妈去新疆照顾孙子了，现在家里就我一个人，我更要把果园管理好。我过得好，他们也才能放心在外面打拼嘛。"

当我们问到未来他的规划时，王建华脸上是止不住的笑容："妻子肯定会回来陪我的，互相支持，日子会过得更好。"

采访结束，王建华一直将我们送到车前，看着车子走远了才转身离开，又向果园的方向走去。过了两天，我们的微信上收到了一条他自己制作的短视频，标题是："欢迎兰州大学的才子们来新王村果园采访"，内容是他"偷拍"的我们在果园采访的场景和他那红彤彤的苹果园。

（戴晓靓　郭一萱　金　露）

手记：

收获不一样的惊喜

说实话，在本科期间，我没有正儿八经地采访过一次。当韩亮老师在课堂上说我们要去采风的时候，我既紧张又激动！采访地点是庄浪，多多少少充满了好奇！经过一路的颠簸，我们到达了目的地。晚上我们抽到了果品推介会的选题，韩亮老师说这是个大选题啊，一定要好好做！听了这个话，我们都特别开心，但是过程并没有想象中的那么顺利，推介会在我们采访的第二天还没开始举办，这个选题基本上是做不成了！

经过商讨，我们马上转换了思路。既然这是个大型的果品推介会，里面肯定有一些成功的果农大王，我们可以顺藤摸瓜，从一些小人物着手，发掘一些不平凡的故事！

果真，我们找到了庄浪县自然资源局林业高级工程师王选强。第二天，我们就跟着他，见到了我们稿件中的两位主人公"苹果西施杨晓菲"和"果农王建华"。

10月4日下午2点，一路颠簸，我们到了一个苹果仓储间。一位身着红色外套、头戴淡紫色帽子的女子正蹲在仓储间门口熟练地给苹果套袋装箱。由于时间紧迫，我们各司其职，我主要负责采访。但是在采访过程中，存在语言不通的障碍，杨晓菲姐姐尽力说着普通话，我也在尽力地点头回应，想多了解一些信息和细节。最终经历了多次的修改，也算是写出了满意的稿件。

王选强又继续带我们去参观果农王建华的苹果地。和王建华叔叔聊天的过程中，我们捕捉到了他身上不一样的闪光点，他虽然腿脚不便利，但却是村里最能吃苦的人。王叔叔的辛苦付出得到了回报，他的果园现在面积已经有了14亩。对我来说，采访王建华叔叔的困难最大，他说着一口地地道道的甘肃方言，我这个安徽人根本听不懂。我只能一边似懂非懂地点头，一边提问着我想要问的问题，借助录音设备录下来，后期再翻译出来。最后写成稿件《庄浪果农王建华：会管理，才能种出好果子》。

我在这次采风活动中收获很多。我意识到采写过程中的脚力、眼力、脑力和笔力是相互交织、相互作用的。采访也是一个动态的过程，中间肯定会出现你意想不到的变动，那就要灵活应对，说不定会有不一样的惊喜！

（金　露）

点评：

新闻中引语的作用

本文给人留下的第一印象是贯穿全文的引语，文章的标题是"会管理，才能种出好果子"，小标题"还是要吃苦""我现在这个园子也算是高产园，我很满足"也都采用了人物的直接引语，使用引语时穿插人物的动作神态以及相关的事件背景，推动叙事，使读者跟随记者的脚步像观影一般"观看"新闻。

引语塑造人物

新闻靠的是现场，人物是构成现场的关键因素，其中，人物的语言表达相关信息、表现人物个性特征等。

"这几年，在苹果管理上吃了很多苦，取得了一定的成绩。"面对镜头，王建华有些拘谨，双手紧贴裤边，身子也站得直直的。

初见新闻人物，直接引语配合神态动作描写让读者对主人公有了一个直观的印象。

"'别看他腿脚有些不便利，但他是村里最能吃苦的人。'王选强向我们反复说了好几遍。小学六年级时王建华参加篮球比赛时受了伤，比赛得了冠军，却因为家里穷没法就医，腿留下了病根子。"通过引语＋叙述的方式紧凑地向读者介绍了主人公的遭遇。

"'2015年镇上果园比赛，我的园子拿了一等奖嘞。'"王建华告诉我们，明年他要做优质的商品果，向单果发展。'要通风透光，注意预防气候灾害，再加上科学配方，地下和树上相结合，才能长出好果子。'""'手脚都冻麻木了，但是能多挣一点，还能给别人的果园解决问题，也挺好的。'说起那段日子，王建华很释然。"简单的几句话就向读者展现了一个积极进取、乐观向上的人物形象。

引语推动叙事

"'我以前是种庄稼的，种庄稼收成不好嘛。'结束了在果园短暂的交谈，王建华和我们一起慢慢向山下走去。'那时候政府提议种苹果，我就开始种苹果，一晃眼都种了 14 年了。'""去年其实收成不太好，又是霜冻又是疫情，一年的辛苦啊就这样没了……"

"'刚开始我也不会种，加上霜冻、干旱，收成很不好。'谈起很多年前刚开始种苹果的经历，王建华颇为感慨，'苹果树上的技术活太多了，都是有时间性的，错过时间就白做了。'"通过回忆过往的语言讲述了种植经历并营造出一波三折的节奏感。

"这个面积有 14 亩，要不是我一个人忙不过来，我还能再多种几亩。"简单的话生动描绘一种幸福和无奈交织的情感的同时，也交代了现在果园的种植成果和对未来的展望。

这些引语推动了以时间为线索的新闻叙事，引语中包含的信息时间跨度大，在回忆过往、介绍现在、展望未来之间不断穿插，从而达到一种时间蒙太奇的叙事结构。

引语营造镜头感

引语是新闻报道中不可取代的声音，引语是构成事件的一个关键环节，没有引语的新闻就像是默声电影时代的影片一样，是失声的、沉默的，很多丰富的细节需要依赖读者自己去想象。引语把现场的真实感表现出来，有个性的引语使文字具有声音和画面的感觉。

"'孩子他妈去新疆照顾孙子了，现在家里就我一个人，我更要把果园管理好。我过得好，他们也才能放心在外面打拼嘛。'当我们问到未来他的规划时，王建华脸上是止不住的笑容：'妻子肯定会回来陪我的，互相支持，日子会过得更好。'"当读者通过引语的形式了解主人公对于未来的展望时，很难不被这样朴素的语言和美好的期盼所打动。这种打动来自于亲切感，就像主人公对着读者娓娓道来。这种打动来自画面感，我们的身边总会出现念起家常和谈及未来的相似场景。这种熟悉产生一种画面感，我们几乎可以听到主人公说话的声音，以至于即使连图片都没有我们也能看到那种淳厚的笑容，就像我们曾经见过的那样。

引语展现新闻有优点，但是，如果使用不好会产生人物"说了又说"的问题，使文章显得啰唆凌乱，所以，新闻中的引语使用要注意以下问题。

第一，要精选引语，每句引语都需要紧紧贴近整体的叙事逻辑。引语要和叙述、描写、背景等合理穿插。

第二，引语在时间上可以做到蒙太奇式的叙事，丰富结构的同时也意味着有可能显得凌乱，要精心选择安排。

第三，对话营造的画面感是基于读者对自身经历的想象，在一些陌生化场域的报道中很难通过引语营造出画面感，或者基于读者自身的想象会对作者想要营造的画面的理解产生一定的偏差。

"我的工作就是讲好庄浪故事"

——专访庄浪梯田纪念馆解说员朱芳春

"各位老师同学们，上午好！欢迎大家来到我们庄浪梯田纪念馆。这里有庄浪故事……"朱芳春穿着一件黑色的翻领风衣，头发半扎自然垂在身后，扩音器缠绕腰部一圈在左侧边固定。她调整了一下话筒的位置，笑着向我们打招呼。她已经记不清这是今天第几次进行解说了。

2020 年 10 月 7 日上午，庄浪下起了淅淅沥沥的小雨，天空乌蒙蒙的。兰大新闻学子跨过北洛河桥，踏过路边的泥泞，来到庄浪梯田纪念馆。还没到门口，我们就看到朱芳春纤瘦的身影，远远冲着我们笑。

庄浪梯田纪念馆位于庄浪县县城紫荆广场南侧，占地面积 660 平方米，建筑面积 523 平方米，展厅面积 513 平方米。这座纪念馆是为了再现当年梯田建设的真实情景，激励后人进一步弘扬庄浪精神，于 2007 年 10 月底建成并投入使用的。朱芳春是这里的讲解员。

"我对梯田有着特别深厚的感情"

朱芳春今年 40 岁，举手投足间散发着独有的气质，言语笑靥处处透着活力，看起来不过 30 岁出头的样子。她是地地道道的庄浪人，在这片土地上出生、成长、生活。小时候朱芳春的家离县城很近，家里以做生意为主，也有一些土地。

聊起梯田建设，她仍然记得读小学时常听父母谈起"做地"，这在当地方言里是修梯田的意思。当时县里要求每户都需要在规定的时间内完成相应的梯田建设任务。"那时候父母每天都拿着铁锹，拉上架子车'做地'，邻里间互相帮助，今天我帮着你们家，做完了你们帮着我们家，一来二去就能按时完工。"

朱芳春以前在庄浪县水保局工作，庄浪梯田纪念馆就是水保局修建的。她是单位里年龄最小的女同志，单位里大大小小的年会都是她主持的。极佳的表现和丰富的经验使得朱芳春在纪念馆修成伊始，就直接获得了在庄浪梯田纪念馆担任讲解员的机会。

初为解说员的她要对庄浪梯田纪念馆内陈列的各种展品进行解说并不是一件容易的事，讲解词的写作是一道难关。朱芳春为了保证讲解的质量，不断地去翻书查资料，一遍遍地在纪念馆里转，细致地查看每一件展品。她随时随地留意着梯田故事，在纪念馆里询问前来参观的老人，在纪念馆外走到哪儿就问到哪儿，凡是修过梯田的人都是她请教的对象。"我就喜欢听那些关于修梯田的故事。"朱芳春谈到这个眼睛都弯了起来。

终于，梯田故事在她的努力下丰满起来，通过她生动的解说，梯田故事传递给每一个走进梯田纪念馆的人。

讲解是一个神圣的岗位

解说员是一个特殊的职业，除了周一闭馆外，朱芳春每周二至周日都在值班。"我已经习惯了节假日在岗，家人都支持我。"

2007年11月2日庄浪梯田纪念馆开馆的那天，开馆仪式结束后，朱芳春就请了婚假，3天后是她结婚的日子。婚后不到一周，馆里急需解说员，她匆匆结束假期返回岗位。

提到父母，朱芳春微微低头沉默了一瞬，再抬头时眼里闪着光，嘴角微微牵了牵："我对父母亏欠太多。"她的父亲心脏方面不太好，两年前父亲心脏状况加重，朱芳春和母亲陪同父亲前往西安进行心脏手术。就在父亲即将进行心脏手术的前一天，她接到了纪念馆的电话，需要她即刻回去进行解说工作。"父母听说了这事儿直撵我走。"朱芳春看着父亲略带苍白的脸色，望着母亲瘦削的身形，一咬牙连夜赶回了庄浪。

讲解工作是随时都有可能需要进行的，朱芳春为了工作基本不出远门，这么多年都是这么过来的。

"我爱我的工作，我会一直继续下去"

朱芳春每天至少要进行七八次的讲解，每天的工作就是不断地重复。"穿高跟鞋站一天下来，回到家都不知道腿是自己的了。"但这并没有削弱她对这份工作的热爱，她见过太多来参观的老人面对展品时感慨万千，那是他们一生的心血，是他们流过的汗，吃过的苦。这些都化作朱芳春坚守岗位的不竭动力："我想一直做下去，想把我知道的梯田故事讲给更多的人，让更多的人了解庄浪。"

多年解说工作的积淀也让朱芳春看到了自身更多的可能，她利用闲暇时间学习儿童礼仪、家庭教育和心理学方面的知识，现在已经成为一名儿童礼仪高级讲师和家庭教育指导师。"我很感谢、感激、感恩这个平台。"

采访完朱芳春，我们在庄浪梯田纪念馆门口合影。韩亮老师将队旗交到朱芳春手中，她郑重地接过，热情地说："庄浪人太实诚了，就缺乏宣传，谢谢你们来，欢迎你们下次在油菜花开的时候再来！"

出了梯田纪念馆，雨住，天晴。

（任占超　屈青青　张　琳）

手记：

在梯田种出的幸福生活中重温庄浪人的艰苦奋斗史

国庆期间的庄浪采风之行是我来到兰州后参加的第一次校外采访实践。

出发前，韩亮老师让我们自由组合，带着我们一起讨论确定小组选题、规划采访路线，甚至早早费心帮我们联系了采访对象。

在去往庄浪的动车上，我们紧紧坐在一起讨论采访问题，也看着窗外倏忽而过的风景迅速按下快门，到下车的时候大家都感到信心十足，对接下来的采风活动充满期待。

下了高铁搭乘客车再转小型汽车最终抵达我们小组的采访地点——庄浪赵墩乡。赵墩乡是一个特别美的地方，随着车子驶上圈圈向上的盘山路，视野越来越开阔，我们看到层层叠叠的梯田，一望无际的苹果园，还有成片不知名的野花在风里摇曳。

我们最先到的是被称为"庄浪梯田第一村"的大庄村，见到了亲眼见证大庄村历经30年风雨变迁的魏国珍老支书。老支书已年逾七旬，他热情地邀请我们坐下来聊天。老支书不会讲普通话，我们在乡长的转述中深入了解了大庄村从贫瘠土地变成丰饶梯田背后一代代人的不懈努力与抗争。

在关道村，一大批村民举家从山脚迁到交通更便利、环境更优美的山上，在新房子里开启全新的生活。我们小组去的是关道村王勤庄的家，刚进院门王勤庄就和妻子热情地招呼我们，一落座王勤庄已经把家里新结出的水果摆满了桌子。水果以苹果为主，不同的品种、不同的口感，王勤庄都耐心地为我们一一介绍，话语间处处渗透着自豪之情。谈到举家搬迁，王勤庄和妻子笑意盈盈，不断向我们诉说着搬到新家给他们生活上带来的便利，梯田种苹果也为他们带来了可喜的收益，一家人和和美美过着以前从未想过的幸福生活。看着他们开心，我们也由衷地高兴。

　　最后一站是满载着庄浪梯田建设宝贵历史的庄浪梯田纪念馆。那里有珍贵的图像资料，有曾经建设梯田的场景重塑，更有许许多多关于梯田建设的报道材料。带着我们一同回溯梯田建设过往点滴的是一名叫朱芳春的讲解员。她穿着一件黑色翻领大衣，头发简单扎起，举手投足落落大方，言语谈吐温温婉婉。她对庄浪梯田建设的讲解与我之前见过的许多讲解员不同。她的讲解绝不格式化，绝不是冷冰冰背讲解词，而是讲故事般娓娓道来生动有趣，让人仿若身临其境，仿佛亲眼见证建设梯田时经历的种种困难，也切身感受梯田建设成功后庄浪人难以言表的喜悦之情。

　　在聆听讲解的过程中，朱芳春深深打动了我，我几乎立刻就确定她作为我的采访对象。对朱芳春的采访非常愉快且顺利，她讲一口流利的普通话免去我们沟通的不便，对于我的问题她都耐心解答。对她的采访更像是一次朋友间的对话，没有隔阂，亦没有防备。

　　我的采访是在参观完庄浪梯田纪念馆之后仓促进行的，由于返程的时间已经确定，有很多问题还没来得及问出就到了不得不离开的时候。朱芳春非常爽快地向我留下自己的联系方式，在回到学校后我继续对她进行了补采。即使有时由于工作原因我们只能在夜晚联系，她都时刻充满耐心。她说，她想让更多的人知道庄浪人，知道庄浪故事。

　　在她的配合下，我最终完成了自己的稿件，我在这里再次向她表达诚挚的谢意。她带给我的绝不仅仅是一次很棒的采访实践经验，更是对庄浪多年变迁的重温，是对不畏艰难困苦、努力奋斗的庄浪人的深刻认知。

　　现在我和朱芳春依旧保持着联系，她继续将动人的庄浪故事讲述给更多的人听，从未停止。

　　希望她一切都如意、顺利。

（任占超）

点评：

用共情的细节刻画人物

　　稿件《"我的工作就是讲好庄浪故事"——专访庄浪梯田纪念馆解说员朱芳春》，初读看似关于庄浪梯田纪念馆讲解员朱芳春的故事，再读又觉得是对庄浪梯田历史的一种地域性情感再现。朱芳春是讲述自己家乡梯田所埋藏的"无数情怀壮烈的故事"中的一个，那是一段关于父辈建设庄浪的故事，故事在多年之后被朱芳春娓娓道出。这是她十几年来坚持的一项颇具仪式感的日常工作，作者在对她有了足够的体察和思考，挖掘出一些引人共情的细节与故事，同时叙事平实、质朴。

　　人物有血有肉，全靠细节支撑。尽管讲解员的日常工作处于日复一日年复一年的循环之中，但作者注重细节的采集、选取和表达，细节贯穿全文，使人物鲜活生动、可亲可敬。"穿高跟鞋站一天下来，回到家都不知道腿是自己的了。"这其实也是作者笔下的人物能激发读者共鸣的深层力量，这对人物（穿高跟鞋站了一天）细节的展现、让有类似经历的读者感同身受。朱芳春的情感世界的挖掘也是立足于"实"，都是人物的真情流露。

　　稿件的不足之处是缺乏叙述主体的转换，大部分的材料与故事都由朱芳春一人提供。叙事结构的固化、叙事方式的单一，对于朱芳春的故事选取局限在叙事主体本身，读者难免感到疲乏。此外材料选择也不够典型，通过手记我们知道朱芳春对庄浪梯田建设的讲解与其他讲解员不同，不是冷冰冰地背讲解词，如果能抓住这一点深化"梯田的女儿"讲"梯田故事"的共情主题，报道可能会更典型、更有感染力。至于那些生活的不易、家庭与事业之间的取舍是否必要、如何表现，需要作者把握，如果把握不好，可能只能感动作者而不能打动读者。

第九篇章

庄浪特稿

宋小霞和她的 10 个车间

宋小霞穿着一身红色的礼服，满脸笑容和周围客人交谈，时不时发出爽朗的笑声。今天是她儿子的婚礼，红彤彤的灯笼布满大厅，这些灯笼都来自她的宫灯车间。

已过不惑之年的宋小霞，结束走南闯北风风雨雨的日子后，在最近几年开始安稳下来，用开服装店积累下来的资金，陆续在家乡建了 10 个宫灯车间。周围的村民搭上了帮扶的快车后，日子也过得越来红火。

深夜，婚礼仪式结束。送走亲友后，宋小霞坐下歇息。"相比较 30 年前，现在的日子真的太好了。"提到以前，她流泪了。"我们是山区的孩子，家里姊妹多……"宋小霞家里有五个孩子，她排行老三，贫穷的成长环境让她从小就很自立。"从早上眼睛一睁开到晚上上床闭上眼睛，农活安排得满满当当的。"

贫穷让宋小霞无比憧憬有一天能走出大山去外面的世界看看，不再像父辈一样一辈子面朝黄土背朝天。

1991 年，14 岁的宋小霞跟着亲戚来到北京的一家服装厂打工。年龄小不识字的她和残疾人、老太太同一个车间，做着最简单的剪线头工作。这种差别对待让她感受到了生活的艰苦。比起这种心理上的不甘心，最痛苦的还是身体上的劳累和饥饿。

北京的冬天，异常的寒冷，下夜班后水池子已经结了一层厚厚的冰。没有暖气，厂区不让用电和煤取暖，洗脸刷牙就用池子里的冰水，手伸下去冰得刺骨。"我当时没有退却，也不能退却，总想着咬住牙关，坚持下去总会有希望的。"

宋小霞意识到这个社会上还有许多像她这样没有文化，却不得不为生活辛苦拼搏的女性。也就是从这个时候开始，她给自己立下信念：以后要是自己有一口饭吃了，一定要帮助像她一样的人。

6年后，一番辗转，宋小霞来到了新疆克拉玛依煤矿。在矿区脏乱差的环境中，一个花季少女每天弄得满脸乌黑，洗一个干净的热水澡成了一种奢求。虽然不用下到矿井采煤，用十字镐把大煤块砸碎付出的体力一点也不比采煤少。"光十字镐就是十几斤重，一天下来不休息，砸将近60吨煤块，也才装两车，不吃不喝到手30块钱。"她的手上满是血泡，这样累的活，还要和别人抢着干。

六月的克拉玛依，气温最高能达到40℃。太阳烘烤着地表的煤块和石头，煤块和石头又烘烤着周围的生物，晒得发光的煤球像一盆火烘烤着宋小霞。豆大的汗珠从她的脖子上流下来，煤灰随着汗珠就像黄土高原的沙土遇到暴雨从地表一路冲刷下来，宋小霞的脖子上也被煤灰冲刷得沟沟岔岔。汗珠钻到眼睛里不能用手去擦，否则，煤灰会被揉进眼球。整个夏天，她的眼睛都是半眯着的。

那个年代，偏远农村没有文化的农民，要想赚钱就得肯出力、吃苦耐劳。煤矿和砖厂让他们的力气发挥得淋漓尽致，并能获得与土地的收成相比较为可观的收入，然而，这远远不够改善他们的生活。

对于宋小霞，十几年打工讨生活的经历是痛苦的。"后来我也想通了，生活总得往前看，我应该坚强起来，做一点属于自己的事情。"之前所有痛苦的经历和苦难的折磨，让她觉得人生的大起大落无非是考验，也让她改变了看事情的角度和方向，她变得更加坚强。现在的她，是当地电子商务的龙头女企业家。她觉得自己所拥有的这一切都是之前那些经历的馈赠。

一个人遭受苦难不可怕，物质的匮乏不可怕，可怕的是没有知识和精神上的空虚。至今，没有机会读书依然是宋小霞内心的伤痛。

"每次和别人交流，我还是有点自卑，就感觉和别人的学历层次、说话方式不在同一个水平。"宋小霞每每想到自己没有上学，心里便遗憾和失落。她说，这种自卑感是自己造成的，害怕和有文化的人交流，怕别人看不起。但自己又不服输，又很要强，为了让自己有信心，她在背后做了很多努力。

在北京的服装厂上班时，宋小霞就因为不识字只能做最简单的活。"在北京，不识字就是残废。"她一咬牙，跑到街上买了一本字典，趁着休息的空隙，从最开始的字母和笔画学起。

参加扶贫工作会议时作为代表发言对宋小霞来说是件难事，"大会上的发言稿，我要提前好多天去熟悉，那些字基本上都认识，但就是讲不好"。

宋小霞抓住一切机会学习，她办公室的墙壁四周贴满了出去培训学习的照片。最近的一次是 2020 年 10 月 26 日，她作为庄浪县唯一的妇联干部代表，前往浙江大学参加平凉市组织的创新与改革能力提升培训班。在听了浙江大学哲学系博士生导师金立教授的创新思维与现代管理课程后，她在朋友圈写下了一句话："听了这一节课，真能提升自己，让内心强大，出来学习真的会有很多意想不到的收获。"

2015 年，宋小霞开始接触互联网、电子商务，慢慢地，她发现自己实体店的生意和以前相比，并没有那么火爆了。一些变化正在慢慢发生，她当时也没有弄明白这些到底是怎么回事儿。带着疑惑，她决定前往河南、广东等省份调研。

"当时线上销售对线下实体店的打击很大，看到新闻上好多实体店被线上店冲击得活不下去了，转换销售渠道肯定是未来商业发展的一个新模式。另外，我们庄浪有很多农产品因为信息闭塞，没有销路。如果我建立一条销售渠道，那样农产品就有销路了。"对她来说，互联网经济对传统经营方式的冲击风险，成为她经营思路与模式改变的契机。

为了将这一发展成果扩大化，宋小霞加盟了乐村淘电子商务网络销售系统，发动庄浪县周边的乡镇加盟线下体验店，为当地老百姓解决了买东西难、卖东西也难的问题。

人们可以足不出户就能买到网络上打折销售的日用品、家用电器以及必备的生活物资，有销售农产品需求的农户也可以将自己的产品送到这里。宋小霞以高于当地市场的价格把这些农产品收购，再挂到自己的网络销售平台上。

2017 年年末，庄浪的苹果、粉条、胡麻油、马铃薯等农产品得到了深圳、珠海、广州、香港这些一线城市和地区市场的认可。"仅 2018 年一年，线上交易额就达到 780 多万元，其中苹果就有 400 多万元。"这些数据增加了她对电子商务的信心，也让她对苹果有了特别的关注。除了分析外销的数据，她还对内购的数据有着浓厚的兴趣。

"我从后台数据分析发现，庄浪县仅在置办年货期间，全县购买的灯笼交易个数就达到 4 万多件。"她的脑海里闪过一个画面：在河北调研的时候，她看到一个有着两千户村民的村子，家家户户几乎每个人都在干着同一件事情，那就是制作灯笼，村里还有一个合作社。她一下子把这两件事情联系起来了，在庄浪县建灯笼车间的想法就是在这个时候萌发的。

从庄浪县城往南驱车 7.5 公里，穿过 566 国道，再经过盘山村道，便能到达吊沟村宫灯生产车间。去往车间的村道，是吊沟村村民唯一一条下山的路，车间位于半山腰上的平地上，这个地方过去是村小学，后来废弃了。

车间约有 2000 多平方米，由彩钢房和砖房交错构成。大多数是生产车间，后面有一个大仓库，平常是用来放成品灯笼的，右手边几间矮房子设置了一个厨房、一个办公室、一个财务室，还有一间管理人员宿舍。

走进车间，院子里摆满了做灯笼的钢丝骨架，缝纫车间的工人忙碌地踩着缝纫机踏板。缝纫女工在 1 分钟内可以缝好 2 个灯笼的外衣，刷漆女工可以在 1 分钟刷 1 个灯笼。整个车间大概有 20 多个人，分布在 4 个不同的操作间。整个院子堆放的都是做灯笼的部件，屋檐前加了几米的彩钢棚，以免灯架铁丝着雨生锈。

吊沟车间是宋小霞最早建立的宫灯车间，也是目前运营最成熟、工人最多、出货量最大的一个车间。车间的工人主要是这个村里的建档立卡贫困户，他们的平均年龄在 65 岁以上。目前登记在册的就业人数 76 人，这个数字放在全村 413

户 1785 人里面看并不多，但却占据了当年未脱贫人口的三分之一。

有了这个车间，村民们可以就近打工，有一份固定的收入，还能照看到家里。对于这些年逾半百，没有知识文化的老年人来说，是一份再适合不过的职业了。

为了提高工人工作的热情和积极性，每个车间创建了巾帼家美服务生活超市，供应生活日用品，比如学习文具、米面粮油、洗护用品。商品不用工人用钱购买，凭借积分就可以兑换，一个月兑换一次。打扫车间卫生、清除杂草这类日常活动可以获得 5 个积分，获评车间优秀员工或者县级最美家庭荣誉称号是 6 个积分。

"车间的用工都是先岗前培训，合格再上岗。一般会对应聘人员进行为期半个月的一对一教导，考核通过后，再根据工人的年龄、技艺、工作需求，安排到最合适的岗位。"宋小霞说，前前后后已经有 200 多人参加了岗前培训。

生产灯笼的每一个步骤都是经过拆解的，包括缝红布、穿骨架、烫印花、粘金饰、安穗子、打包装等工序，就像一套流水线一样，每个工人只做一道。这样既可以方便按件计工资，也可以灵活利用村民的闲置时间。"弹性工作时间的设置，既可以让工人们照看家里，又可以在车间上班创收，实现照顾家庭和赚钱两不误。"

12 月的庄浪，白天最低气温能达到零下十几度，就算是走在路上，也能感受到皮肤被刀削的那种疼痛感。车间的温度在锅炉燃烧送进来的热风中，能恒温保持 23℃。"夏天天气热的时候有风扇，冬天冷的时候有锅炉供热。"一个工人开玩笑说在车间上班比家里过得还舒服。

"一个冬天下来，光取暖费就得花费十几万元。"宋小霞说她愿意花这笔钱，她觉得这是一种缘分。她以前在外面打工受苦的时候，别人曾经帮助过她，她要把这种善缘继续传承下去。她对工人的这种关怀也得到了反馈，记得有一次她去张掖和敦煌的两个宫灯车间做指导，大概去了半个月，回来一进到车间，所有的工人都在给她鼓掌，就像见到了外出打工回来的闺女一样亲近。

2021 年 1 月 1 日深夜，外面正下着大雪。轻柔的鹅毛大雪，悄无声息，落在庄浪静谧梯田上，让这个元旦假期更加安静祥和。宋小霞还在灯笼仓库翻箱，把因发错型号而退回来的灯笼更换后重新装车发货。备货、装车、发货这些环节最容易出错，稍不注意就会引起退货。"十个车间，我要操一百二十个心。"

多少次，宋小霞都想铁下心惩罚那些出错误、干活不认真的员工，但是一想到他们的辛苦，也就作罢了。"曾经想到过罚款，谁出错罚谁，但是工人们辛辛苦苦还不是想多拿几个钱，而且都是我长辈的年龄，实在于心不忍。"久而久之，临到这些关键的环节，她都会亲自督阵，和工人们一起干装车卸货的体力活。为了处理工人们的这些差错，宋小霞劳心劳力。但让她最不能忍受的，是管理人员的懈怠。

她多次感慨，车间难管理，工作难开展。如果对工人们像大企业那样严格管理，好多人恐怕都得淘汰，也会影响大家工作的积极性。如果像现在这样，造成生产无序，恐怕她还没有这么大的家当来填补这种经济损失。车间的生产运营已经足够让宋小霞绞尽脑汁了，她还要关照工人们的生活问题。

车间的所有工人里，最让宋小霞放心不下的是吊沟村宋厂长。他是本乡人，一米三的个头，患有侏儒症，说话做事情还算是清晰。在 10 个车间里，有很多工人都有着异于常人的经历和遭遇，宋小霞把他们招聘过来，给予他们关怀的同时，也让他们获得实现人生价值的尊严。

麻雀虽小，五脏俱全。宫灯车间目前的规模虽然不大，但需要宋小霞处理的事情却非常多。一想到车间能给大家带来帮助，宋小霞也就无怨无悔。

"没想到我们这么大年纪了还能坐在凳子上把钱挣了。"从 2018 年宫灯车间建立到现在，李江彦夫妇二人就一直在车间干活，算是最早报名来车间工作的工人。像他们这样夫妻二人都在车间干活的家庭，还有好几对。

夫妻档有时还暗自较劲，比一比谁做的件数多，件数多的人，拿的工资自然要高。在这件事上，李江彦每次都输给老婆。在家务事面前，李江彦老婆总要顾着老李的面子，家里的大小事情都是老李拍板决定。在车间里，李江彦老婆终于可以硬气一回了。李江彦干活时的手脚要比老婆慢，平常耽误的时间也比较多，他拿的工资自然没有老婆高。

"我们每个月的工资，如果两个人加起来，最高能拿到手 4000 元。"提到在车间工作的收入，李江彦很满意现在的状态。

李江彦老两口都已年近古稀，家里的积蓄是日常开销的主要来源，平常儿女也会定时给家里寄钱。考虑到儿女们自家的负担，他们夫妇几乎不用儿女们寄来的钱，不给儿女添负担是他们表达关心最朴实的方式。

遇上农忙的时候，李江彦夫妇白天在家干农活，晚上加班完成平常的工作量。平时他们不在一个车间，老李负责盘须工艺，老婆则做窝钩。只有在加班的时候，两人才在一起共同制作灯笼的底座。

寒冬，村子里是冷清的，如果没有什么事情，大家也不会外出。这个时候，只有宫灯车间是最热闹的，锅炉房的焦炭烧得通红，还没等靠近大锅炉，热气就把脸烤得通红了。通往每个房间送暖风的粗水管正卖力地工作，呼哧呼哧的声音被女工们家长里短的谈话声盖得严严实实。

别看在车间上班的工人年纪大了，干起活来却毫不含糊。装在 80cm×120cm 纸箱里的货物，总共 25 公斤左右，对于六七十岁的老奶奶来说，搬运起来不是那么轻松。到仓库 50 米的距离，她们一开始还能背在肩膀上运，后来就索性放在地上拖着走。虽然耗体力但没人抱怨，也不躲边偷懒，大家都乐呵呵的，干得很起劲。

辛苦的付出，换来的是丰厚的回报。每次发工资，是工人们最开心的时刻。发工资的日子，是经过特别挑选的，至少是一个天气晴朗的日子，另外，工人们也会有半天的假期。工资以现金的方式发放，这种传统的嘉奖形式，能让劳有所得带来的愉悦感发挥到极致。捧在手里的是大把的钞票，甜在工人们心尖的是满满的幸福感。

宫灯车间创造了显性的保就业、增收入、促发展的效益，还促使了更为隐性的变化形成，这种变化在车间上班的工人身上更加显著。

车间附近的村民世世代代都生存在这黄土地上，靠天吃饭、靠地打粮食，一年下来，家里根本谈不上任何金钱上的结余。现在有了车间，他们做梦也没有想到，就在家门口把钱赚了。在车间上班一个月 2000 块钱的工资，伴随着赚钱的喜悦，附加带来的还有家庭的和睦、女性家庭地位的提升和认同感。

"我们这边穷嘛，老百姓的家里就没几个钱，家里的钱都是老公保管，女人一般在家就带个孩子，种点庄稼，反正在外打工赚钱的都是男人。"宋小霞是土生土长的庄浪人，她很清楚一个家庭的资源分配，女性在家里的地位如何。

在车间上班的工人中，其中 99% 都是女性工人，她们的年龄偏大，最大的年龄是 73 岁，最小的也有 46 岁。她们不想给子女增添负担、不想让人说自己不中用了、用钱的时候不想向家人开口。这些朴实的想法在以前很难实现，宫灯车间成了她们的圆梦场所。

以前，庄浪县交通不便，当地没有产业支持，年轻劳动力外出打工成为当地人谋生的唯一出路，留守的自然是老人、儿童。小孩子缺乏父母的管教和亲情的呵护，性情变得顽劣，辍学、打架是常有的事情。

有了移民搬迁工程后，山区的一部分村民搬到了山下县城的新家，但真正居住的只有年轻人和小孩，老人们则守着舍不得的土地，这也减轻了一家人在县城生活的成本。

在县城读书的孩子需要人照顾，一般由母亲来承担这份工作。赚钱养家的男人们不得不和妻子儿女分离，夫妻二人一年聚少离多，几乎没有什么情感的交流与沟通。妈妈们除了给小孩做饭，其他时间也没有正式的事情做。

李小菊是南坪乡社区宫灯车间一名缝纫工，今年 37 岁，有一个 7 岁的女儿，是从卧龙镇山区搬迁下来的。以前，自己一个人在庄浪县城租了一间房子，照顾读小学的女儿，丈夫则在银川的建筑工地打工。因为两人异地自己在县城没有什么事情做，在麻将馆一待就是一天，整个人昏昏沉沉的，也不爱和别人交流。为此，两口子没少吵架，还差点离了婚。

现在，一家人住上了南坪社区的安置房。女儿步行上学只需 6 分钟，自己则报名参加了家门口的宫灯车间的培训，顺利成为一名缝纫技工，仅12月就拿了3400元的工资。丈夫在县城开出租车，晚上下班还有热气腾腾的饭菜，再也不用身在他乡牵挂家里的妻女了。李小菊说等明年过完春节，把山上的父母也接下来，一起到社区的宫灯车间干活。她都谋划好了，婆婆手脚麻利可以和她一起干缝纫，公公眼睛不太好干不了缝纫的工作，但有力气可以弯钢丝钩。

有了车间后，附近的村民老有所养，幼有所盼，劳有所得。每个人靠着自己勤劳的双手获得一份回报。在车间里听着嗒嗒的缝纫机响声、胶带撕扯声、嘻嘻哈哈的工人笑声，便能切身地感受人们对美好生活强烈的向往和追求。

车间的每个工人都干劲十足，信心满满。女人们每个月拿着固定的工资回到家，精气神十足，再也不用担心比老公矮半个头了，就连平常讲话的声音，也比往常更大了。能看得出来，她们对自己和未来有了更加坚定的信心和底气，不再像以前一样迷茫和无助。

农历腊月，寒气逼人，静谧的大地上早已有了一层厚厚的白霜，像给黄土地盖的薄被子，又仿佛是昨晚刚下还未来得及融化的雪。

"出了车间，就能看到我家的大门。"家住吊沟村三社的胡美兰（化名）从自家房里听到了几声铁链划过钢管的声音，她从二楼的窗户上透过院墙往宫灯车间瞥了下，宋厂长打着哈欠正在打开宫灯车间的大门。

门开了，意味着胡美兰可以去车间开始新的一天缝纫工作了。她的家到车间是距离最近的，出门走个下坡，约300步便能到达她的工位。目前在车间上班的40多人里，最远的距离步行也才7分钟。早上8点以后，前来上班的工人陆续到达自己的工位。坐定之后，一边拉着家常一边开始手头上的工作，早上的工作要持续到中午12点。

"我家离得近，只要一有空，我就过来干几个小时活，有时候半天，有时候两三个小时。"今年68岁的张桂花的家就在车间的正后方。

宫灯车间的区位优势和灵活的工作机制让当地人找到了勤劳致富的秘方。每个人都无比珍惜家门口的工作机会，贫穷和落后使他们更懂得机会的重要性。

以卧龙镇为例，镇辖 24 个行政村，其中有 23 个在过去都是深度贫困村。交通不便，地势崎岖，经济发展落后。"那个地方还不通公路，进入到厂区还要走很大一截的土路，只要一下雨，基本上五六天也进不去，出不来。"每次宋小霞谈起卧龙镇的自然条件，总是有很多感慨。自从家门口建立起了宫灯车间，村民除了自家种苹果的收入，又增加了一份额外的收入。

"这里的人不怕吃苦，干活积极性高，平常只要一有时间，就会来到车间干活，哪怕是几个小时，挣个几十块钱。"宋小霞很清楚车间每个工人的工作积极性。

除了挂有招牌的宫灯车间，宋小霞还收购偏远山区农户的苹果，然后通过自己的电子商务平台销售出去。

2017 年 12 月底的一天，宋小霞和会计正在认真分析当年乐村淘电子商务平台的销售数据。她发现了一组有意思的数据，苹果的销售额竟然占到了总销售额的一半多。她立马生出了一个想法：自己去收购苹果，然后再通过电子商务平台销售出去。

毫无疑问，这是一种商业行为，但宋小霞几乎做成了一件慈善事业。她每年都选择偏远山区果农的苹果进行收购，价格会高于当地市场价，上门收购，从不压价。这样一来，本来偏远山区没有收购商愿意前去的农户也能将自己的苹果卖个好价钱，减少了农户的运输和储存成本，也不担心收购商无情杀价。对果农来说，是一件好事。

庄浪县气候和水文条件适合苹果生长，几乎家家户户都有一块苹果园。每年产量大，凭借其优良的品种，产品远销北京、上海、香港等地，最远出口印尼、俄罗斯等。商人们视庄浪县的苹果市场为一块大肉，恨不得自己去垄断。宋小霞的参与和他们不一样，她分一杯"羹"的目的是让更多的人享受市场的红利。

这项工作最辛苦的部分是收购苹果，整个收购期持续三个月左右，从 9 月初一直到 12 月底，每天早上凌晨 5 点，天还没有亮，宋小霞大儿子开着厢式货车从县城出发走在盘山公路上。

山上的果农都盼着宋小霞上来收购自家的苹果，上门收购还给好价钱。宋小霞带着工人来到了果园后，和工人一起，忙着分拣、称重、开票、付款。分拣和开票都是她最后把关的，因为她不放心手底下马虎的工人，之前因为开票和苹果的质量吃过亏。

"像盘安乡这几个偏远的山区乡镇，道路不通，种植规模又小，每次我们往返一趟县城花在路上的时间就得4个小时。"宋小霞说因为路不好走，在这之前几乎没人愿意跑到这几个乡镇收购苹果。很多山区家庭，因为宋小霞的到来，让自家无人问津的苹果卖上了好价钱。

苹果的市场价格瞬息万变，谁也不知道年后能不能卖个好价钱，对于宋小霞来说也一样，遇到不景气的市场，不光付出三个月的辛劳，过完春节还得贴钱销售。苹果收购的时候会给果农统一的价格，拉回来之后还得再分拣、包装、存库。由于自家没有冷库，租用别人的冷库一个月下来就是好几万。

临近元旦，外面的路灯上挂满了鲜红的国旗和新年快乐的标语。宋小霞从会计那看了今年苹果的销售数据，和去年的对比了下，心里有点着急。"今年的销量和去年相比还差得远，放在冷库还要给别人每天几百元的租赁费，价格也没有上去多少，网上的订单也不多。"说完这句话，宋小霞便开着车去了冷库，去检查冷库的设施，顺便清点库存。

按照宋小霞的分析，苹果卖不动的话，价格肯定也上不去。按照目前已经投入的钱加上冷库的费用，至少要亏损35万元。"果农基本上都是赚钱的，我给他们的都是现钱，也没有苛刻苹果的品质，价格我给的也比市场价高。"

2021年，是宋小霞运营宫灯车间的第三年，车间的各项工作在她的管理下也往成熟的方向发展。但还有一件让她头疼的事情：一年到头，总有几个月会因为没有原材料而停工，出现忙的时候特别忙，闲的时候特别闲的状况。究其原因，是原材料供应出现了问题。

这段时间是灯笼发货，原材料进货的高峰期。差不多一个星期就要往外地发一次货。进货的流程麻烦，往往还没等新的原材料送过来，车间里的材料就用完了。

目前，车间所有的原材料都是从外面厂家购买的。以用量最大的原材料钢丝和布匹为例，钢丝从河北购买，原布料从浙江购买，然后再把原布料拉到河南染色。这样下来成本费用高，而且保证不了时效。下了订单，半个月之后收到货算是正常配货速度，去年最长的纪录是三个月之后才收到货。

为了改变困扰三年的问题，宋小霞不断外出调研，分析各种可行性。她在调研的时候发现，甘肃省兰州市就有制作灯笼钢丝的机器，操作起来也比较简单。最终决定把吊沟村作为原材料生产地，先从最简单的钢丝生产开始，逐渐把吊沟村改造成钢丝加工车间。如果有了这个加工车间，在原材料便宜的时候囤积一批货，闲暇的时候再慢慢加工，既节约了成本，又保证了材料的及时供应。

2020 年年底投资 40 万元用来购买生产灯盘和灯座的机器的钱也已经陆续到账，预计很快机器就可以拉到吊沟车间。如果购买了这些机器，就可以自己探索出形式更加多样、产品更加多元的灯笼产品，还可以生产一些高端的型号和样式。

在宋小霞眼里，建立一条完备的原材料生产线对于发展整个宫灯产业还远远不够。她的目标是在未来的几年里，能够把制作宫灯的车间在庄浪县做大做强，最后形成一个工厂，发展为庄浪县的一个特色产业。

"目前最大的问题就是资金，后期需要加大时间和资金投入，这个产业一旦形成，是为子孙后代造福的，相当于为他们开辟一条致富的路。"宋小霞说的这些话是基于她在河北多次调研分析而得出的。

调研次数最多、待的时间最久的地方是河北邢台市，在那边，她一待就是一个月。经过多次调研的结果分析，光人口仅为 1600 人的小村庄，一年做灯笼销售的产值就达到 60 亿元，这个数值与庄浪县全年的生产总值相当。她没想到，小小的灯笼竟然会有如此大的产业价值。但他们的生产模式和管理，和自己的宫灯车间本质上并无差异。

"等原材料生产线建好了，我就挑选几个地方，找一批真正需要干这个活的，能踏踏实实做事情的人，和我一起把宫灯车间做好，规模做大做强。"说到这里，宋小霞感慨现在宫灯车间能运转得这么好，离不开党和政府好政策的支持和帮助。

不久，宫灯车间的原材料生产线将形成完备的体系，灯笼的部分零部件自主生产，就不会出现原材料短缺的情况，生产和运营成本也会随之下降，工人的工资也会提高，车间的规模和工人也会比现在更有秩序，出货量会大大增加，一个车间的年产值翻一番将不是梦想。

宋小霞更期待宫灯产业的形成。通过专业化的企业运作，进一步规范工作制度和工艺标准，引进专门从事设计、营销、管理的人才，逐渐扩大生产规模和专业化程度。打造庄浪特色品牌，通过建立乡村振兴示范点吸引游客参观，扩大影响力和关注度，以产业推动致富。

宋小霞期盼那一天到来的时候，宫灯产业可以为庄浪县外出打工的年轻劳动力提供足够的就业岗位，仅凭借制作灯笼这项工作，外出打工的人不用为了赚钱养家而忍受夫妻分离之苦，小孩子会在父母的陪伴下健康成长，老人们有一份适合自己的工作。

2021 年 2 月 27 日，农历正月十六，是吊沟村宫灯车间开工的日子。

时令已经过了雨水，气温开始慢慢回升，刺骨的寒意逐渐褪去。天刚放亮，细蒙蒙的雨丝就开始在天空中飞舞。庄浪县城四周梯田里的麦苗，正静悄悄地汲取着雨水的滋养。车间的院子里热闹了起来。宋厂长正指挥着两名工人，把开工要用的横幅挂在院子正中心的墙上。工人们分成几组，有的打扫院子和车间的卫生，有的整理散落在地上的原材料，有的搬运开工仪式上需要的桌椅。工人们和平常一样，一边干活一边聊着家常，对于工人们来说，早点到车间干活，就能早点赚到钱。

今天，庄浪县气温 15℃，微风，阳光不强。宋小霞说，这是适合制作、晾晒灯笼的好天气。

（陈方涛）

手记：

深入观察体验采访，才会有客观纪实的特稿写作

《宋小霞和她的 10 个车间》是我的毕业作品，也是一次非虚构写作的尝试。第一稿 3 万多字，从宋小霞个人最早的经历着手，按照时间顺序展现内容，使用了较多的文学化表现手法；第二稿调整了表达的主线，对素材重新编排；第三稿做了字数上的删减，删除了和主题表现无关的内容，力求更加简洁紧凑、注重冲突性和戏剧性，最终写成一篇 2 万多字的非虚构写作图文作品；这次重新做了删减，形成了 1.2 万字的特稿。

《宋小霞和她的 10 个车间》采写的线索来源于 2020 年兰大新闻学子采风庄浪行活动。我在吊沟村宫灯车间遇见了这样一群工人：平均年龄在 60 岁以上，好几对是夫妻，这些生于梯田之乡的留守老人，许多在年轻时参与过梯田的修建。通过和这些工人聊天得知，他们大部分来自附近的贫困村，像他们这样农忙时务农、闲暇时务工的人有近千人，而这样的车间，在庄浪县有 10 个。创建宫灯车间的是一位饱经生活苦难的普通女性——宋小霞。

观察体验式采访

采访前，想到导师韩亮的"唠叨"：作为初学者，相对于写事，写人更容易把握，我们有同理心，会本能地去靠近采访对象，时常会为普通采访对象的闪光点而感动，这是我们的优势。

抓住了人这个核心元素，就掌握了整个故事脉络，我写这篇稿子的主线就是想通过普通的农村女性宋小霞，来呈现大山里的车间如何为脱贫攻坚事业点燃属于中国西北山村的星星之火的故事。写平常人的非常事，也是比较容易驾驭的一个点。

确定写作方向后，我就开始观察体验式的采访，为了客观真实全面掌握写作

素材，我曾三次前往庄浪县开展采访活动，其间同主要采访对象宋小霞同步作息，参与宫灯制作、成品灯笼装箱发货、原材料卸车、检查果库中的苹果保存情况等日常活动。困了在车间小憩，饿了就在办公室旁的简易厨房吃上一碗家常的刀削面。

第一次采访是在 2020 年兰大新闻学子国庆采风行活动期间，主要对宋小霞进行了访谈并加深了彼此的熟悉程度，为后面的体验式采访打下了坚实的基础。

第二次采访是 2020 年 10 月中旬，用时 7 天。庄浪寒气逼人，街道上的行人已经换上了过冬的衣装。梯田里的苹果，大多数还没有采摘完毕，有的高高挂在树顶，有的压弯了树枝，有的透过栅栏伸到了马路边上。这次采访，笔者跟着宋小霞一起采摘、收购、销售苹果，深入体验并了解了她的苹果事业。

第三次采访是在 2021 年年底，这次的采访是最充实的。12 月的庄浪，异常的寒冷。早上起来，大地像是撒了一层石灰，直到太阳懒洋洋地从山的那一边升起，黄土地才露出真面目，干枯的杂草、嫩绿的冬小麦苗、黑压压的苹果树枝铺在梯田上。其间，我主要和宫灯车间的工人们一同参与宫灯的制作，详细了解他们日常的工作和生活，以及车间带给他们的变化。

一开始车间的女工还议论我这个扛着相机的大学生和那些前来参观、检查、交流的游人一样，拍几张照片，看看厂房就回去了，也没人在意我。他们面对我的镜头时，会调整坐姿和神情，这个时候的他们对我还有一种戒备和陌生。

这种情形下，一问一答式的交流不仅会分散他们工作的注意力，也不会抵达彼此的内心；此外，语言沟通上的障碍使我的提问和他们的回答双方都要重复好几遍，才能理解对方的意思；另一方面受自己提问水平的限制，常规的访谈内容他们的回答已经有习惯性的情感和态度，我无法获得更真实、更具体的细节。我不得不放弃常规性的访谈。

我开始和车间的工人们一起工作，向他们请教制作灯笼的手艺，分担他们手中的流水线作业……他们渐渐和我熟悉起来，主动问起我的个人情况，向我介绍自己家庭的情况。也就是从这个时候起，我感受到了他们对我的信任，和他们交流起来双方不再拘束，更多的时候我是一个倾听者角色，交流的内容从日常工作细节到家长里短、当地风土人情等。所以，怀着一颗真挚的心对待采访对象，会起到意想不到的效果。

新闻采写是一门人与人交往的学问：不是你的采访对象不愿意和你说，而是你和他们靠得不够近。最开始采访的时候，我总是想着要从采访对象口中得到自己想要的内容，总是会按照既定的提纲和涉及的问题一个一个问，到最后发现自己陷入到问题的旋涡中。所以，在采访的过程中要学会闭嘴，要多观察。观察采访对象的眼神，往往最真挚的情感会通过眼神流露；观察周围的环境，试想一下如果把自己置于这个环境中，会渴望给其他人传达什么内容。要和采访对象产生共情确实很难，但值得尝试。体验式采访是达到共情的主要方式，往往能起到意料之外但又是意料之中的效果。

客观纪实写作

发展与时代背景是一个永恒的命题，《宋小霞和她的 10 个车间》是一部反映社会现实发展的作品，反映了大时代背景下小人物命运一波三折后，个人成长和奋斗的故事。

采访对象宋小霞生于 20 世纪 70 年代，时间跨越近半个世纪。她经历了改革开放，在市场经济繁荣发展中摸爬滚打、在互联网经济蓬勃发展中抓住了机遇，她见证了"十三五"规划，经历了脱贫攻坚战、乡村振兴这些跨时代意义的重大事件。

在最开始的策划环节，笔者并没有给采访与写作预设一个框架。所有的采访和写作完全是还原现场、尊重现场、保护现场。为了在第一时间掌握和"消化"每天的采访细节和内容，笔者用笔记本记录采访内容要点信息、用录音设备保留日常的交流和对话、用图片和视频记录每天遇到的重要时刻。

晚上回到住处，立即整理当天的采访内容。通过写日记的方式，记录每天的感悟和思考。这种现场的跟踪和记录，让笔者的素材保留了原汁原味的现场感。

运用大量的细节和人物进行写作，以求最大限度还原真实的生活场景。白岩松曾说："好的细节，会在聆听者产生倦怠的时候，将他再次带入故事。被细节牵引着的人，聆听的状态都是不一样的。"可以说，细节是最生动、最鲜活、最具吸引力和感染力的事实。

在我们日常与别人打交道的过程中，一个表情、一个眼神、一个动作，都可以给对方传递不同的情感。对方也会根据你的这些细节，给你反馈。在写作中也一样，对细节的把控，可以是现场环境的描写，对采访对象动作和语言的描写，以及心理活动和神态外貌特征的描写。

细节要通过准确的语言去还原。为了表现当地村民家庭生活的困难，庄浪冬天的气温接近零下十几度，村民的家里也不会有专门的取暖措施。我写道："'夏天天气热的时候有风扇，冬天冷的时候有锅炉供热。'一个工人开玩笑说在车间上班比家里过得还舒服。"这些场景都是笔者亲身经历的直观感受，作品中直接引用了工人说的这句话，增加了可信度，也有现场感。

图片也是最能体现细节和场景元素，在近一个月的采访中，通过手机和相机共拍摄了1900多张照片。最终筛选出来放到作品里的图片不到50张，一是因为篇幅有限，不宜放过多的图片影响阅读的体验，第二选择的图片都是具有典型性的，是最能直观真实展现现场的场景。

和纯文字的描述相比，图片能够给人更加直观的视觉感受。当读者看到图片，就能一目了然地了解到笔者要表达的意思和情感。图片的生成形式上，除了笔者和采访对象以及采访场景的合影，其余图片均是抓拍。宫灯车间作为庄浪县的一张名片，吸引了政府高层领导的视察，多家国家级媒体前往车间采访，还有游人的参观。有一个很有趣的现象：就是这些工人在发现别人在拍她们时，她们会下意识地调整自己的动作和神态，包括宋小霞也是。后来笔者在交流中就给她们说，以后拍照放轻松放自然。除非有特殊需要，一般笔者不会留存摆拍的照片。抓拍的形式，更能反映被拍摄者真实的状况。

笔者拍到了一张两位古稀老人在车间干活的场景，交谈中，我了解到两位老人的年龄分别是 68 岁和 74 岁。两人所负责的工序叫盘须，就是给灯笼底座贴上一圈流苏。我清楚地记得，这张照片拍摄于 2020 年 12 月 28 日。那天异常寒冷，所有的工人都戴着头巾，把自己裹得严严实实。屋外，刺骨得风就像有魔力一样，无论你身上穿着多么厚的衣服，风总能和你的肌肤亲昵。还好屋内的炉子生有旺火，室内的温度就像工人们干活的热情一样，温暖了空气，也温暖了大家的心。两位老奶奶正聚精会神地盯着自己的双手，稍不留神就得返工。灯盘还需要用双腿夹着，如果不固定胶带就粘不稳。别看只是撕扯胶带，对于老奶奶们来说，还是要费力气的。看起来是轻松活，可对于年近古稀的老人们来说，干起来并不是那么轻松。从她们的表情也能看得出来，显然她们是一个熟练的工人，在铆足劲干活。

我时常在想，为什么她们这么大年龄了，还要在车间干活。是孤寡老人吗？显然不是，像这么大年纪的孤寡老人早就被政府送进敬老院安享晚年了。那是儿女不孝顺，家里缺吃少穿？肯定不是，越是落后的山区，养儿防老的思想越重，尊老爱幼的意识就越强。直到宋小霞告诉我，两位老人都有幸福的家庭，儿孙满堂。她们只是闲不住，想自己动手给自己日常的生活赚点零花钱。她们不想给儿女添负担，让儿女们觉得自己老了是一种负担，想让自己的家过上更好的日子。

在庄浪县，有很多像她们二位这样的老人，老当益壮。从侧面也反映了车间设置得恰到好处，为当地老百姓创造了一条致富路。这种艰苦奋斗、自力更生的精神，不需要用太多的文字雕琢，照片足以让我们震撼。

最后，借用已故摄影家王福春的一句话："摄影是一种'人学'。摄影师要有文学家的思想、哲学家的思辨、美学家的愉悦和漫画家的幽默。只有做一个全才，把这些都融入你的照片里，作品才会有看点。"新闻采写何尝不是一种"人学"。在新闻采访与写作中，记者时刻要把悲悯和人性放在心上。文以载道，优秀的作品一定要反映出价值观，展现内心最深处的东西。批判恶，崇尚善。

作为新闻采编人员，更要有独立人格，时刻保留自己的独立性，秉持怀疑、批判和反思看待世界，绝不是一味地歌颂、赞扬和取悦。独立不是孤立，不是事

265

不关己，高高挂起，是亲身体验和经历，要把自己也带入到采访场景中去。去探索他人与自己、他人与这个发展变化的世界、与时代与未来的关系。无论是采访还是写作，围绕的核心都是人与时代的关系，所以作品呈现出来也要回到人的身上和时代的发展变化上。

（陈方涛）

点评：

大时代的背景　小人物的故事

《宋小霞和她的 10 个车间》这篇报道，选取中国西北山村里一位普通农村妇女和她的宫灯车间为采访写作对象，通过大量的直接采访、现场观察、亲身体验同采访对象建立了深厚的信任关系，取得了大量的细节性材料。内容聚焦于主人公的个人奋斗历史和她的宫灯车间，有故事有细节，是一部反映社会现实发展的作品，表现了大时代背景下小人物一波三折的命运。作者通过普通个体来反映乡村振兴这一伟大历史工程，以小见大，具有很强的现实意义。

现实主义题材的选择

采访对象宋小霞生于 20 世纪 70 年代，见证了改革开放，在市场经济繁荣发展中摸爬滚打，在互联网经济蓬勃发展中抓住了机遇，见证了"十三五"规划、脱贫攻坚战、乡村振兴这些跨时代意义的重大事件和记忆，她的经历是极其丰富的。在每个重要的历史发展节点，她都与时代密切联系沟通，她把自己的命运和时代紧紧地拥抱在了一起。

中国社会的发展离不开每一个普通人的参与，每个个体都应该被时代铭记。这个时代发展得太快，我们每个人都是匆匆行人，都只顾着往前走，却鲜有人为这个时代停留。新闻人是时代的记录者，应该观察发生在我们身边的人和事，于细微之处感受温暖，把个人的发展和命运同社会发展、同时代命题相结合书写新闻故事。

第三人称叙事视角

作者在写本文时，运用的是第三人称叙事。通过采访和观察，具备了一种"全知"的叙述视角，对所讲述的故事更具有客观陈述性。对于宋小霞和宫灯车间，带着独立的眼光去审视，更多地通过事实的叙述呈现人物。

细节和人物还原真实的生活场景

本文搜集了大量的采访素材，包括后期内容的编排，都突出了对细节的把控，有对现场环境的描写、对采访对象动作和语言的描写以及心理活动和神态外貌特征的描写。例如，"'夏天天气热的时候有风扇，冬天冷的时候有锅炉供热。'一个工人开玩笑说在车间上班比家里过得还舒服。"这些场景都是作者亲自经历后的直观感受，作品中直接引用了工人说的这句话，增加了可信度，也有现场感。

本文在新闻写作手法上还略显稚嫩，对主人公宋小霞的心路历程的探索和描写还不够深入和具体，事件的表现上缺少冲突性，故事性的表达上还有强化的空间。

庄浪随笔

嘹亮的庄浪

带着学生贴着泥土采访、写作，为生民立传，为时代留影，是一件慈悲的事情，我为我的"大篷车"课堂，感到自豪！

2020 年 9 月 29 日，在 2020 级专硕的采编课堂上，我开始提前培训国庆采风庄浪行的采访，我说：庄浪是新闻富矿，庄浪有个词叫"嘹亮"，希望同学们到庄浪去听、去看、去感受、去记录那些嘹亮的声音。

"同学们，看这张照片，他叫马玉林，他把梯田修平了，把自己修成了'S 形'。"

10 月 7 日，我们到庄浪的第三天，上午 11 点，我们离开庄浪博物馆，去几百米之外的庄浪县梯田纪念馆。刚进去不到 15 分钟，便听到了讲解员朱芳春这句动情的话，我记住了，靠近看了一下马玉林的脸，又回头看了展厅正面的那个雕塑，一个英武的号手，正在吹响修梯田的号角。

"梯田广场跳广场舞的大妈随便采访一个，都是以前修过梯田的，都是一身伤病，一生故事，分分钟回到激情燃烧的岁月。"

这是微信好友祁怀龙先生在我朋友圈下的留言，这个留言有故事，有嘹亮的声音，我顺手写下："百万亩梯田该有多少庄浪故事！"我发给学生，期待他们以此为题，去写作，去记录嘹亮的庄浪。

"去哪里？"

"兰大的学生来采访，我带他们去单位。"

雨中，陪我们的庄浪县融媒体中心的王爱民主任和几位腰有些弯的老朋友们打招呼。"庄浪人不咋打伞，那两位都是修过梯田的，都是标兵，能干，专业队的，早退休了。"王主任顺手又指了一下北滨河路柳树下的两位看起来70多岁的老人。两位老人没打伞，我看了几眼，又继续向前走。

北洛河桥头的地摊市场上，衣着乡土的大妈大爷们大部分没有打伞，正在卖蔬菜，有萝卜、白菜、南瓜还有当地的小蒜。那些装蔬菜的由柠条、柳条编织的筐篮，我在梯田纪念馆里也看到了。

难忘这个雨中的庄浪场景。我们继续徒步穿过庄浪城。雨不大，几天的故事却在回响，声音嘹亮。

我随即在朋友圈写下："你可以没有，但要相信。"《甘肃日报》的著名记者玄承东留言："不仅要相信，还要尊重。"

甘肃信访部门的史虎平在庄浪融媒体为我们这次采风活动直播的"现场云"留言："庄浪、静宁这些地方，深刻地映射出时代的变迁，几乎可以说从一个巨变到另一个巨变，山川面貌的变化、农业产业的变化、人的精神面貌的变化，充分展示了人民群众才是改天换地的真正英雄，在庄浪和静宁，到处都有每个时代和时代里的每个阶段的奋斗者可歌可泣的故事和浸透汗水不可磨灭的脚印。"这段话，是从刘晓程老师的朋友圈里看到的，我不认识史虎平，但他的声音，我绝对听到了。是的，有信仰的声音是嘹亮的，不会过时的！

野花是有声音的，有一位女生把野花别在耳边。

庄浪行分7组，4天里，每一组都用自己的方式，贴着地面拍了庄浪的野花，透过野花看庄浪。野花与梯田、野花与村路、野花与苹果园、野花与牛、野花与人物、野花与采访的队旗……庄浪，十月的野花，漫山遍野，野性而生动。庄浪，藏语中是"野牛出没"的意思，那么，庄浪的野花是不是有点"野孩子"的样子。

是啊，庄浪，是一个特别的存在，和平凉的其他的县并不一样，是一个"石头上可以开花"的地方。国之庆，庆山川巨变。站在高高的山梁上，透过开满野花的梯田，我们看庄浪、读庄浪、写庄浪，致敬庄浪精神！

庄浪，一个苦而硬朗的地方，34 年、40 万人修建的百万亩梯田该有多少嘹亮的故事？

明年，明年的春天，明天的七月，明年的国庆，我和学生还会来学习，来采访，来听嘹亮的庄浪！

（韩　亮）

我们住在庄浪的"新闻现场"

推开"庄浪梯田铂怡国际酒店"711的窗户，映入眼帘的是梯田广场。目光向远处看去则是一望无际的梯田。"庄浪有东西南北四个城，现在南城、北城、西城都已经成型了，东城还在建设。"庄浪县融媒体中心主任王爱民说道。这次兰大学子一行入住的地方——甘肃省平凉市庄浪县庄浪梯田铂怡国际酒店，就在南城的县中心，是相对较繁华的地方。

"一切都是最好的安排，庄浪是新闻的富矿"

2021年10月3日晚9点40分，60余名兰大学子及4名指导老师在酒店14楼的会议室讨论选题。韩亮老师开始时便提出："我们今年要做得比去年更好。"

今年国庆采风本来分为两个地方，环县和庄浪。在出发前一天才临时取消环县行程。前往环县需要到西安转车，因为疫情原因，带上核酸检测结果比较稳妥，但是做核酸再等到拿结果，时间已经来不及了。所以大部队全部前往庄浪。这样一来，原计划前往环县的同学，出发前近一个月的准备就用不上了，一切都要推倒重来。同学们一时间也没有什么抓手，剩下的就是暗自焦虑。

事情在讨论会上有了反转。在会议上老师们已经针对各组的选题做了梳理，一些同学在庄浪县城活动，一些在郑河乡上寨村、水洛镇吊沟村、赵墩乡井沟村、柳梁镇李堡村、永宁镇漫湾村……一共10个小组，每个小组都有5—10个选题可做，涉及博物馆、乡村旅游、宫灯厂、养牛产业等方面。凌晨一两点钟，有的小组活跃在"国庆采风庄浪行"微信群中，有的在各自房间里头脑风暴，还有的在昏黄的台灯下挑灯夜战。同学们从开始不知如何着手到有多个选题吃了颗定心丸，剩下的就是期待第二天的采访了。奔波了一天，选题也确定下来，似乎可以安稳地睡个好觉了。

不想后半夜，凌晨两点多，开始下起了中雨。当时我们小组刚刚讨论完选题，韩亮老师在群中有感而发："此刻，凌晨两点多，夜雨庄浪，梯田广场的美有一种自豪。噢，哪位同学，有谁出去拍一下夜雨落庄浪，该多好！反正你们在讨论选题，也没睡。"我打开窗户，屋外的雨声格外清晰。心想着：拿起单反三脚架，去雨中拍一拍这庄浪的"新闻现场"。还在青春的年纪里，喜欢尝试一些热血贲张的事，在多年后回首往昔，可能嘴角会微微上扬。

于是，我们组同学冒雨在梯田广场做了一个新闻现场出镜报道。"大家好，我们现在所处的位置是庄浪县梯田广场，现在是北京时间凌晨3点，体感温度是7℃，梯田广场对面就是兰大学子这次采风住的地方——庄浪梯田铂怡国际酒店……"

4名同学在梯田广场纪念碑下有感而发：无数庄浪人冒着艰难险阻建成梯田，泽被后世，成就了今天美丽的庄浪。"我们的生活天天向上，我们的前途万丈光芒。五星红旗迎风飘扬，胜利歌声多么响亮。歌唱我们亲爱的祖国，从今走向繁荣富强……"雨水噼里啪啦打在身上，新闻学子的歌声混杂着雨水声，在广场中回荡。在2021年的国庆，在采风行中，在庄浪，在雨中，留下了兰大学子"歌唱祖国"的青春。

"不吃饭就不给采访和拍照"

10月4日中午12点左右，不知从哪里传来阵阵鞭炮声和阵阵掌声。我们三下五除二背上单反、三脚架，向三楼宴会厅狂奔而去，迫切之情就像原始森林的豹子见了猎物一般。

我们见一穿红衣服的女子，她带着一个小女孩。我们走上前去，她似乎不乐意接受我们的采访，径直走了。我们便没有强求，四处寻找新的采访对象。

在三楼一个独立的包厢中，我们采访到男方的"大老执"（即男方家庭请的一部分执喜人张罗）。在表明了来意之后，他对我们的采风活动表示理解："我虽然不懂，但是我知道你们是做传播的。"旁边走过来一位圆脸、戴眼镜的青年男子。经了解得知他叫王建雄，是男方的伴郎，在兰州新区工作生活。他们二人拉着我和同行伙伴，让我们留下吃饭。我二人推辞了半天，但还想继续深入采些细节。"不吃饭就不给采访和拍照。"王建雄说道。虽是强硬的语气，但让人听了心里挺暖。我二人便入席了。男方的父亲一直对我们微笑示意。虽然说的话大部分都听不懂，但我可以听懂："娃娃们，吃，吃！"加上动作神态，可以感受到二老的友好。

所以，我们期待着饭后能与新婚小两口有进一步的交流。

过了一会儿，一位略感熟悉的身影出现在身后。"你们站起来，你们是干什么的，你们是哪里人，采访我们做什么？来来来，跟我出来！"三步并作两步，我们小跑到了包厢外。整个人懵懵的，定睛一看，是前面身穿红衣带着孩子、拒绝接受采访的女人。"我们是兰州大学新传学院的学生，过来采风。"虽然不知道她问我是哪里人有什么用，但是我还是老老实实地回复了她。后面她依然是以质疑的语气问："你们的学生证呢？"我和同行伙伴的学生证都未带在身上。"我们可以一起去大堂，酒店的经理及工作人员都可以证实我们的身份。"我们按下电梯，从3楼到1楼的电梯似乎感觉比8楼到1楼更久。终于，电梯门开了。

韩亮老师和白如金老师向我二人走来。简单说明情况后，韩亮老师指了指脖子上戴着的采访证。红衣女子轻微点了下头，继续问前台的工作人员，我听不太懂她说了什么，但大概意思是核实我们是不是兰大的学生。在得到了酒店工作人员的肯定回答后，她点头的幅度似乎比之前更大了些。我最后加上了红衣女子的微信，了解到她是新郎的姐姐——魏女士。

我们并未踏出酒店一步，但是却经历了一场"被认为是骗子"的婚礼。平时参加婚礼都是高兴喜庆的事情，但这一次的经历实属意料之外。从"被认为是骗子"到与他们同桌共饮；从被魏女士质疑到成为微信好友，我们住在庄浪的"新闻现场"体验着平常人、非常事。

"中午一定要来，尝尝我家的手艺"

早上五六点钟，天还没亮，我们一行四人从铂怡酒店出发，沿着路向前走。大概走了300米，一路上只看到一家包子铺开张了。门的两侧用红色贴纸贴了四个大字"稀饭""包子"，中间是老式的绿色门帘，这样的店铺在城市里是很难看到的。

进去之后，屋顶上有一个暗黄发旧的灯泡，右手边摆着两张桌子。夫妻二人正忙着包包子，我们进去坐下来，要了四碗豆浆和一笼包子。在吃的时候跟他们聊了一会儿。"我们夫妻本来在庄浪老客运站附近开店，后来南城发展起来，便搬了过来。我们俩凌晨3点左右就要起来做馅儿，已经坚持20多年了。"二人一边包包子一边说道。他们放馅的是一个红色的大盆，足足有一口缸的直径那么大。尝了一口豆浆，浓度很纯。盛豆浆的碗可能因使用时间过长，缺了几个小口。吃得差不多了，我们四人说明了来意，他们似乎不愿接受采访，紧蹙着眉头，继续低着头包包子。我们尊重他们的意愿，结了账，便继续往前走。

"王曈，咱们见到熟人了。"同行伙伴说道。抬头一看，是昨天接我们大部队从秦安到铂怡酒店的两位司机。他们二人站在庄浪汽车站门口。这时天已经微微亮。进入汽车站，在人脸核验处，一位中年男子正坐在椅子上。通过了解我们得知，这位男子姓任，在汽车站已经工作20余年，见证了汽车站从小到大的过程。随着庄浪的发展，这个汽车站也发展得越来越好。

走过庄浪第一中学旁边的巷子，有一家"金城印象牛肉面"。旁边有一副红色对联左联为"一清二白三绿四红五黄"。最吸引眼球的是门口红色牌匾上的字："学生吃面送小菜、鸡蛋、矿泉水、笔，四选一。"我们决定走进店中。马女士迎面走过来。在交谈中了解到这家店铺于2021年的上半年刚刚开业。因为挨着庄浪一中，附近顾客学生偏多，所以学生吃面送东西。"一方面为了招揽顾客，另一方面学生们正在长身体阶段，学习压力又大，营养要跟得上。"马女士告诉我们。看来"金城印象"也是充满情怀的一家店。在与马女士告别时，她紧紧握着我的手，跟我说："中午一定要来，尝尝我家的手艺。"

走在庄浪的大街小巷，无论是梯田广场还是铂怡酒店，无论是包子铺还是牛肉面馆，仿佛走到哪里都是"新闻现场"。随着城市发展，人们会随之流动，通过辛勤劳动换取更舒适的生活，但也必须要说新的环境对于他们来说是有吸引力的，他们才会放弃熟悉的环境，进入一个相对陌生的地方。不论是搬到新环境中的包子店夫妇，抑或是有敏锐嗅觉将兰州特色带到庄浪的马女士一家，他们都与社会或者说与时代同呼吸、共命运。因为他们，整个社会才是蓬勃而有生机的、奋斗而有希望的、多元而充满甜蜜的。

我们住在庄浪的"新闻现场"，我们捕捉着这座城的群体画像，他们的故事都是鲜活的、生动的。不知不觉我们已融入其中，在"新闻现场"中体验着人间百态。

（王　暲　王欣怡　杨荣智　郭昕诃）

明年再来

——2020 年"兰大新闻学子国庆采风庄浪行"圆满结束

今天是二十四节气中的寒露，也是 2020 年"兰大新闻学子国庆采风庄浪行"的最后一天！至此，持续 4 天的"兰大新闻学子国庆采风庄浪行"圆满结束。

一大早，天空中就下起了淅淅沥沥的小雨，仿佛在为他们送别！冒着细雨，采风团一行穿过中宁桥，走过庄浪城，来到了此行的最后一站——庄浪县博物馆和庄浪县梯田纪念馆，这里是庄浪历史文化汇聚地，也是庄浪人艰苦岁月里兴修梯田的见证。

都说认识一个地方最好的方式，就是去博物馆。庄浪县博物馆，就是半部庄浪史，只有看过了这里，才能对庄浪的政治经济和历史文化有更深刻的了解。

谈庄浪，离不开梯田，离不开庄浪县梯田纪念馆。在这里，能感受到庄浪精神文化的厚度。

一张张黯淡发黄的老照片，一把把锈迹斑斑的土农具……将人的思绪带到了那个激情燃烧的年代，回到了那段只争朝夕的艰苦岁月。

青山不改

绿水长流

未来的你们将奔赴祖国各地

希望庄浪一行的经历

可以凝成一个缩影

来映衬着你们曾经的过往

热情好客的庄浪人永远欢迎你们

（周燕霞）

采风归来忆庄浪

"到了，快到啦！"

因为晕车，在从秦安到庄浪的路上，我实在忍不住睡着了。睡着之前，我记得一路上重重叠叠的高山，大巴车时不时穿过一个个隧道。我看着青黄相间的高山从我头顶压下来，大巴车"咻"就逃过，钻进隧道里去了。什么时候睡着的呢？是在透过车窗看山谷的时候，还是数穿过几个隧道的时候呢？

到了酒店没一会儿，我和舍友们刚溜出去逛了逛。韩亮老师就在群里发消息，邀我们去爬酒店附近的紫荆山，我们急匆匆地跑回酒店。这时，几滴小雨落到我们的身上。我们还不知道紫荆山其实就在我们身侧。

紫荆山里初识庄浪

韩亮老师是个说走就走的人。

我们赶回酒店，刚跟上队伍，就稀里糊涂出发了。踏上紫荆山的小路时，我是恍惚的，看着山路旁的牛筋草，我仿佛回到了家乡。"是这些小草啊！"这不是我们小镇后山的小草吗？我沿着山路一路走，路边的草丛里开着一丛丛黄色的野菊花。偶尔几朵黄色的、小小的天南星落在大片的杂草中。

我们沿着人工开出来的山路爬紫荆山，山路两旁的梯田上种着松树，松树像是栽种不久，有些还没有人高。我看着不远处的仿古建筑，像是庙宇。山路似乎不久前才被修缮过，两边的土坡上还可以看到清晰的锄头、犁刀挖过的痕迹。一辆白色的轿车驶过，小于开玩笑说："这里居然还可以走车？""那不能走车，这些树苗怎么送上来？"我盯着路旁的一丛野菊花，搭着小于的话。

我随手采摘了几束野菊花，清清淡淡的香味，一如我童年记忆里那样。我想起小时候我背着竹篓子，和哥哥姐姐上山去，我们拿着镰刀割下一丛丛野菊花。回家后妈妈洗净了野菊花放到棉布上晾晒。

下山路走着走着就到了宋堡，一位威风凛凛的将军塑像立在宋堡广场中央。小张同学和我们说起这位刘沪将军的故事，说他收复水洛城的故事。是不是我们都喜欢"保护神"，但是朴实的土地上的人又是实在的，我们爱有血有肉的人，我们爱用自己的血肉之躯保护我们的人。

我想起家乡大地上那些传说，我的家乡每一座山都有它的名字，有些名字是因为善缘，有些因为爱情，有些是因为挺身而出的平凡人。妈妈说，这里的每一座山都会保佑我们平平安安长大。所以，大地上的每一座山都有它的名字。

"为什么它叫紫荆山？"

"因为种满了紫荆树。"

过了宋堡沿着城墙走，看见了很多道观寺院。道观旁的松树上挂满了红绸布条。我透过松树的缝隙看着山下的城。林立的高楼一座座，在夜幕下亮起灯，这座城市才刚刚醒来。我告诉妈妈，山的女儿来到另一座山的城。在同伴们的打闹声里，我们拐角就到紫荆山公园的大门，出了大门就是繁华的街道。

我们是大地的儿女，山是我们的精神，触摸山的轮廓就是抚摸着我们的骨骼和脊梁。

庄浪梯田上的梯田儿女

"质朴的庄浪人没有因为完成梯田化建设而止步不前，他们认为那才是万里长征走完了第一步。"平凉作家魏俊舱在《梯田人》中这样写。

我来到庄浪这座城，这座建在梯田上的城市。1964 年，庄浪县 5 万多名干部群众上山修梯田，拉开了 30 多年改造贫瘠土地的序幕。一把铁锹，一辆手推车，沉甸甸的篓子背出来这座城市。在这里，山有多高，梯田就有多高。

在庄浪，谁都可以和你说上几句修梯田的事。宋小霞在和我们的三个小时山路之旅中，也提到了属于她的梯田故事。"那时候我还小嘛，也帮不了什么忙，就去给大人推车轮。就是你们住的那个地方广场上的那个雕塑就刻了小孩子推车轮，真的蛮像的。修梯田可累了，别说男的了，那时候我们村一个女的，壮一点，中午都得吃 7 碗饭。我们小孩子一到中午就把做好的馍馍啊、粥啊、面啊，放到桶里，担到梯田上去，也不分谁家的。"

我们住的梯田酒店前的梯田广场中央立着纪念碑，纪念碑下方雕刻着庄浪人民修建梯田时的情景。那里的梯田都是最美的梯田。我的家乡也有层层叠叠的梯田，我们在上面种植水稻，一到秋天，整座山都是金灿灿的。我们都说这是我们的"金元宝"。

庄浪人用开山破石、改造山河的精气神换来了这莽莽青山上流淌着希望的田野。近年来，庄浪县以"山地梯田化、梯田产业化、沟道坝系化、流域生态化"为目标，相继实施了综合治理小流域 901.6 平方公里，建成淤地坝 63 座，配套梯田产业道路 8400 公里，治理程度达到了 79%。而庄浪也被国内外专家喻为"镶嵌在黄土高原上一颗璀璨的明珠"。

如今的庄浪梯田上果园遍布，庄浪县种植苹果 65 万亩，梯田特色产业总收入达到 20 亿元以上。谁能想到半个世纪前的一把把铁锹，为这片贫瘠的土地雕刻出了走向美好生活的新脉络。"你说，这么好的土地，不回来，多么可惜。"宋小霞望着远处梯田和我说。

这么好的土地，不回来多么可惜。我们是大地的儿女，土地是我们的皮肤，我们的血液流淌在黄土地上。我们嗅着土地的味道，触摸土地的质感，我们的心就在这里。

山上山下沸腾着生活

我们采访小分队来到半山腰的一个小厂，我和老闫站在山腰处，旁边田里的苹果还是粉色的。"好震撼啊！梯田就适合在高处看。"放眼望去，只看得见错落有致的梯田里都是片片绿色，很难分清苹果的红色，倒是银白色的反光膜格外显眼。老闫端起相机，"咔嚓咔嚓"照相："哎，感觉怎么拍都没有眼睛看起来好看。"

苹果厂里的阿姨们正在打包苹果。一个黑白相间的小狗跟着我们的脚步冲进厂子里，我跑过去逗它。它一点也不怕生，只晓得傻乎乎同我玩耍，我一抬手，它就立起来。坚持了一小会儿，它就往地上扑倒，地上扬起一阵小小的土雾，它的尾巴摆得像坏了的钟摆。

一个小弟弟跑进厂子里，跟着我们走来走去。他好奇地打量着我们这些外来客，看一会儿小张同学的相机，跟一会儿小于的采访。采访结束，我们离开时，他也跟着去送我们。我摸了摸他的头，同他道别。他不好意思地跑开了，羞涩地在一边向我挥手。

宋小霞的宫灯厂里，爷爷奶奶们有条理地干着自己的活儿。小于给包装库的奶奶打包灯笼，奶奶们时不时夸夸小于："做得好，做得快，得多干一点。"我在房间外听得见小于和爷爷奶奶聊天的声音，而走廊外小雨淅淅，地面上慢慢积起水。"奶奶，我们给你拍张照片呗！"阿牛端起相机朝着一位拎着包准备回家吃午饭的奶奶说。奶奶突然局促起来，她把包放到一旁，抻了一下衣角，笔直地站着。"咔嚓"阿牛按下快门，奶奶笑了。

街边的牛肉面馆里，人来人往。煮面的师傅抻好面，一把扔进滚水中。厨房的水汽很重，烧锅的灶火"呼呼"作响。"面好了，放多少辣子？"我听不清师傅说话，只好点点头。吃面的时候，对面桌子的妈妈给儿子的碗里夹了几筷子面条，小男孩低着头安静地吃着面，热气从他的嘴角跑了出来。

吃完面我们慢慢走回酒店。我还能看到远处山上的绿色里还有最朴质的黄色。我想到这些黄色的土地上长着庄稼，我们是大地的儿女，生活在这片土地的儿女，又怎么会忘记这片土地的艰辛？

回程时，庄浪放晴了。我看着车窗外的梯田，那层层叠叠的梯田啊，拉长了我们对土地的眷恋。我这次没有睡着，我听见山的声音——归来，归来，我的儿女。

（徐姝敏　肖国庆　肖　泉　张成祜　牛可心）

后　记

　　2022 年的夏天异常炎热，我在滚滚热浪中完成对书稿的修改。在阅读稿件和手记的过程中，似乎又回到了 2021 年国庆节的庄浪。

　　2021 年 10 月 3 日下午 3 点多，我们到达庄浪梯田铂怡国际酒店。两个小时后，我们已经和庄浪宣传战线的工作人员走在郁郁葱葱的紫荆山上。两年的国庆采风行活动，离不开庄浪县委宣传部和庄浪融媒的支持，从活动的组织到选题策划、采访到修改、刊发稿件，离不开他们的支持，没有他们，就没有我们庄浪采风行活动的成功。在此，感谢庄浪县委宣传部！感谢庄浪融媒！

　　庄浪雨雾笼罩的山村路边，75 岁的老奶奶用粗糙的双手熟练地编麦编，这些麦编可以再编制成篮子等工艺品；梯田里的苹果园里，红彤彤的苹果挂满枝头，宋小霞一进到果园就冲过去举起苹果："你看！它多好看呀！"雨中，赵墩梯田农户的老屋前，采访对象程阿姨为同学拉紧帽檐，掌心里透出暖意；在去史洼村采访的路上，我们的学生滑了一跤，裤子上沾满了泥巴，一位村民邀请到她家换衣服，送了一条新裤子并帮着冲洗了满是泥巴的鞋子，给她转钱却被拒绝，并紧紧牵着学生的手走完了余下的山路……

　　庄浪人民馈赠我们太多。以前，我们从未谋面，在采风活动中，我们面对面地相遇。这时候的空气都是有味道的，这个场景区别于任何一个其他场景。我们看到你们衣服的颜色、花纹和质地，你们的脸和脸上的每一道皱纹，你们欢笑的时候露出的牙齿。我们听见你们的声音、你们的故事，我们不但想知道你们的姓名和年龄，还想知道你们经历了什么，平静的笑脸下是否也曾波涛汹涌。看，你们每一个人都这么与众不同，在我们的笔下也应如是。我们不想把任何一个标签化的词语送给你们，只因为每个人都是值得敬重的个体，我们希望用文字呈现真实的你们。在此，感谢两百多位采访对象，感谢庄浪人民，祝愿庄浪在新时代迎来新发展。

感谢参与采风活动的每一位同学，你们勤奋努力，你们真诚温暖，你们用稚嫩的笔书写采风路上的故事。期待你们脚沾泥土继续讲述最真实、最朴素、最动人的中国故事。特别感谢温晨钰、王梓涵、马源英、王玉洁、顾一诺、赵普庆、白富宙、马昕、肖枭等同学为本书所做的努力。

谨以此书致敬梯田上不服输的庄浪人民！

编著者

2022 年 8 月于兰州